ŒUVRES COMPLÈTES

D'ALEXANDRE DUMAS

PARIS. — IMP. SIMON RAÇON ET C⁕, 1, RUE D'ERFURTH.

ANGE PITOU

PAR

ALEXANDRE DUMAS

II

PARIS
MICHEL LÉVY FRÈRES, LIBRAIRES-ÉDITEURS
RUE VIVIENNE, 2 BIS
—
1854

ANGE PITOU.

I.

CE A QUOI LA REINE SONGEAIT DANS LA NUIT DU 14 AU 15 JUILLET 1789.

Combien de temps dura cette confidence, nous ne saurions le dire ; elle se prolongea cependant, car, vers les onze heures du soir seulement, on put voir la porte du boudoir de la reine s'ouvrir, et sur le seuil de la porte Andrée, presqu'à genoux, baisant la main de Marie-Antoinette.

Puis, en se relevant, la jeune femme essuya ses yeux rougis de pleurs, tandis que, de son côté, la reine rentrait dans sa chambre.

Andrée, au contraire, comme si elle eût voulu échapper à elle-même, s'éloigna rapidement.

A partir de ce moment la reine demeura seule. Quand la dame du lit entra pour l'aider à se dévêtir, elle la trouva l'œil étincelant, et se promenant à grands pas dans sa chambre.

Elle fit de la main un geste rapide qui voulait dire : laissez-moi.

La dame du lit se retira sans insister.

A partir de ce moment la reine demeura seule, elle avait défendu qu'on la dérangeât, à moins que ce ne fût pour importantes nouvelles venant de Paris.

Andrée ne reparut pas.

Quant au roi, après s'être entretenu avec monsieur de La Rochefoucault, qui essaya de lui faire comprendre la différence qu'il y avait entre une révolte et une révolution, — il déclara qu'il était fatigué, se coucha et s'endormit ni plus ni moins tranquillement que s'il eût été à la chasse, et que le cerf (courtisan bien dressé) fût venu se faire prendre dans la pièce d'eau des Suisses.

La reine, de son côté, écrivit quelques lettres, passa dans la chambre voisine, où dormaient ses deux enfans sous la garde de madame de Tourzel, et se coucha, non pas pour dormir comme le roi, mais pour rêver tout à son aise.

Mais bientôt, quand le silence eut envahi Versailles, quand l'immense palais se fut plongé dans l'ombre, quand on n'entendit plus au fond des jardins que les pas des patrouilles criant sur le sable ; dans les longs corridors que la crosse des fusils tombant discrètement sur la dalle du marbre, Marie-Antoinette, lasse de son repos, éprouvant le besoin de respirer, descendit de son lit, chaussa ses pantoufles de velours, et s'enveloppant d'un long peignoir blanc, vint à la fenêtre aspirer la fraîcheur montant des cascades, et saisir au passage ces conseils que le vent des nuits murmure aux fronts brûlans, aux cœurs oppressés.

Alors elle repassa dans son esprit tout ce que cette journée étrange lui avait apporté d'événemens imprévus.

La chute de la Bastille, cet emblème visible du pouvoir royal, les incertitudes de Charny, cet ami dévoué, ce passionné captif qu'elle tenait depuis tant d'années sous le joug et qui, n'ayant jamais soupiré que l'amour, semblait, pour la première fois, soupirer le regret et le remords.

Avec cette habitude de synthèse que donne aux grands esprits l'habitude des hommes et des choses, Marie-Antoinette fit à l'instant même deux parts de ce malaise qu'elle éprouvait, et qui renfermait un malheur politique et un chagrin de cœur.

Le malheur politique était cette grande nouvelle qui, partie de Paris à trois heures de l'après-midi, allait se répandre sur le monde et entamer dans tous les esprits la révérence sacrée accordée jusque-là aux rois mandataires de Dieu.

Le chagrin de cœur, c'était cette sourde résistance de Charny à l'omnipotence de la souveraine bien-aimée. C'était comme un pressentiment que, sans cesser d'être fifidèle et dévoué, l'amour allait cesser d'être aveugle, et pouvait commencer à discuter sa fidélité et son dévouement.

Cette pensée étreignait cruellement le cœur de la femme et l'emplissait de ce fiel amer qu'on appelle la jalousie, âcre poison qui ulcère à la fois mille petites plaies dans une âme blessée.

Toutefois, chagrin en présence de malheur, c'était une infériorité pour la logique.

Aussi, plutôt par raisonnement que par conscience; plutôt par nécessité que par instinct, Marie-Antoinette laissa d'abord son âme aux graves pensées du danger de la situation politique.

Où se tourner : haine et ambition en face ; faiblesse et indifférence à ses côtés. Pour ennemis, des gens qui, ayant commencé par la calomnie, en venaient aux rébellions.

Des gens qui, par conséquent, ne reculeraient devant rien.

Pour défenseurs, nous parlons de la majeure partie du moins, des hommes qui peu à peu s'étaient accoutumés à tout endurer, et qui, par conséquent, ne sentiraient plus la profondeur des blessures.

Des gens qui hésiteraient à riposter dans la crainte de faire du bruit.

Il fallait donc tout ensevelir dans l'oubli, faire semblant d'oublier et se souvenir, semblant de pardonner et ne pardonner point.

Ce n'était pas digne d'une reine de France, ce n'était pas

surtout digne de la fille de Marie-Thérèse, cette femme de cœur.

Lutter! lutter! c'était là le conseil de l'orgueil royal révolté; mais lutter, était-ce prudent? Calme-t-on les haines avec du sang répandu? n'était-il pas terrible ce nom de l'Autrichienne? fallait-il, pour le consacrer, comme avaient fait Isabeau et Catherine de Médicis du leur, le consacrer en lui donnant le baptême d'un égorgement universel?

Et puis le succès, si Charny avait dit vrai, le succès était douteux.

Combattre et être vaincu!

Voilà, du côté du malheur politique, quelles étaient les douleurs de cette reine qui, à certaines phases de sa méditation, sentait, comme on sent un serpent sortir des bruyères où notre pied l'a réveillé, sentait émerger du fond de ses souffrances de reine le désespoir de la femme qui se croit moins aimée quand elle l'a été trop.

Charny avait dit ce que nous lui avons entendu dire, non point par conviction, mais par lassitude; il avait, comme tant d'autres, bu à satiété à la même coupe qu'elle les calomnies. Charny, qui, pour la première fois, avait parlé en termes si doux de sa femme Andrée, créature jusque-là oubliée par son époux; Charny s'était-il aperçu que cette femme encore jeune fût toujours belle? Et à cette seule idée qui la brûlait comme la morsure dévorante de l'aspic, Marie-Antoinette s'étonnait de reconnaître que le malheur n'était rien auprès du chagrin.

Car ce que le malheur n'avait pu faire, le chagrin l'opérait en elle : la femme bondissait furieuse hors du fauteuil où s'était tenue, froide et vacillante, la reine contemplant en face le malheur.

Toute la destinée de cette créature privilégiée de la souffrance se révéla dans la situation de son âme pendant cette nuit.

Comment échapper à la fois au malheur et au chagrin, se demandait-elle avec des angoisses sans cesse renaissantes; fallait-il se résoudre, abandonnant la vie royale, à vivre heureuse de la médiocrité; fallait-il retourner à son vrai Trianon et son chalet, à la paix du lac et aux joies obscures de la laiterie ; fallait-il laisser tout ce peuple se partager les lambeaux de la royauté, hormis quelques parcelles bien humbles que la femme pourra s'approprier avec les redevances contestées de quelques fidèles qui s'obstineront à rester vassaux ?

Hélas ! c'était ici que le serpent de la jalousie se reprenait à mordre plus profondément.

Heureuse ! serait-elle heureuse avec l'humiliation d'un amour dédaigné ?

Heureuse ! serait-elle heureuse aux côtés du roi, cet époux vulgaire à qui tout prestige manquait pour être un héros ?

Heureuse ! près de monsieur de Charny, qui serait heureux près de quelque femme aimée, près de la sienne, peut-être ?

Et cette pensée allumait dans le cœur de la pauvre reine toutes les torches flamboyantes qui brûlèrent Didon bien plutôt que son bûcher.

Mais au milieu de cette fiévreuse torture un éclair de repos ; au milieu de cette tressaillante angoisse une jouissance. Dieu, dans sa bonté infinie, n'aurait-il créé le mal que pour faire apprécier le bien ?

Andrée a fait à la reine ses confidences, a dévoilé la honte de sa vie à sa rivale ; Andrée a, les yeux en pleurs, la face contre terre, avoué à Marie-Antoinette qu'elle n'était plus digne de l'amour et du respect d'un honnête homme : donc Charny n'aimera jamais Andrée.

Mais Charny ignore, Charny ignorera toujours cette catastrophe de Trianon, et les suites qu'elle a eues : donc pour Charny, c'est comme si la catastrophe n'existait pas.

Et tout en faisant ces diverses réflexions, la reine examinait au miroir de sa conscience sa beauté défaillante, sa gaîté perdue, sa fraîcheur de jeunesse envolée.

Puis elle revenait à Andrée, à ces aventures étranges, presque incroyables, qu'elle venait de lui raconter.

Elle admirait la combinaison magique de cette aveugle fortune qui prenait au fond de Trianon, dans l'ombre de la cabane et dans la fange des fermes, un petit garçon jardinier, pour l'associer à la destinée d'une noble demoiselle, associée elle-même à la destinée de la reine.

— Ainsi! se disait-elle, l'atome perdu dans les régions basses serait venu, par un caprice des attractions supérieures, se fondre, parcelle de diamant, avec la lumière divine de l'étoile?

Ce garçon jardinier, ce Gilbert, n'était-ce pas un symbole vivant de ce qui se passe à cette heure, un homme du peuple, sorti de la bassesse de sa naissance pour s'occuper de la politique d'un grand royaume, étrange comédien qui se trouvait personnifier en lui, par un privilége du mauvais génie qui planait sur la France, et l'insulte faite à la noblesse, et l'attaque faite à la royauté par la plèbe?

Ce Gilbert devenu savant, ce Gilbert vêtu de l'habit noir du tiers, le conseiller de monsieur Necker, le confident du roi de France, le voilà qui se trouverait, grâce au jeu de la révolution, parallèlement avec cette femme dont il avait la nuit, comme un larron, volé l'honneur!

La reine redevenue femme, et frissonnant malgré elle au souvenir de la lugubre histoire racontée par Andrée; la reine se faisait comme un devoir de regarder en face ce Gilbert, et d'apprendre par elle-même à lire sur des traits humains ce que Dieu a pu y mettre de la révélation d'un caractère si étrange, et, malgré le sentiment dont nous parlions tout à l'heure et qui la rendait presque joyeuse de l'humiliation de sa rivale, il y avait un violent désir de blesser l'homme qui avait tant fait souffrir une femme.

Puis il y avait encore le désir de regarder, qui sait? même d'admirer, avec l'effroi qu'inspirent les monstres, cet homme extraordinaire qui par un crime avait infusé son sang le plus vil dans le sang aristocratique de France; cet homme qui semblait avoir fait faire la révolution pour qu'on lui ouvrît la Bastille, dans laquelle, sans cette révolution, il eût éternellement appris à oublier qu'un homme de roture ne doit pas se souvenir.

Par cette conséquence entraînante de ses idées, la reine revenait aux douleurs politiques, et voyait s'accumuler sur une seule et même tête la responsabilité de tout ce qu'elle avait souffert.

Ainsi, l'auteur de la rébellion populaire qui venait d'ébranler l'autorité royale en renversant la Bastille, c'était Gilbert, au besoin, lui, Gilbert, dont les principes avaient mis les armes aux mains des Billot, des Maillard, des Elie, des Hullin.

Gilbert était donc à la fois une créature venimeuse et terrible; venimeuse, car il avait perdu Andrée comme amant; terrible, car il venait d'aider à renverser la Bastille comme ennemi.

Il fallait donc le connaître pour l'éviter, ou, mieux encore, le connaître pour s'en servir.

Il fallait, à tout prix, entretenir cet homme, le voir de près, le juger par soi-même.

La nuit était aux deux tiers passée, trois heures sonnaient l'aube blanchissait les cimes des arbres du parc de Versailles et le sommet des statues.

La reine avait passé la nuit tout entière sans dormir; son regard vague se perdait dans les allées estompées d'une blonde lumière.

Un sommeil lourd et brûlant s'empara peu à peu de la malheureuse femme.

Elle tomba le col renversé sur le dossier du fauteuil, près de la fenêtre ouverte.

Elle rêva qu'elle se promenait dans Trianon, et que du fond d'une plate-bande sortait un gnome au sourire terreux, comme il y en a dans les ballades allemandes, et que ce monstre sardonique était Gilbert qui étendait vers elle des doigts crochus.

Elle poussa un cri.

Un cri répondit au sien.

Ce cri la réveilla.

C'était madame de Tourzel qui l'avait poussé : elle venait d'entrer chez la reine, et en la voyant défaite et râlant sur un fauteuil, elle n'avait pu retenir l'élan de sa douleur et de sa surprise.

— La reine est malade ! s'écria-t-elle, la reine souffre. Faut-il appeler un médecin ?

La reine ouvrit les yeux ; cette demande de madame de Tourzel répondait à la demande de sa curiosité.

— Oui, un médecin, répondit-elle, le docteur Gilbert, appelez le docteur Gilbert.

— Qu'est-ce que le docteur Gilbert? demanda madame de Tourzel.

— Un nouveau médecin par quartier nommé d'hier, je crois, en arrivant d'Amérique.

— Je sais ce que Sa Majesté veut dire, hasarda une des dames de la reine.

— Eh bien? demanda Marie-Antoinette.

— Eh bien! le docteur est dans l'antichambre du roi.

— Vous le connaissez donc?

— Oui, Votre Majesté, fit la femme en balbutiant.

— Mais comment le connaissez-vous? Il est arrivé il y a huit ou dix jours d'Amérique, et hier seulement il est sorti de la Bastille.

— Je le connais...

— Répondez. D'où le connaissez-vous? demanda impérieusement la reine.

La dame baissa les yeux.

— Voyons, vous déciderez-vous à me dire comment vous le connaissez?

— Madame, j'ai lu ses ouvrages, et ses ouvrages m'ayant donné de la curiosité pour l'auteur, je me le suis fait montrer ce matin.

— Ah! fit la reine avec une expression indicible de morgue et de réserve tout à la fois. Ah! c'est bien! puisque vous le connaissez, dites-lui que je suis souffrante et que je désire le voir.

La reine, en attendant, fit entrer ses femmes, passa une robe de chambre, et rétablit sa coiffure.

II.

LE MÉDECIN DU ROI.

Quelques minutes après le désir formulé par la reine, désir que celle de ses femmes à laquelle il avait été manifesté s'était mise en devoir d'accomplir, Gilbert, surpris, légèrement inquiet, profondément ému, mais sans que rien se manifestât à la surface, Gilbert se présentait devant Marie-Antoinette.

Le maintien noble et assuré, la pâleur distinguée de l'homme de science et d'imagination à qui l'étude fait une seconde nature, pâleur encore rehaussée par le costume noir du tiers, que non seulement tous les députés de cet ordre, mais encore les hommes qui avaient adopté les principes de la révolution, se faisaient un devoir de porter; la main fine et blanche de l'opérateur dans la simple mousseline plissée, la jambe si fine, si élégante, si bien prise enfin que nul à la cour n'en pouvait montrer une mieux modelée aux connaisseurs et même aux connaisseuses de l'Œil-de-Bœuf; avec tout cela un mélange de respect timide pour la femme, de tranquille audace envers la malade, rien pour la reine : telles furent les nuances rapides et nettement écrites que Marie-Antoinette, avec son aristocratique intelligence, sut lire dans la personne du docteur Gilbert au moment où s'ouvrit pour lui donner passage la porte de sa chambre à coucher.

Moins Gilbert fut provoquant dans sa démarche, plus la reine sentit sa colère s'accroître. Elle s'était fait de cet homme un type odieux, elle se l'était naturellement, et presqu'involontairement, représenté semblable à un de ces héros de l'impudence comme elle en voyait souvent autour d'elle. L'auteur des souffrances d'Andrée, cet élève bâtard de Rousseau, cet avorton devenu homme, ce jardi-

1.

nier devenu docteur, cet échenilleur d'arbres devenu philosophe et dompteur d'âmes, Marie-Antoinette malgré elle se le représentait sous les traits de Mirabeau, c'est-à-dire de l'homme qu'elle haïssait le plus après le cardinal de Rohan et Lafayette.

Il lui avait paru, avant qu'elle ne vît Gilbert, qu'il fallait un colosse matériel pour contenir cette colossale volonté.

Mais quand elle vit un homme jeune, droit, mince, aux formes sveltes et élégantes, à la figure douce et affable, cet homme lui parut avoir commis le nouveau crime de mentir par son extérieur. Gilbert, homme du peuple, de naissance obscure, inconnue; Gilbert, paysan, manant, vilain; Gilbert fut coupable aux yeux de la reine d'avoir usurpé des dehors de gentilhomme et d'homme bon. La fière Autrichienne, ennemie jurée du mensonge chez autrui, s'indigna et conçut subitement une haine de rage contre le malheureux atome que tant de griefs différens lui faisaient ennemi.

Pour ses familiers, pour ceux qui étaient habitués à lire dans ses yeux la sérénité ou la tempête, il était facile de voir qu'un orage plein de foudres et d'éclairs grondait dans le fond de son cœur.

Mais comment une créature humaine, fût-elle une femme, eût-elle pu suivre, au milieu de ce tourbillon de flammes et de colères, la piste des sentimens étranges et opposés qui s'entrechoquaient dans le cerveau de la reine et lui gonflaient la poitrine de tous ces poisons mortels que décrit Homère?

La reine d'un regard congédia tout le monde, même madame de Misery.

Chacun sortit.

La reine attendit que la porte fût refermée sur la dernière personne, puis, ramenant les yeux sur Gilbert, elle s'aperçut que lui n'avait pas cessé de la regarder.

Tant d'audace l'exaspéra.

Ce regard du docteur était inoffensif en apparence, mais continuel, mais plein d'intention, mais pesant à un tel point que Marie-Antoinette se sentait forcée d'en combattre l'importunité.

— Eh bien ! monsieur, dit-elle avec la brutalité d'un coup de pistolet, que faites-vous donc, debout, devant moi, à me regarder, au lieu de me dire de quoi je souffre ?

Cette furieuse apostrophe, appuyée des éclairs du regard, eût foudroyé tout courtisan de la reine, elle eût fait tomber aux pieds de Marie-Antoinette, en demandant grâce, un maréchal de France, un héros, un demi-dieu.

Mais Gilbert répondit tranquillement.

— C'est par les yeux, madame, que le médecin juge d'abord. En regardant Votre Majesté, qui m'a fait appeler, je ne satisfais pas une vaine curiosité, je fais mon métier, j'obéis à ses ordres.

— Alors vous m'avez étudiée.

— Autant qu'il a été en mon pouvoir, madame.

— Suis-je malade ?

— Non point dans le sens du mot, mais Votre Majesté est en proie à une vive surexcitation.

— Ah ! ah ! fit Marie Antoinette avec ironie, que ne dites-vous donc de suite que je suis en colère ?

— Que Votre Majesté permette, puisqu'elle a fait venir un médecin, que le médecin se serve du terme médical.

— Soit. Et pourquoi cette surexcitation ?

— Votre Majesté a trop d'esprit pour ignorer que le médecin devine le mal matériel, grâce à son expérience et aux traditions de l'étude ; mais qu'il n'est point un devin pour sonder à première vue l'abîme des âmes humaines.

— Ce qui veut dire qu'à la seconde ou troisième fois, vous pourriez dire non seulement ce que je souffre, mais encore ce que je pense ?

— Peut-être, madame, répondit froidement Gilbert.

La reine s'arrêta frémissante ; on voyait sur ses lèvres sa parole prête à jaillir, bouillonnante et corrosive.

Elle se contint.

— Il faut vous croire, dit-elle, vous, un savant homme.

Et elle accentua ces derniers mots avec un mépris tellement sanglant que l'œil de Gilbert sembla s'éclairer à son tour du feu de la colère.

Mais une seconde de lutte suffisait à cet homme pour qu'il se donnât la victoire.

Aussi, le front calme et la parole libre, il reprit presque aussitôt :

— Trop bonne est Votre Majesté de m'accorder un brevet de savant homme sans avoir expérimenté ma science.

La reine se mordit les lèvres.

— Vous comprenez que je ne sais pas si vous êtes savant, reprit-elle ; mais on le dit, et je le répète d'après tout le monde.

— Eh ! Votre Majesté, alors, dit respectueusement Gilbert, s'inclinant plus bas qu'il ne l'avait encore fait, il ne faut pas qu'une intelligence comme la vôtre répète aveuglément ce que dit le vulgaire.

— Vous voulez dire le peuple ? reprit insolemment la reine.

— Le vulgaire, madame, répéta Gilbert avec une fermeté qui fit tressaillir au fond du cœur de la femme on ne sait quoi de douloureusement impressionnable à des émotions inconnues.

— Enfin, répondit-elle, ne discutons point là dessus, On vous dit savant, c'est l'essentiel. Où avez-vous étudié ?

— Partout, madame.

— Ce n'est pas une réponse.

— Nulle part, alors.

— J'aime mieux cela. Vous n'avez étudié nulle part ?

— Comme il vous plaira, madame, répondit le docteur en s'inclinant. Et cependant c'est moins exact que de dire partout.

— Voyons, répondez, alors, s'écria la reine exaspérée, et surtout, par grâce ! monsieur Gilbert, épargnez-moi ces phrases.

Puis, comme à elle-même :

— Partout ! partout ! Qu'est ce que cela signifie ? c'est un mot de charlatan, d'empirique, de médecin des places publiques, cela. Prétendez-vous m'imposer avec des syllabes sonores ?

Elle avança le pied avec des yeux ardens et des lèvres frémissantes.

— Partout ! citez ; voyons monsieur Gilbert, citez ?

— J'ai dit partout, répondit froidement Gilbert, parce

qu'en effet j'ai étudié partout, madame, dans la chaumière et dans le palais, dans la ville et dans le désert, sur nous et sur la bête, sur moi et sur les autres, comme il convient à un homme qui chérit la science et qui va la prendre partout où elle est, c'est à dire partout.

La reine, vaincue, lança un regard terrible à Gilbert, qui lui, de son côté, continuait à la regarder avec une fixité désespérante.

Elle s'agita convulsivement, et en se retournant, renversa le petit guéridon sur lequel on venait de lui servir son chocolat dans une tasse de Sèvres.

Gilbert vit tomber la table, vit se briser la tasse, mais ne bougea point.

Le rouge monta au visage de Marie-Antoinette ; elle porta une main froide et humide à son front brûlant, et, prête à lever de nouveau les yeux sur Gilbert, elle n'osa.

Seulement, elle prétexta pour elle-même un mépris plus grand que l'insolence.

— Et sous quel maître avez-vous étudié ? continua la reine, reprenant la conversation au même endroit où elle l'avait laissée.

— Je ne sais comment répondre à Sa Majesté sans courir le risque de la blesser encore.

La reine sentit l'avantage que venait de lui offrir Gilbert, et se jeta dessus comme une lionne sur sa proie.

— Me blesser, moi ! vous, me blesser, vous ! s'écria-t-elle. Oh ! monsieur, que dites-vous là, vous, blesser une reine ! Vous vous méprenez, je vous jure. Ah ! monsieur le docteur Gilbert, vous n'avez pas étudié la langue française à d'aussi bonnes sources que la médecine. On ne blesse pas les gens de ma qualité, monsieur le docteur Gilbert, on les fatigue, voilà tout.

Gilbert salua et fit un pas vers la porte, mais sans qu'il fût possible à la reine de découvrir sur son visage la moindre trace de colère, le moindre signe d'impatience.

La reine, au contraire, trépignait de rage ; elle fit un bond comme pour retenir Gilbert.

Il comprit.

— Pardon, madame, dit-il ; c'est vrai, j'ai eu le tort impardonnable d'oublier que, médecin, je suis appelé devant un malade. Excusez-moi, madame ; désormais je m'en souviendrai.

Et il rêvait.

— Votre Majesté, continua-t-il, me paraît toucher à une crise nerveuse. J'oserai lui demander de ne s'y point abandonner ; tout à l'heure elle n'en serait plus maîtresse. En ce moment, le pouls doit être suspendu, le sang afflue au cœur : Votre Majesté souffre, Votre Majesté est prête d'étouffer, et peut-être serait-il prudent qu'elle fît appeler une de ses femmes.

La reine fit un tour dans la chambre, et, se rasseyant :

— Vous vous appelez Gilbert ? demanda-t-elle.

— Gilbert, oui, madame.

— C'est étrange ! j'ai un souvenir de jeunesse dont la bizarre existence *vous blesserait* sans doute beaucoup, si je vous le disais. N'importe ! blessé, vous vous guérirez, vous qui n'êtes pas moins solide philosophe que savant médecin.

Et la reine sourit ironiquement.

— C'est cela, madame, dit Gilbert, souriez et domptez peu à peu vos nerfs par la raillerie, c'est une des plus belles prérogatives de la volonté intelligente que de se commander ainsi à soi-même. Domptez, madame, domptez, mais sans forcer cependant.

Cette prescription du médecin fut faite avec une telle suavité de bonhomie, que la reine, tout en sentant l'ironie profonde qu'elle enfermait, ne put s'offenser de ce que Gilbert venait de lui dire.

Seulement elle revint à la charge, reprenant l'attaque où elle l'avait laissée :

— Ce souvenir dont je vous parle, acheva-t-elle, le voici :

Gilbert s'inclina en signe qu'il écoutait.

La reine fit un effort, et fixa son regard sur le sien.

— J'étais Dauphine alors, et j'habitais Trianon. Il y avait dans les parterres un petit garçon tout noir, tout terreux, **tout** rechigné, une manière de petit Jean-Jacques, qui sarclait, bêchait, échenillait avec ses petites pattes crochues. Il s'appelait Gilbert.

— C'était moi, madame, dit flegmatiquement Gilbert.

— Vous ? fit Marie-Antoinette, avec une expression de haine. Mais j'avais donc raison ! mais vous n'êtes donc pas un homme d'études !

— Je pense que puisque Votre Majesté a si bonne mémoire, elle se rappelle aussi les époques, dit Gilbert, C'était en 1772, si je ne me trompe, que le petit garçon jardinier dont parle Votre Majesté fouillait la terre pour gagner sa vie dans les parterres de Trianon. Nous sommes en 1789. Il y a donc dix-sept ans, madame, que les choses que vous dites se sont passées. C'est beaucoup d'années au temps où nous vivons. C'est beaucoup plus qu'il n'en faut pour faire du sauvage un savant ; l'âme et l'esprit fonctionnent vite en certaines conditions, comme poussent vite en serre chaude les plantes et les fleurs ; les révolutions, Madame, sont les serres chaudes de l'intelligence. Votre Majesté me regarde, et malgré la netteté de son regard, elle ne remarque pas que l'enfant de seize ans est devenu un homme de trente-trois ; elle a donc tort de s'étonner que l'ignorant, le naïf petit Gilbert soit devenu, au souffle de deux révolutions, un savant et un philosophe.

— Ignorant soit, — mais naïf, naïf, avez-vous dit, s'écria furieusement, la reine, je crois que vous avez appelé le petit Gilbert naïf ?

— Si je me suis trompé, madame, ou si j'ai loué ce petit garçon d'une qualité qu'il n'avait pas, j'ignore en quoi Votre Majesté peut savoir mieux que moi qu'il possédât le défaut contraire.

— Oh ! ceci, c'est autre chose, dit la reine assombrie ; peut-être parlerons-nous de cela un jour ; mais en attendant, revenons à l'homme je vous prie, à l'homme savant, à l'homme perfectionné, à l'homme parfait que j'ai sous les yeux.

Ce mot *parfait*, Gilbert ne le releva point. Il comprenait trop que c'était une nouvelle insulte.

— Revenons-y, madame, répondit simplement Gilbert,

et dites dans quel but Votre Majesté lui a fait donner l'ordre de passer chez elle.

— Vous vous proposez pour médecin du roi, dit-elle. Or, vous comprenez, monsieur, que j'ai trop à cœur la santé de mon époux pour la confier à un homme que je ne connaîtrais point parfaitement.

— Je me suis proposé, madame, dit Gilbert, et j'ai été accepté sans que Votre Majesté puisse concevoir justement le moindre soupçon de mon incapacité ou de mon zèle. Je suis un médecin politique surtout, madame, recommandé par monsieur Necker. Quant au reste, si le roi a jamais besoin de ma science, je lui serai bon médecin physique, autant que la science humaine peut être utile à l'œuvre du créateur. Mais ce que je serai surtout au roi, madame, outre bon conseiller et bon médecin, c'est un bon ami.

— Un bon ami! s'écria la reine avec une nouvelle explosion de mépris; vous, monsieur! un ami du roi!

— Assurément, répondit tranquillement Gilbert; pourquoi non, madame?

— Ah! oui, toujours en vertu de vos pouvoirs secrets, à l'aide de votre science occulte, murmura-t-elle. Qui sait? nous venons de voir les Jacques et les Maillotins; nous revenons peut-être au moyen-âge! Vous ressuscitez les philtres et les charmes. Vous allez gouverner la France par la magie; vous allez être Faust ou Nicolas Flamel.

— Je n'ai point cette prétention, madame.

— Hé! que ne l'avez-vous, monsieur! Combien de monstres plus cruels que ceux des jardins d'Armide, plus cruels que Cerbère, vous endormiriez au seuil de notre enfer!

Lorsqu'elle prononça ce mot: vous *endormiriez*, la reine attacha son regard plus investigateur que jamais sur le docteur.

Cette fois, Gilbert rougit malgré lui.

Ce fut une joie indéfinissable pour Marie-Antoinette, elle sentit que cette fois le coup qu'elle avait porté avait fait une véritable blessure.

— Car vous endormez, continua-t-elle; vous qui avez étudié partout et sur tout, vous avez sans doute étudié la science magnétique avec les endormeurs de notre siècle, avec ces gens qui font du sommeil une trahison et qui lisent leurs secrets dans le sommeil des autres !

— En effet, madame, j'ai souvent et longtemps étudié sous le savant Cagliostro.

— Oui, celui qui pratiquait et faisait pratiquer à ses adeptes ce vol moral dont je parlais tout à l'heure, celui qui à l'aide de ce sommeil magique, et que j'appellerai, moi, infâme, celui qui prenait aux uns les âmes, aux autres le corps.

Gilbert comprit encore, et cette fois pâlit au lieu de rougir. La reine en tressaillit de joie jusqu'au fond du cœur.

— Ah ! misérable, murmura-t-elle, moi aussi je t'ai blessé, et je vois le sang.

Mais les émotions les plus profondes ne se faisaient pas visibles pour longtemps sur le visage de Gilbert. S'approchant donc de la reine qui, toute joyeuse de sa victoire, le regardait imprudemment :

— Madame, dit-il, Votre Majesté aurait tort de contester à ces savans hommes dont vous parlez le plus bel apanage de leur science, ce pouvoir d'endormir non pas des victimes, mais des *sujets* par le sommeil magnétique : vous auriez tort, surtout, de leur contester le droit qu'ils ont de poursuivre, par tous les moyens possibles, une découverte dont les lois, une fois reconnues et régularisées, sont peut-être appelées à révolutionner le monde.

Et en s'approchant de la reine, Gilbert l'avait regardée à son tour avec cette puissance de volonté sous laquelle la nerveuse Andrée avait succombé.

La reine sentit qu'un frisson courait dans ses veines à l'approche de cet homme.

— Infamie ! dit-elle, sur les hommes qui abusent de certaines pratiques sombres et mystérieuses pour perdre les âmes ou les corps !... Infamie sur ce Cagliostro !...

— Ah ! répondit Gilbert avec un accent pénétré, gardez-vous, madame, de juger avec tant de sévérité les fautes que commettent les créatures humaines.

— Monsieur !

— Toute créature est sujette à l'erreur, madame ; toute

créature nuit à la créature, et sans l'égoïsme individuel, qui fait la sûreté générale, le monde ne serait qu'un vaste champ de bataille. Ceux-là sont les meilleurs qui sont bons, voilà tout. D'autres vous diraient : Ceux-là sont les meilleurs qui sont moins mauvais. L'indulgence doit être plus grande, madame, à proportion que le juge est plus élevé Au haut du trône où vous êtes, vous avez moins que personne le droit d'être sévère pour les fautes d'autrui. Sur le trône de la terre, soyez la suprême indulgence, comme sur le trône du ciel Dieu est la suprême miséricorde.

— Monsieur, dit la reine, je regarde d'un autre œil que vous mes droits, et surtout mes devoirs, je suis sur le trône pour punir et récompenser.

— Je ne crois pas, madame. A mon avis, au contraire, vous êtes sur le trône, vous, femme et reine, pour concilier et pour pardonner.

— Je suppose que vous ne moralisez pas, monsieur.

— Vous avez raison, madame, et je ne fais que répondre à Votre Majesté. Ce Cagliostro, par exemple, madame, dont vous parliez tout à l'heure et dont vous contestiez la science, je me rappelle, moi, et c'est un souvenir antérieur à vos souvenirs de Trianon, — je me rappelle que, dans les jardins du château de Taverney, il eut l'occasion de donner à la dauphine de France une preuve de cette science, je ne sais laquelle, madame, dont elle a dû garder une profonde mémoire : car cette preuve l'avait cruellement impressionnée, impressionnée au point qu'elle s'évanouit.

Gilbert à son tour frappait ; il est vrai qu'il frappait au hasard, mais le hasard le servit et il frappa si juste que la reine devint affreusement pâle.

— Oui, dit-elle, d'une voix rauque, oui, en effet, il m'a fait voir en rêve une hideuse machine ; mais, jusqu'à présent, je ne sache pas que cette machine existe en réalité.

— Je ne sais ce qu'il vous a fait voir, madame, reprit Gilbert satisfait de l'effet produit, mais ce que je sais, c'est qu'on ne peut contester le titre de savant à l'homme qui prend, sur les autres hommes ses semblables, une pareille puissance.

— Ses semblables... murmura dédaigneusement la reine.

— Soit, je me trompe, reprit Gilbert, et sa puissance est d'autant plus grande qu'il courbe à son niveau, sous le joug de la peur, la tête des rois et des princes de la terre.

— Infamie ! infamie ! vous dis-je encore contre ceux qui abusent de la faiblesse ou de la crédulité.

— Infâmes ! avez-vous dit, ceux qui usent de la science ?

— Chimères, mensonges, lâchetés !

— Qu'est-ce à dire ? demanda Gilbert avec calme.

— C'est à dire que ce Cagliostro est un lâche charlatan, et que son prétendu sommeil magnétique est un crime.

— Un crime !

— Oui, un crime, continua la reine, car il est le résultat d'un breuvage, d'un philtre, d'un empoisonnement dont la justice humaine, que je représente, saura atteindre et punir les auteurs.

— Madame, madame, reprit Gilbert avec la même patience, indulgence, s'il vous plaît, pour ceux qui ont failli en ce monde.

— Ah ! vous avouez donc ?

La reine se trompait, et, d'après la douceur de la voix de Gilbert, croyait qu'il implorait pour lui-même.

Elle se trompait ; c'était un avantage que Gilbert n'avait garde de laisser échapper.

— Quoi ! dit-il en dilatant sa prunelle enflammée sous laquelle Marie-Antoinette fut contrainte de baisser les yeux comme à la réflexion d'un rayon de soleil.

La reine demeura interdite, et cependant faisant un effort :

— On n'interroge pas plus une reine qu'on ne la blesse, dit-elle ; sachez encore cela, vous qui êtes nouveau venu à la cour ; mais vous parliez, ce me semble, de ceux qui ont failli, et vous me demandiez l'indulgence.

— Hélas ! madame, dit Gilbert, quelle est la créature humaine sans reproche, celle qui a su si bien s'enfermer dans la profonde carapace de sa conscience que le regard des autres n'y pût pénétrer ? C'est là ce qui s'appelle souvent la vertu. Soyez indulgente, madame.

— Mais à ce compte, reprit imprudemment la reine, il n'y a donc pas de vertueuse créature pour vous, monsieur, pour vous, l'élève de ces hommes dont le regard va chercher la vérité même au fond des consciences?

— Cela est vrai, madame.

Elle éclata de rire sans se soucier de cacher le mépris que ce rire renfermait.

— Oh ! par grâce ! monsieur, s'écria-t-elle, veuillez donc vous souvenir que vous ne parlez pas sur une place publique, à des idiots, à des paysans ou à des patriotes.

— Je sais à qui je parle, madame, croyez-le bien, répliqua Gilbert.

— Plus de respect, alors, monsieur, ou plus d'adresse ; repassez vous-même toute votre vie, sondez les profondeurs de cette conscience que, malgré leur génie et leur expérience, les hommes qui ont travaillé partout doivent posséder comme le commun des mortels ; rappelez-vous bien tout ce que vous pouvez avoir songé de bas, de nuisible, de criminel, tout ce que vous pouvez avoir commis de cruautés, d'attentats, de crimes même. Ne m'interrompez pas, et quand vous aurez fait la somme de tout cela, monsieur le docteur, baissez la tête, devenez humble, ne vous approchez pas avec cet orgueil insolent de la demeure des rois, qui, jusqu'à nouvel ordre du moins, sont institués par Dieu pour pénétrer l'âme des criminels, sonder les replis des consciences, et appliquer, sans pitié comme sans appel, les châtimens aux coupables. Voilà, monsieur, continua la reine, ce qu'il convient que vous fassiez. On vous saura gré de votre repentir. Croyez-moi, le meilleur moyen de guérir une âme aussi malade que la vôtre, ce serait de vivre dans la solitude, loin des grandeurs qui donnent aux hommes des idées fausses de leur propre valeur. Je vous conseillerais donc de ne pas vous rapprocher de la cour, et de renoncer à soigner le roi dans ses maladies. Vous avez une cure à faire dont Dieu vous saura plus de gré que d'aucune cure étrangère : la vôtre. L'antiquité avait un proverbe là-dessus, monsieur : *Ipse cura medici*.

Gilbert, au lieu de se révolter contre cette proposition

que la reine regardait comme la plus désagréable des conclusions, répondit avec douceur.

— Madame, j'ai déjà fait tout ce que Votre Majesté me recommande de faire.

— Et qu'avez-vous fait, monsieur ?

— J'ai médité.

— Sur vous-même ?

— Sur moi, oui, madame,

— Et à propos de votre conscience ?

— Surtout à cause de ma conscience, madame.

— Croyez-vous alors que je sois suffisamment instruite de ce que vous y avez vu ?

— J'ignore ce que veut me dire Votre Majesté, mais je le comprends ; combien de fois un homme de mon âge doit avoir offensé Dieu ?

— Vraiment, vous parlez de Dieu.

— Oui.

— Vous.

— Pourquoi pas ?

— Un philosophe ! Est-ce que les philosophes croient en Dieu ?

— Je parle de Dieu et je crois en lui.

— Et vous ne vous retirez pas ?

— Non, madame, je reste.

— Monsieur Gilbert, prenez garde.

Et le visage de la reine prit une indéfinissable expression de menace.

— Oh ! j'ai bien réfléchi, madame, et ces réflexions m'ont conduit à savoir que je ne vaux pas moins qu'un autre : chacun a ses péchés. J'ai appris cet axiome, non pas en feuilletant les livres, mais en fouillant la conscience d'autrui.

— Universel et infaillible, n'est-ce pas ? dit la reine avec ironie.

— Hélas ! madame, sinon universel, sinon infaillible, du moins bien savant en misères humaines, bien éprouvé en douleurs profondes. Et cela est si vrai que je vous dirais, rien qu'à voir le cercle de vos yeux fatigués, rien qu'à voir cette ligne qui s'étend de l'un à l'autre de vos sourcils, rien qu'à voir ce pli qui crispe les coins de votre bouche, — contraction que l'on appelle du nom prosaïque de rides, — je vous dirais, madame, combien vous avez subi d'épreuves rigoureuses, combien de fois votre cœur a battu d'angoisse, combien de fois ce cœur s'est abandonné confian pour se réveiller trompé.

Je vous dirai tout cela, madame, quand vous le voudrez ; fe le dirai, sûr de n'être point démenti ; je vous le dirai, en attachant un regard qui sait et qui veut lire ; et lorsque vous aurez senti le poids de ce regard, quand vous aurez senti le plomb de cette curiosité pénétrer au fond de votre âme, comme la mer sent le plomb de la sonde qui partage ses abîmes ; alors, vous comprendrez que je puis beaucoup, madame, et que si je m'arrête, il faut que l'on m'en sache gré au lieu de me provoquer à la guerre.

Ce langage, soutenu par une fixitéte trible de la volonté de provocation de l'homme à la femme, ce mépris de toute étiquette en présence de la reine firent un effet indicible sur Marie-Antoinette.

Elle sentit comme un brouillard tomber sur son front et glacer ses idées, elle sentit sa haine changée en effroi, elle laissa tomber ses mains alourdies et fit un pas en arrière pour fuir l'approche de ce danger inconnu.

— Et maintenant, madame, dit Gilbert qui voyait clairement ce qui se passait en elle, comprenez-vous qu'il me soit bien aisé de savoir ce que vous cachez à tout le monde, et ce que vous vous cachez à vous-même ; comprenez-vous qu'il me soit aisé de vous étendre là sur cette chaise que vos doigts vont chercher par instinct pour y trouver un appui.

— Oh ! fit la reine épouvantée, car elle sentait passer jusqu'à son cœur des frissons inconnus.

— Que je dise en moi-même un mot que je ne veux pas dire, continua Gilbert, que je formule une volonté à laquelle je renonce, et vous allez tomber foudroyée en mon pouvoir. Vous doutez, madame ; oh ! ne doutez pas, vous me tenteriez peut-être, et si une fois vous me tentiez !... Mais non, vous ne doutez point, n'est-ce pas ?

La reine, à demi renversée, haletante, oppressée, éperdue, se cramponnait au dossier de son fauteuil avec l'énergie du désespoir et la rage d'une inutile défense.

— Oh ! continua Gilbert, croyez bien ceci, madame, c'est que si je n'étais le plus respectueux, le plus dévoué, le plus humblement prosterné de vos sujets, je vous convaincrais par une expérience terrible. Oh ! ne craignez rien. Je m'incline humblement, vous dis-je, devant la femme plus encore que devant la reine. Je frémis d'avoir une pensée qui effleure seulement votre pensée, je me tuerais plutôt que de chercher à gêner votre âme.

— Monsieur, monsieur, s'écria la reine en frappant l'air de ses bras comme pour repousser Gilbert qui se tenait à plus de trois pas d'elle.

— Et cependant, continua Gilbert, vous m'avez fait enfermer à la Bastille. Vous ne regrettez qu'elle soit prise que parce que le peuple, en la prenant, m'en a ouvert les portes. Votre haine éclate dans vos yeux contre un homme à qui vous n'avez personnellement rien à reprocher. Et, tenez, tenez, je le sens, depuis que je détends l'influence avec laquelle je vous contenais, qui sait si vous ne recommencez pas à reprendre le doute avec la respiration.

Et, en effet, depuis que Gilbert avait cessé de lui commander des yeux et de la main, Marie-Antoinette s'était relevée presque menaçant, comme l'oiseau qui, débarrassé des suffocations de la cloche pneumatique, essaie de reprendre ses chants et son vol.

— Ah ! vous doutez, vous raillez, vous méprisez. Eh bien ! voulez-vous que je vous dise, madame, une idée terrible qui m'a passé par l'esprit ; voilà ce que j'ai été sur le point de faire, madame : je vous condamnais à me révéler vos peines les plus intimes, vos secrets les plus cachés ; je vous forçais à les écrire ici sur cette table que vous touchez en ce moment, et plus tard réveillée, revenue à vous, je vous eusse prouvé par votre écriture même combien est peu chimérique ce pouvoir que vous semblez contester ; combien surtout est réelle la patience, le dirai-je, oui, je le dirai, la générosité de l'homme que vous venez d'insulter, que vous insultez depuis une heure sans qu'il vous en ait un seul instant donné le droit ou le prétexte.

— Me forcer à dormir, me forcer à parler en dormant, moi! moi! s'écria la reine toute pâlissante, vous l'eussiez osé, monsieur? Mais savez-vous ce que c'est que cela? Connaissez-vous la portée de la menace que vous me faites? Mais c'est un crime de lèse-majesté, monsieur. Songez-y, c'est un crime qu'une fois réveillée, une fois remise en possession de moi-même, un crime que j'eusse fait punir de mort.

— Madame, dit Gilbert suivant du regard l'émotion vertigineuse de la reine, ne vous hâtez pas d'accuser et surtout de menacer. Certes, j'eusse endormi Votre Majesté. Certes, j'eusse arraché à la femme tous ses secrets, mais, croyez-le bien, ce n'eût certes pas été dans une occasion comme celle-ci, ce n'eût point été dans un tête à tête entre la reine et son sujet, entre la femme et un homme étranger; non, j'eusse endormi la reine, c'est vrai, et rien ne m'eût été plus facile, mais je ne me fusse point permis de l'endormir, je ne me fusse point permis de la faire parler sans avoir un témoin.

— Un témoin?

— Oui, madame, un témoin qui eût recueilli fidèlement toutes vos paroles, tous vos gestes, tous les détails enfin de la scène que j'eusse provoqué, afin, cette scène accomplie, de ne pas vous laisser à vous-même un seul instant de doute.

— Un témoin! monsieur, répéta la reine épouvantée, et quel eût été ce témoin? Mais, songez-y, monsieur, le crime eût été double, car, en ce cas, vous vous fussiez adjoint un complice.

— Et si ce complice, madame, n'eût été autre que le roi? dit Gilbert.

— Le roi! s'écria Marie-Antoinette avec une épouvante qui trahit l'épouse plus énergiquement que n'eût pu faire la confession de la somnambule. Oh! monsieur Gilbert! monsieur Gilbert!

— Le roi, ajouta tranquillement Gilbert, le roi, votre époux, votre soutien, votre défenseur naturel. Le roi, qui vous eût raconté à votre réveil, madame, combien j'avais été à la fois respectueux et fier en prouvant ma science à la plus vénérée des souveraines.

Et après avoir achevé ces mots, Gilbert laissa à la reine tout le temps d'en méditer la profondeur.

La reine demeura pendant plusieurs minutes dans un silence que troublait le bruit de sa respiration entrecoupée.

— Monsieur, reprit-elle enfin, après tout ce que vous venez de me dire, il faut que vous soyez un ennemi mortel...

— Ou un ami à l'épreuve, madame.

— Impossible, monsieur, l'amitié ne peut vivre à côté de a crainte ou de la défiance.

— L'amitié, madame, allant de sujet à reine, ne peut vivre que par la confiance que le sujet inspire. Vous vous serez déjà dit, n'est-ce pas, que celui-là n'est pas un ennemi, auquel au premier mot on ôte le moyen de nuire, surtout lorsque le premier il s'interdit l'usage de ses armes.

— Ce que vous dites là, monsieur, on doit y croire? fit la reine avec attention et inquiétude, en regardant Gilbert d'un air pénétré.

— Pourquoi n'y croiriez-vous pas, madame, lorsque vous avez toutes les preuves de ma sincérité?

— On change, monsieur, on change.

— Madame, j'ai fait le vœu que certains hommes illustres dans le maniement des armes dangereuses faisaient avant d'entrer en expédition. Je n'userai jamais de mes avantages que pour repousser les torts qu'on me voudra faire. *Non pour offense, mais pour défense;* telle est ma devise.

— Hélas! dit la reine humiliée.

— Je vous comprends, madame. Vous souffrez de voir votre âme aux mains du médecin, vous qui vous révoltiez parfois d'y abandonner votre corps. Prenez courage, prenez confiance. Celui-là veut bien vous conseiller, qui vous a donné aujourd'hui la preuve de longanimité que vous avez reçue de moi. Je veux vous aimer, madame; je veux que l'on vous aime. Les idées que j'ai déjà données au roi, je les discuterai avec vous.

— Docteur, prenez-y garde! fit gravement la reine, vous

m'avez prise au piége ; après avoir fait peur à la femme, vous croyez pouvoir gouverner la reine.

— Non, madame, répondit Gilbert ; je ne suis pas un misérable spéculateur. J'ai mes idées, je comprends que vous ayez les vôtres. Je repousse dès à présent cette accusation que vous porteriez éternellement contre moi de vous avoir effrayée pour subjuguer votre raison. Je dis plus, vous êtes la première femme en qui je trouve à la fois toutes les passions de la femme et toutes les facultés dominatrices de l'homme. Vous pouvez être à la fois une femme et un ami. Toute l'humanité se renfermerait en vous au besoin. Je vous admire et je vous servirai. Je vous servirai sans rien recevoir de vous, uniquement pour vous étudier, madame. Je ferai plus encore pour otre service ; au cas où je vous paraîtrais un meuble de palais par trop gênant ; au cas où l'impression de la scène d'aujourd'hui ne s'effacerait pas de votre mémoire, je vous demande, je vous prie de m'éloigner.

— Vous éloigner ! s'écria la reine avec une joie qui n'échappa point à Gilbert.

— Eh bien ! c'est conclu, madame, répliqua-t-il avec un admirable sang-froid. Je ne dirai même pas au roi ce que j'avais à lui dire, et je partirai. Faut-il que j'aille bien loin pour vous rassurer, madame ?

Elle le regarda, surprise de cette abnégation.

— Je vois, dit-il, ce que pense Votre Majesté. Plus instruite qu'on ne croit de ces mystères de l'influence magnétique qui l'effrayaient tout à l'heure, Votre Majesté se dit qu'à distance je serai aussi dangereux et aussi inquiétant.

— Comment cela ? fit la reine.

— Oui, je le répète, madame, celui qui voudrait nuire à quelqu'un par les moyens que vous venez de reprocher à mes maîtres et à moi, pourrait exercer son action nuisible aussi bien à cent lieues, aussi bien à mille qu'à trois pas. Ne craignez rien, madame, je n'y tâcherai point.

La reine demeura un moment pensive et ne sachant que répondre à cet homme étrange, qui faisait ainsi flotter ses résolutions les plus arrêtées.

Tout à coup un bruit de pas, au fond des corridors, fit lever la tête à Marie-Antoinette.

— Le roi, dit-elle, le roi qui vient.

— Alors, madame, répondez-moi, je vous en prie, faut-il que je reste, faut-il que je parte ?

— Mais...

— Hâtez-vous, madame, je puis éviter le roi, si vous le désirez ; Votre Majesté m'indiquera une porte par laquelle je me retirerai.

— Restez, lui dit la reine.

Gilbert s'inclina, tandis que Marie-Antoinette cherchait à lire sur ses traits à quel point le triomphe serait plus révélateur que n'avait été la colère ou l'inquiétude.

Gilbert resta impassible.

— Au moins, se dit la reine, eût-il dû manifester de la joie.

III.

LE CONSEIL.

Le roi entra vivement et lourdement, selon son habitude.

Il avait un air affairé, curieux, qui contrastait singulièrement avec la rigidité glacée du maintien de la reine.

Les fraîches couleurs du roi ne l'avaient pas abandonné. Matinal et tout fier de la bonne santé qu'il avait humée avec l'air du matin, il soufflait bruyamment, et appuyait avec vigueur son pied sur les parquets.

— Le docteur? dit-il ; qu'est devenu le docteur?

— Bonjour, sire. Comment allez-vous, ce matin? Etes-vous bien fatigué?

— J'ai dormi six heures, c'est mon lot. Je vais très bien. L'esprit est net. Vous êtes un peu pâle, madame. Le docteur, on m'a dit que vous l'aviez mandé?

— Voici monsieur le docteur Gilbert, fit la reine en démasquant l'embrasure de la fenêtre, dans laquelle le docteur s'était tapi jusqu'à ce moment.

Le front du roi s'éclaircit aussitôt, puis :

— Ah! j'oubliais! dit-il. Vous avez mandé le docteur ; c'est donc que vous souffriez?

La reine rougit.

— Vous rougissez? lui dit Louis XVI.

Elle devint pourpre.

— Encore quelque secret? fit le roi.

— Quel secret? monsieur, interrompit la reine avec hauteur.

— Vous ne m'entendez pas, je vous dis que vous qu avez vos médecins favoris, vous ne pouvez avoir appelé le docteur Gilbert sans le désir que je vous connais...

— Lequel?

— De toujours me cacher quand vous souffrez.

— Ah! fit la reine un peu remise.

— Oui, continua Louis XVI, mais prenez-y garde; monsieur Gilbert est de mes confidens à moi, et si vous lui contez quelque chose, il me le rapportera.

Gilbert sourit.

— Pour cela, non, sire, dit-il.

— Bien, voilà que la reine corrompt mes gens.

Marie-Antoinette fit entendre un de ces petits rires étouffés qui signifient seulement que l'on veut interrompre la conversation, ou que cette conversation fatigue beaucoup.

Gilbert comprit, le roi ne comprit pas.

— Voyons, docteur, dit-il, puisque cela divertit la reine, contez-moi ce qu'elle vous disait.

— Je demandais au docteur, interrompit à son tour Marie-Antoinette, pourquoi vous l'aviez mandé d'aussi bonne heure. J'avoue en effet que sa présence à Versailles dès le matin m'intrigue et m'inquiète.

— J'attendais le docteur, répliqua le roi en s'assombrissant, pour causer politique avec lui.

— Ah! fort bien! dit la reine.

Et elle s'assit comme pour écouter.

— Venez, docteur, reprit le roi en se dirigeant vers la porte.

Gilbert salua profondément la reine et se prépara à suivre Louis XVI.

— Où allez-vous ? s'écria la reine ; quoi ! vous partez ?

— Nous n'avons pas à converser de choses bien gaies, madame ; autant vaut épargner à la reine un souci de plus.

— Vous appelez soucis des douleurs ! s'écria majestueusement la reine.

— Raison de plus, ma chère.

— Restez, je le veux, dit-elle.—Monsieur Gilbert, je suppose que vous ne me désobéirez pas.

— Monsieur Gilbert ! monsieur Gilbert ! fit le roi très dépité.

— Eh bien ! quoi ?

— Eh ! monsieur Gilbert qui devait me donner un avis, qui devait causer librement avec moi, suivant sa conscience, monsieur Gilbert ne le fera plus.

— Pourquoi donc ? fit la reine.

— Parce que vous serez là, madame.

Gilbert fit comme un geste, auquel la reine attacha tout de suite une signification importante.

— En quoi, dit-elle pour l'appuyer, monsieur Gilbert risquera-t-il de me déplaire s'il parle suivant sa conscience ?

— C'est facile à comprendre, madame, dit le roi : vous avez votre politique à vous ; elle n'est pas toujours la nôtre... en sorte que...

— En sorte que monsieur Gilbert, vous me le dites clairement, est fort dissident avec ma politique.

— Cela doit être, madame, répondit Gilbert, d'après les idées que Votre Majesté me connaît. Seulement Votre Majesté peut être bien assurée que je dirai la vérité aussi librement devant elle qu'en présence du roi seul.

— Ah ! c'est déjà quelque chose, fit Marie-Antoinette.

— La vérité n'est pas toujours bonne à dire, se hâta de murmurer Louis XVI.

— Si elle est utile ? dit Gilbert.

— Ou seulement bien intentionnée, ajouta la reine.

— Pour cela, nous n'en douterons pas, interrompit

Louis XVI. Mais si vous étiez sage, madame, vous laisseriez au docteur l'entière liberté de langage... dont j'ai besoin.

— Sire, répondit Gilbert, puisque la reine provoque elle-même la vérité, puisque je sais l'esprit de Sa Majesté assez noble et assez puissant pour ne la pas craindre, je préfère parler devant mes deux souverains.

— Sire, dit la reine, je le demande.

— J'ai foi dans la sagesse de Votre Majesté, dit Gilbert en s'inclinant devant la reine. Il s'agit du bonheur et de la gloire de Sa Majesté le roi.

— Vous avez raison d'avoir foi, dit la reine. Commencez monsieur.

— Tout cela, c'est fort beau, continua le roi, qui s'entêtait, suivant sa coutume ; mais enfin la question est délicate, et je sais bien que, quant à moi, vous m'embarrasserez beaucoup.

La reine ne put retenir un mouvement d'impatience ; elle se leva, puis se rassit en plongeant son regard rapide et froid dans la pensée du docteur.

Louis XVI, voyant qu'il ne restait aucun moyen d'échapper à la question ordinaire et extraordinaire, s'assit avec un gros soupir dans son fauteuil en face de Gilbert.

— De quoi s'agit-il ? demanda la reine après que cette sorte de conseil se fut ainsi constitué et installé.

Gilbert regarda le roi une dernière fois comme pour lui demander l'autorisation de parler sans contrainte.

— Allez ! mon Dieu, allez, monsieur, répliqua le roi, puisque la reine le veut.

— Eh bien ! madame, dit le docteur, j'instruirai en peu de mots Votre Majesté du but de ma visite matinale à Versailles. Je venais conseiller à Sa Majesté de se rendre à Paris.

Une étincelle tombant sur les quarante milliers de poudre que renfermait alors l'hôtel-de-ville, n'eût pas produit l'explosion que ces paroles firent éclater dans le cœur de la reine.

— Le roi à Paris ! le roi ! Ah !

Et elle poussa un cri d'horreur qui fit tressaillir Louis XVI.

— Là, fit le roi en regardant Gilbert, que vous disais-je, docteur?

— Le roi, continua la reine, le roi dans une ville en proie à la révolte; le roi, au milieu des fourches et des faulx; le roi parmi ces hommes qui ont massacré les Suisses, qui ont assassiné monsieur de Launay et monsieur de Flesselles; le roi traversant la place de l'hôtel-de-ville et marchant dans le sang de ses défenseurs!... Vous êtes un insensé, monsieur, pour avoir parlé ainsi. Oh! je vous le répète, vous êtes un insensé.

Gilbert baissa les yeux comme un homme que le respect contient; mais il ne répondit pas une parole.

Le roi, remué jusqu'au fond de l'âme, se retourna sur son fauteuil comme un torturé sur le gril des inquisiteurs.

— Est-il possible, poursuivit la reine, qu'une pareille idée se soit logée dans une tête intelligente, dans un cœur français? Quoi! monsieur, vous ne savez donc pas que vous parlez au successeur de saint Louis, à l'arrière petit-fils de Louis XIV?

Le roi battait le tapis du pied.

— Je ne suppose pas, cependant, poursuivit encore la reine, que vous désiriez enlever au roi le secours de ses gardes et de son armée; que vous cherchiez à le tirer de son palais, qui est une forteresse, pour l'exposer seul et nu à ses ennemis acharnés; vous n'avez pas le désir de faire assassiner le roi, n'est-ce pas, monsieur Gilbert?

— Si je croyais que Votre Majesté eût un instant l'idée que je sois capable d'une pareille trahison, je ne serais pas un insensé, je me regarderais comme un misérable. Mais Dieu merci! madame, vous n'y croyez pas plus que moi-même. Non, je suis venu donner ce conseil à mon roi parce que je crois le conseil bon et même supérieur à tous les autres.

La reine crispa ses doigts sur sa poitrine, avec tant de violence qu'elle fit craquer la batiste sous sa pression.

Le roi haussa les épaules avec un léger mouvement d'impatience.

— Mais, pour Dieu! dit-il, écoutez-le, madame; il sera

toujours temps de dire non quand vous l'aurez entendu.

— Le roi a raison, madame, dit Gilbert ; car, ce que j'ai à dire à Vos Majestés, vous ne le savez point ; vous vous croyez, madame, au milieu d'une armée sûre, dévouée, prête à mourir pour vous, erreur ! parmi les régimens français, moitié conspire avec les régénérateurs pour l'idée révolutionnaire.

— Monsieur ! s'écria la reine, prenez garde, vous insultez l'armée !

— Tout au contraire, madame, dit Gilbert, j'en fais l'éloge. On peut respecter sa reine, et se dévouer à son roi, tout en aimant sa patrie et en se dévouant à sa liberté.

La reine lança sur Gilbert un regard flamboyant comme un éclair.

— Monsieur, lui dit-elle, ce langage...

— Oui, ce langage vous blesse, madame, je comprends cela ; car, selon toute probabilité, Votre Majesté l'entend pour la première fois.

— Il faudra bien s'y accoutumer, murmura Louis XVI avec le bon sens résigné qui faisait sa principale force.

— Jamais ! s'écria Marie-Antoinette, jamais !

— Voyons : écoutez ! écoutez ! s'écria le roi ; je trouve ce que dit le docteur plein de raison.

La reine se rassit frémissante.

Gilbert continua.

— Je disais donc, madame, que j'ai vu Paris, moi, et que vous n'avez pas même vu Versailles. Savez-vous ce que veut faire en ce moment Paris ?

— Non, dit le roi inquiet.

— Il ne veut pas prendre une seconde fois la Bastille, peut-être, dit la reine avec mépris.

— Assurément, non, madame, continua Gilbert ; mais Paris sait qu'il y a une autre forteresse entre le peuple et son roi. Paris se propose de réunir les députés des quarante-huit districts qui le composent, et d'envoyer ces députés à Versailles.

— Qu'ils y viennent, qu'ils y viennent ! s'écria la reine avec une farouche joie. Oh ! ils y seront les bien reçus.

— Attendez, madame, répondit Gilbert, et prenez garde, ces députés ne viendront pas seuls.

— Et avec qui viendront-ils?

— Ils viendront appuyés par vingt mille hommes de gardes nationales.

— De gardes nationales, dit la reine, qu'est-ce que cela?

— Ah! madame, ne parlez pas légèrement de cette institution; elle deviendra un jour une puissance; elle liera et déliera.

— Vingt mille hommes! s'écria le roi.

— Eh! monsieur, reprit à son tour la reine, vous avez ici dix mille hommes qui valent cent mille révoltés; appelez-les, appelez-les, vous dis-je; les vingt mille scélérats trouveront ici leur châtiment et l'exemple dont a besoin toute cette fange révolutionnaire que je balayerais, moi, en huit jours, si l'on m'écoutait seulement une heure.

Gilbert secoua tristement la tête.

— Oh! madame, dit-il, comme vous vous trompez, ou plutôt comme on vous a trompée. Hélas! hélas! y songez-vous, la guerre civile provoquée par une reine! une seule l'a faite, et elle a emporté avec elle au tombeau l'épithète terrible d'étrangère.

— Provoquée par moi, monsieur, comment entendez-vous cela? est-ce moi qui ai tiré sur la Bastille sans provocation?

— Eh! madame, dit le roi, au lieu de conseiller la violence, écoutez d'abord la raison.

— La faiblesse!

— Voyons, Antoinette, écoutez, dit le roi sévèrement; ce n'est pas une mince affaire que l'arrivée de vingt mille hommes qu'il faudra faire mitrailler ici.

Puis, se retournant vers Gilbert:

— Continuez, monsieur, dit-il, continuez.

— Toutes ces haines qui s'échauffent par l'éloignement, toutes ces fanfaronnades qui deviennent du courage à l'occasion; tout ce pêle-mêle d'une bataille dont l'issue est incertaine, épargnez-le au roi et à vous-même, madame, dit le docteur; vous pouvez par la douceur dissiper cette arrivée que vos violences accroîtront peut-être. La foule veut venir au roi, prévenons-la; laissez le roi aller à la foule ; laissez-le, environné qu'il est aujourd'hui de son armée, faire preuve demain d'audace et d'esprit politique. Ces vingt mille hommes dont nous parlons pourraient peut-être conquérir le roi. Laissez le roi seul aller conquérir les vingt mille hommes, car ces vingt mille hommes, madame, c'est le peuple.

Le roi ne put s'empêcher de faire un signe d'assentiment que Marie-Antoinette saisit au passage.

— Malheureux ! dit-elle à Gilbert, mais vous ne savez donc pas ce que voudra dire la présence du roi à Paris dans les conditions où vous la demandez?

— Parlez, madame.

— Cela veut dire : J'approuve... cela veut dire : Vous avez bien fait de tuer mes Suisses... cela veut dire : Vous avez bien fait de massacrer mes officiers ; de mettre à feu et à sang ma belle capitale ; vous avez bien fait de me détrôner enfin ! Merci, messieurs, merci !

Et un sourire dédaigneux passa sur les lèvres de Marie-Antoinette.

— Non, madame, dit Gilbert, Votre Majesté se trompe.

— Monsieur !...

— Cela voudra dire : Il y a eu quelque justice dans la douleur du peuple. Je viens pardonner ; c'est moi qui suis le chef et le roi ; c'est moi qui suis à la tête de la révolution française, comme jadis Henri III s'est mis à la tête de la Ligue. Vos généraux sont mes officiers ; vos gardes nationaux, mes soldats; vos magistrats, mes gens d'affaires. Au lieu de me pousser, suivez-moi si vous le pouvez. La grandeur de mon pas prouvera encore une fois que je suis le roi de France, le successeur de Charlemagne.

— Il a raison, fit tristement le roi.

— Oh ! s'écria la reine, sire, par grâce ! n'écoutez pas cet homme, cet homme est votre ennemi !

— Madame, fit Gilbert, voilà Sa Majesté qui vous dira elle-même ce qu'elle pense de mes paroles.

— Je pense, monsieur, dit le roi, que vous êtes jusqu'ici le seul qui ayez osé me dire la vérité.

— La vérité! s'écria la reine. Oh! que me dites-vous là, grand Dieu!

— Oui, madame, reprit Gilbert, et, croyez-le bien, la vérité, dans ce moment, est le seul flambeau qui puisse empêcher de rouler dans l'abîme le trône et la royauté.

Et, en disant ces paroles, Gilbert s'inclina humblement jusque sur les genoux de Marie-Antoinette.

IV.

DÉCISION.

Pour la première fois, la reine parut profondément touchée. Etait-ce du raisonnement, était-ce de l'humilité du docteur?

D'ailleurs, le roi s'était levé d'un air décidé. Il songeait à l'exécution.

Cependant, par cette habitude qu'il avait de ne rien faire sans consulter la reine :

— Madame, lui dit-il, approuvez-vous?...

— Il le faut bien, monsieur, répondit Marie-Antoinette.

— Je ne vous demande pas l'abnégation, madame, dit le roi avec impatience.

— Que demandez-vous donc alors?

— Je vous demande une conviction qui fortifie la mienne.

— Vous me demandez une conviction?

— Oui.

— Oh! si ce n'est que cela, je suis convaincue, monsieur.

— De quoi?

— Que le moment est arrivé qui va faire de la monarchie l'Etat le plus déplorable et le plus avilissant qui existe au monde.

— Oh ! dit le roi, vous exagérez. Déplorable, je le veux bien, mais avilissant, c'est impossible.

— Monsieur, il vous a été légué un sombre héritage par les rois vos aïeux, fit tristement Marie-Antoinette.

— Oui, dit Louis XVI, un héritage que j'ai la douleur de vous faire partager, madame.

— Veuillez permettre, Sire, repartit Gilbert, qui s'apitoyait au fond du cœur sur la profonde infortune de ces souverains déchus; je ne crois pas qu'il y ait lieu, pour Votre Majesté, de voir l'avenir si effrayant qu'elle le dit. Une monarchie despotique a cessé, un empire constitutionnel commence.

— Eh ! monsieur, dit le roi, suis-je donc l'homme qu'il faut pour fonder un pareil empire en France?

— Mais pourquoi non, Sire ? fit la reine, un peu reconfortée par les paroles de Gilbert.

— Madame, reprit le roi, je suis un homme de bon sens et un homme savant. Je vois clair au lieu de chercher à voir trouble, et je sais précisément tout ce que je n'ai pas besoin de savoir pour administrer ce pays. Du jour où l'on me précipite du haut de l'inviolabilité des princes absolus, du jour où on laisse à découvert en moi l'homme simple, je perds toute la force factice qui, seule, était nécessaire au gouvernement de la France, puisqu'à bien dire Louis XIII, Louis XIV et Louis XV se sont parfaitement soutenus grâce à cette force factice. Que faut-il aux Français aujourd'hui? Un maître. Je ne me sens capable que d'être un père. Que faut-il aux révolutionnaires ? Un glaive. Je ne me sens pas la force de frapper.

— Vous ne vous sentez pas la force de frapper! s'écria la reine, de frapper des gens qui enlèvent les biens de vos enfans, et qui veulent briser sur votre front, et les uns après les autres, tous les fleurons de la couronne de France?

— Que répondrai-je? dit Louis XVI avec calme ; répondrai-je Non? Je soulèverai encore chez vous des orages qui me gênent dans ma vie. Vous savez haïr, vous: Oh ! tant mieux pour vous. Vous savez même être injuste, je ne vous le reproche pas, c'est une immense qualité chez les dominateurs.

— Me trouveriez-vous injuste envers la révolution, par hasard, dites?

— Ma foi! oui.

— Vous dites, *oui*, Sire; vous dites oui!

— Si vous étiez simple citoyenne, ma chère Antoinette, vous ne me parleriez pas comme vous faites.

— Je ne le suis pas.

— Voilà bien pourquoi je vous excuse, mais cela ne veut pas dire que je vous approuve. Non, madame, non, résignez-vous; nous sommes venus au trône de France dans un moment de tourmente; il nous faudrait la force de pousser en avant ce char armé de faulx qu'on appelle la révolution, et la force nous manque.

— Tant pis! s'écria Marie-Antoinette, car c'est sur nos enfans qu'il passera.

— Hélas! je le sais, mais enfin nous ne le pousserons pas.

— Nous le ferons reculer, Sire.

— Oh! fit Gilbert avec un accent profond, prenez garde! madame, en reculant il vous écrasera.

— Monsieur, dit la reine avec impatience, je remarque que vous poussez loin la franchise de vos conseils.

— Je me tairai, madame.

— Eh! mon Dieu! laissez-le dire, fit le roi, ce qu'il vous annonce là, s'il ne l'a pas lu dans vingt feuilles qui le disent depuis huit jours, c'est qu'il n'a pas voulu le lire. Sachez-lui gré au moins de ne pas envelopper d'amertume la vérité de sa parole.

Marie-Antoinette se tut.

Puis avec un soupir douloureux :

— Je me résume, dit-elle, ou plutôt je me répète; aller à Paris de votre propre mouvement, c'est sanctionner tout ce qui s'est fait.

— Oui, fit le roi, je le sais bien.

— C'est humilier, c'est renier votre armée qui s'apprêtait à vous défendre.

— C'est épargner le sang français, dit le docteur.

— C'est déclarer désormais que l'émeute et la violence

pourront imprimer aux volontés du roi telle direction qui conviendra aux émeutiers et aux traîtres.

— Madame, je crois que vous avez eu la bonté d'avouer, tout à l'heure, que j'avais eu le bonheur de vous convaincre.

— Oui, tout à l'heure, je l'avoue, un coin du voile s'est levé devant moi. Maintenant, oh! monsieur, maintenant, je redeviens aveugle, comme vous dites, et j'aime mieux voir au dedans de moi-même les splendeurs auxquelles m'a accoutumé l'éducation, la tradition, l'histoire ; j'aime mieux me voir toujours reine que de me sentir une mauvaise mère pour ce peuple qui m'outrage et qui me hait.

— Antoinette ! Antoinette ! dit Louis XVI effrayé de la pâleur subite qui venait d'envahir les joues de la reine, et qui n'était autre chose que le présage d'une violente tempête de colère.

— Oh ! non, non, Sire, je parlerai, répondit la reine.

— Faites attention, madame.

Et du coin de l'œil le roi montrait le docteur à Marie-Antoinette.

— Eh ! monsieur, s'écria la reine, sait tout ce que je vais dire... Il sait même tout ce que je pense, ajouta-t-elle avec un souvenir amer de la scène qui venait d'avoir lieu entre elle et Gilbert ; ainsi pourquoi me contraindrais-je ? Monsieur, d'ailleurs, a été pris par nous pour confident, et je ne sais pourquoi je redouterais quelque chose ! Je sais qu'on vous emporte, Sire, je sais qu'on vous entraîne, pareil au malheureux prince de mes chères ballades allemandes. — Où allez-vous ? — Je n'en sais rien. Mais vous allez, vous allez, d'où vous ne reviendrez jamais !

— Eh ! non, madame, je vais tout bonnement à Paris, répondit Louis XVI.

Marie-Antoinette haussa les épaules.

— Me croyez-vous folle, dit-elle d'une voix sourdement irritée. Vous allez à Paris ; bien. Mais qui vous dit que Paris n'est pas ce gouffre que je ne vois pas, mais que je devine ? Pourquoi, dans le tumulte qui se fera nécessairement autour de vous, pourquoi ne vous tuerait-on point ? Qui sait d'où vient la balle perdue ? Qui sait, parmi cent mille poings menaçans, quel est celui qui a poussé le couteau ?

— Oh ! de ce côté-là, madame, ne craignez rien, ils m'aiment ! s'écria le roi.

— Oh ! ne me dites pas cela, vous me feriez pitié, Sire. Ils vous aiment, et ils tuent, ils égorgent, ils massacrent ceux qui vous représentent sur la terre, vous, un roi ! vous, l'image de Dieu ! Eh bien ! le gouverneur de la Bastille, c'était votre représentant, c'était l'image du roi. Croyez-le bien, je ne me ferai pas taxer d'exagération : s'ils ont tué de Launay, ce brave et fidèle serviteur, ils vous eussent tué, Sire, s'ils vous eussent tenu à sa place ; et cela bien plus facilement que lui, car ils vous connaissent, et ils savent qu'au lieu de vous défendre vous eussiez tendu le flanc.

— Concluez, dit le roi.

— Mais je croyais avoir conclu, Sire.

— Ils me tueront ?

— Oui, Sire.

— Eh bien !

— Et mes enfans ! s'écria la reine.

Gilbert pensa qu'il était temps d'intervenir.

— Madame, dit-il, le roi sera tellement respecté à Paris, et sa présence y causera de tels transports, que si j'ai une crainte, ce n'est pas pour le roi, mais pour les fanatiques capables de se faire écraser sous les pieds de ses chevaux, comme les faquirs indous sous les roues du char de leur idole.

— Oh ! monsieur, monsieur ! s'écria Marie-Antoinette.

— Cette marche à Paris sera un triomphe, madame.

— Mais, Sire, vous ne répondez pas.

— C'est que je suis un peu de l'avis du docteur, madame.

— Et vous êtes impatient, n'est-ce pas, s'écria la reine, de jouir de ce triomphe !

— Le roi, en ce cas, aurait raison, et cette impatience prouverait le sens profondément droit avec lequel Sa Majesté juge les hommes et les choses. Plus Sa Majesté se hâtera, plus le triomphe sera grand.

— Oui, vous croyez cela, monsieur?

— J'en suis sûr, car le roi en tardant peut perdre tout le bénéfice de la spontanéité. On peut prendre, songez-y bien, madame, on peut prendre ailleurs l'initiative d'une demande qui alors changerait, aux yeux des Parisiens, la position de Sa Majesté, et le ferait en quelque sorte obtempérer à un ordre.

— Voyez-vous! s'écria la reine, le docteur avoue : on vous ordonnerait. Oh! Sire, mais voyez donc!

— Le docteur ne dit pas qu'on ait ordonné, madame.

— Patience, patience! perdez le temps, Sire, et la demande ou plutôt l'ordre arrivera.

Gilbert crispa légèrement sa lèvre avec un sentiment de contrariété que la reine saisit aussitôt, si rapidement qu'il eût passé sur son visage.

— Qu'ai-je dit, murmura-t-elle, pauvre folle que je suis, j'ai parlé contre moi-même.

— En quoi? madame, demanda le roi.

— En ceci que, par un délai, je vous ferai perdre le bénéfice de votre initiative, et que, cependant, j'ai à vous demander un délai.

— Ah! madame! madame! demandez tout, exigez tout, excepté cela.

— Antoinette, dit le roi en secouant la tête, vous avez juré de me perdre.

— Oh! Sire, fit la reine avec un accent de reproche qui décela toutes les angoisses de son cœur, pouvez-vous bien me parler ainsi!

— Pourquoi essayer de retarder ce voyage, alors? demanda le roi.

— Songez-y, madame, en pareille circonstance, l'opportunité, c'est tout. Songez quel poids ont les heures qui passent en de pareils momens, quand tout un peuple furieux les compte au fur et à mesure qu'elles sonnent.

— Pas aujourd'hui, monsieur Gilbert. Demain, Sire; oh! demain; accordez-moi jusqu'à demain, et je vous jure que je ne m'opposerai plus à ce voyage.

— Un jour perdu, murmura le roi.

— Vingt-quatre longues heures, dit Gilbert, songez-y, songez-y, madame.

— Sire, il le faut, dit la reine suppliante.

— Une raison, au moins ? dit le roi.

— Rien que mon désespoir, Sire, rien que mes larmes, rien que mes supplications.

— Mais d'ici à demain qu'arrivera-t-il, le sait-on ? dit le roi, tout bouleversé à la vue du désespoir de la reine.

— Que voulez-vous qu'il arrive ? demanda la reine, en regardant Gilbert d'un air suppliant.

— Oh ! dit Gilbert, là-bas, rien encore ; un espoir, fût-il vague comme un nuage, suffira pour les faire attendre jusqu'à demain, mais...

— Mais c'est ici, n'est-ce pas ? dit le roi.

— Oui, Sire, c'est ici.

— C'est l'Assemblée ?

Gilbert fit un signe de tête.

— L'Assemblée, continua le roi, qui, avec les hommes comme monsieur Monnier, monsieur Mirabeau, monsieur Siéyès, est capable de m'envoyer quelque adresse qui m'ôtera tout le bénéfice de ma bonne volonté.

— Eh bien ! alors, s'écria la reine avec une sombre fureur, tant mieux, parce qu'alors vous refuserez, parce qu'alors vous garderez votre dignité de roi, parce que vous n'irez pas à Paris, et que s'il faut soutenir ici la guerre, eh bien ! nous la soutiendrons ; parce que s'il faut mourir ici, eh bien ! nous y mourrons, mais en gens illustres et intacts que nous sommes ; en rois, en maîtres, en chrétiens qui se fient au Dieu duquel ils tiennent la couronne.

En voyant cette exaltation fiévreuse de la reine, Louis XVI comprit qu'il n'y avait en ce moment rien autre chose à faire que d'y céder.

Il fit un signe à Gilbert, et, s'avançant vers Marie-Antoinette dont il prit la main :

— Calmez-vous, madame, il sera fait comme vous le désirez. Vous savez, chère épouse, que, pour ma vie, je ne voudrais rien faire qui vous fût désagréable, car j'ai l'affection la plus légitime pour une femme de votre mérite, et surtout de votre vertu.

Et Louis XVI appuya sur ces mots avec une inexprimable noblesse, relevant ainsi de toutes ses forces la reine tant calomniée, et cela aux yeux d'un témoin capable de rapporter au besoin ce qu'il avait vu et entendu.

Cette délicatesse toucha profondément Marie-Antoinette, qui, serrant entre ses deux mains la main que lui tendait le roi :

— Eh bien ! jusqu'à demain, Sire, pas plus tard, c'est le dernier délai ; mais celui-là je vous le demande en grâce, à genoux ; demain, à l'heure que vous voudrez, c'est moi qui vous le jure, vous partirez pour Paris.

— Prenez garde, madame, le docteur est témoin, dit le roi en souriant.

— Sire, vous ne m'avez jamais vu manquer à ma parole, répliqua la reine.

— Non, seulement j'avoue une chose.

— Laquelle ?

— C'est qu'il me tarde, résignée au fond comme vous paraissez l'être, de savoir pourquoi vous me demandez vingt-quatre heures de retard. Attendez-vous quelque nouvelle de Paris, quelque nouvelle d'Allemagne ? S'agit-il ?...

— Ne m'interrogez pas, Sire.

Le roi était curieux, comme Figaro était paresseux, avec délices.

— S'agit-il d'une arrivée de troupes, d'un renfort, d'une combinaison politique ?

— Sire ! Sire ! murmura la reine d'un ton de reproche.

— S'agit-il...

— Il ne s'agit de rien, répondit la reine.

— Alors c'est un secret ?

— Eh bien ! oui ; secret de femme inquiète, voilà tout.

— Caprice, n'est-ce pas ?

— Caprice, si vous voulez.

— Loi suprême.

— C'est vrai. Que n'en est-il pas en politique comme en philosophie ? Que n'est-il permis aux rois d'ériger leurs caprices politiques en suprêmes lois !

— On y viendra, soyez tranquille. Quant à moi, c'est déjà fait, dit le roi en plaisantant. Ainsi, à demain.

— A demain, reprit tristement la reine.

— Gardez-vous le docteur, madame? demanda le roi.

— Oh! non, non, dit la reine avec une sorte de vivacité qui fit sourire Gilbert.

— Je l'emmènerai donc.

Gilbert s'inclina une troisième fois devant Marie-Antoinette, qui cette fois lui rendit son salut plutôt en femme qu'en reine.

Puis le roi s'acheminant vers la porte, il suivit le roi.

— Il me semble, dit le roi en traversant la galerie, que vous êtes bien avec la reine, monsieur Gilbert?

— Sire, répondit le docteur, c'est une faveur dont je suis redevable à Votre Majesté.

— Vive le roi! s'écrièrent les courtisans déjà affluans dans les antichambres.

— Vive le roi! répéta dans la cour une foule d'officiers et de soldats étrangers qui se pressait aux portes du palais.

Ces acclamations se prolongeant et grossissant firent au cœur de Louis XVI une joie que jamais peut-être il n'avait sentie en des occasions si nombreuses cependant.

Quant à la reine, assise comme elle était restée près de la fenêtre, où elle venait de passer de si terribles instants, lorsqu'elle entendit les cris de dévoûment et d'amour qui accueillaient le roi à son passage, et qui s'en allaient mourir au loin, sous les portiques et au plus épais des ombrages.

— Vive le roi! dit-elle. Oh! oui, vive le roi! Il vivra, le roi, et cela malgré toi, infâme Paris. Gouffre odieux, abîme sanglant, tu n'engloutiras pas cette victime!... Je te l'arracherai, moi, et cela, tiens, avec ce bras si faible, si maigre qui te menace en ce moment, et te voue à l'exécration du monde et à la vengeance de Dieu!

Et, disant ces mots avec une violence de haine qui eût effrayé les plus furieux amis de la révolution, s'il leur eût été donné de voir et d'entendre, la reine étendit vers

Paris son bras faible et resplendissant sous la dentelle comme une épée qui jaillit de son fourreau.

Puis elle appela madame Campan, celle de ses femmes en laquelle elle avait le plus de confiance, et s'enferma dans son cabinet, en consignant la porte pour tout le monde.

V.

LE PLASTRON.

Le lendemain se leva, brillant et pur comme la veille, un soleil éblouissant, qui dorait les marbres et le sable de Versailles.

Les oiseaux groupés par milliers sur les premiers arbres du parc saluaient de leurs cris assourdissans le nouveau jour de chaleur et de gaîté promis à leurs amours.

La reine était levée à cinq heures. Elle fit prier le roi de passer chez elle aussitôt qu'on l'aurait réveillé.

Louis XVI, un peu fatigué par la réception d'une députation de l'Assemblée qui était venue la veille, et à laquelle il avait été forcé de répondre, — c'était le commencement des discours, — Louis XVI avait dormi un peu plus tard pour réparer sa fatigue, et pour qu'il ne fût pas dit qu'en lui la nature perdrait quelque chose.

Aussi, à peine l'eut-on habillé, que la prière de la reine lui parvint comme il passait l'épée; il fronça légèrement le sourcil.

— Quoi! dit-il, la reine est déjà levée?
— Oh! depuis longtemps, Sire.
— Est-elle malade encore?
— Non, Sire.
— Et que me veut la reine de si bon matin!
— Sa Majesté ne l'a pas dit.

Le roi prit un premier déjeuner, qui se composait d'un

bouillon avec un peu de vin, et passa chez Marie-Antoinette.

Il trouva la reine tout habillée, comme pour la cérémonie, belle, pâle, imposante. Elle accueillit son mari avec ce froid sourire qui brillait comme un soleil d'hiver sur les joues de la reine, alors que, dans les grandes réceptions de la cour, il fallait jeter un rayon à la foule.

Ce regard et ce sourire, le roi n'en comprit pas la tristesse. Il se préoccupait déjà d'une chose, à savoir de la résistance probable qu'allait faire Marie-Antoinette au projet arrêté la veille.

— Encore quelque nouveau caprice, pensait-il.

Voilà pourquoi il fronçait le sourcil.

La reine ne manqua point de fortifier en lui, par le premiers mots qu'elle fit entendre, cette opinion.

— Sire, dit-elle, depuis hier, j'ai bien réfléchi.

— Allons, nous y voilà, s'écria le roi.

— Renvoyez, je vous prie, tout ce qui n'est pas de l'intimité.

Le roi, maugréant, donna ordre à ses officiers de s'éloigner.

Une seule des femmes de la reine demeura près de Leurs Majestés : c'était madame Campan.

Alors, la reine, appuyant ses deux belles mains sur le bras du roi :

— Pourquoi êtes-vous déjà tout habillé? dit-elle ; c'est mal !

— Comment, mal ! Pourquoi ?

— Ne vous avais-je point fait demander de ne vous point habiller avant de passer ici? Je vous vois la veste et l'épée. J'espérais que vous seriez venu en robe de chambre.

Le roi la regarda tout surpris.

Cette fantaisie de la reine éveillait en lui une foule d'idées étranges, dont la nouveauté même rendait l'invraisemblance encore plus forte.

Son premier mouvement fut la défiance et l'inquiétude.

— Qu'avez-vous ? dit-il à la reine. Prétendez-vous retarder ou empêcher ce dont nous sommes convenus hier ensemble ?

3.

— Nullement, Sire.

— Je vous en prie, n'est-ce pas, plus de raillerie sur un sujet de cette gravité. Je dois, je veux aller à Paris ; je ne puis plus m'en dispenser. Ma maison est commandée ; les personnes qui m'accompagneront sont dès hier soir désignées.

— Sire, je ne prétends rien, mais...

— Songez, dit le roi en s'animant par degrés pour se donner du courage, songez que déjà la nouvelle de mon voyage à Paris a dû parvenir aux Parisiens, qu'ils se sont préparés, qu'ils m'attendent ; que les sentimens très favorables que selon la prédiction ce voyage a jetés dans les esprits, peuvent se changer en une hostilité désastreuse. Songez enfin...

— Mais, Sire, je ne vous conteste pas ce que vous me faites l'honneur de me dire ; je me suis hier résignée, résignée je suis aujourd'hui.

— Alors, madame, pourquoi ces préambules ?

— Je n'en fais pas.

— Pardon ; pourquoi ces questions sur mon habillement, sur mes projets ?

— Sur l'habillement, à la bonne heure, reprit la reine, en essayant encore de ce sourire qui, à force de s'évanouir, devenait de plus en plus funèbre.

— Que voulez-vous de mon habillement ?

— Je voudrais, Sire, que vous quittassiez votre habit.

— Ne vous paraît-il pas séant ? C'est un habit de soie d'une couleur violette. Les Parisiens sont accoutumés à me voir ainsi vêtu ; ils aimaient chez moi cette couleur, sur laquelle, d'ailleurs, un cordon bleu fait bien. Vous me l'avez dit vous-même assez souvent.

— Je n'ai, Sire, aucune objection à faire contre la nuance de votre habit.

— Alors ?

— C'est contre la doublure.

— Vraiment, vous m'intriguez avec cet éternel sourire... la doublure... quelle plaisanterie !...

— Je ne plaisante plus, hélas !

— Bon, voià que vous palpez ma veste, à présent, vous

déplaît-elle aussi ? Taffetas blanc et argent, garniture que vous m'avez brodée vous-même, une de mes vestes favorites.

— Je n'ai rien non plus contre la veste.

— Que vous êtes singulière ! c'est le jabot, c'est la chemise de batiste brodée qui vous offusquent ? Eh ! ne dois-je pas faire toilette pour aller voir ma bonne ville de Paris ?

Un amer sourire plissa les lèvres de la reine ; sa lèvre inférieure surtout, celle qu'on lui reprochait tant, à l'Autrichienne, s'épaissit et s'avança comme si elle se fût gonflée de tous les poisons de la haine et de la colère.

— Non, dit-elle, je ne vous reproche pas votre belle toilette, Sire, c'est toujours la doublure, toujours, toujours.

— La doublure de ma chemise brodée ! ah ! expliquez-vous, enfin.

— Eh bien ! je m'explique ; le roi, haï, gênant, qui va se jeter au milieu de sept cent mille Parisiens ivres de leurs triomphes et de leurs idées révolutionnaires, le roi n'est pas un prince du moyen-âge, et cependant il devrait faire aujourd'hui son entrée à Paris dans une bonne cuirasse de fer, sous un armet de bon acier de Milan ; il devrait s'y prendre de façon, ce prince, que pas une balle, pas une flèche, pas une pierre, pas un couteau ne pût trouver le chemin de sa chair.

— C'est vrai, au fond, dit Louis XVI pensif ; mais ma bonne amie, comme je ne m'appelle ni Charles VIII, ni François Ier, ni même Henri IV, comme la monarchie d'aujourd'hui est nue sous le velours et la soie, j'irai nu sous mon habit de soie, et pour mieux dire j'irai avec un point de mire qui pourra guider les balles. J'ai la plaque des ordres sur le cœur.

La reine poussa un gémissement étouffé.

— Sire, dit-elle, nous commençons à nous entendre. Vous allez voir, vous allez voir que votre femme ne plaisante plus.

Elle fit un signe à madame Campan, qui était restée au fond de la chambre, et celle-ci prit dans un tiroir du chiffonnier de la reine un objet de forme large, plate et oblongue, caché dans une enveloppe de soie.

— Sire, dit la reine, le cœur du roi appartient d'abord à la France, c'est vrai, mais je crois beaucoup qu'il appartient à sa femme et à ses enfans. Pour ma part, je ne veux pas que ce cœur soit exposé aux balles ennemies. J'ai pris mes mesures pour sauver de tout péril mon époux, mon roi, le père de mes enfans.

En même temps elle développait du linge de soie qui l'enfermait un gilet de fines mailles d'acier croisées avec un art si merveilleux qu'on eût dit une étoffe arabe, tant le point de la trame imitait la moire, tant il y avait de souplesse et d'élasticité dans les tissus et le jeu des surfaces.

— Qu'est cela? dit le roi.

— Regardez, Sire.

— Un gilet, ce me semble.

— Mais oui, Sire.

— Un gilet qui ferme jusqu'au col.

— Avec un petit collet destiné, comme vous le voyez, à doubler le col de la veste ou de la cravate.

Le roi prit le gilet dans ses mains et l'examina curieusement.

La reine, voyant cette bienveillante attention, était pénétrée de joie.

Le roi lui semblait compter avec bonheur chacune des mailles de ce réseau merveilleux qui ondulait sous ses doigts avec la malléabilité d'un tricot de laine.

— Mais, dit-il, c'est là de l'admirable acier.

— N'est-ce pas, Sire?

— Et un travail miraculeux.

— N'est-ce pas?

— Je ne sais vraiment pas où vous avez pu vous procurer cela.

— Je l'ai acheté hier soir d'un homme qui depuis longtemps me l'avait offert pour le cas où vous iriez en campagne.

— C'est admirable! admirable! dit le roi, examinant en artiste.

— Et cela doit aller comme un gilet de votre tailleur, Sire.

— Oh! croyez-vous?

— Essayez.

Le roi ne dit mot; il défit lui-même son habit violet.

La reine tremblait de joie; elle aida Louis XVI à déposer les ordres, et madame Campan le reste.

Cependant le roi ôtait lui-même son épée. Quiconque à ce moment eût contemplé la figure de la reine l'eût vue illuminée d'une de ces triomphales clartés que reflète la félicité suprême.

Le roi se laissa dépouiller de sa cravate sous laquelle les mains délicates de la reine glissèrent le col d'acier.

Puis Marie-Antoinette elle-même attacha les agrafes de ce corselet qui prenait admirablement la forme du corps, couvrait les entournures, doublé partout d'une fine buffleterie destinée à amortir la pression de l'acier sur les chairs.

Ce gilet descendait plus bas qu'une cuirasse, il défendait tout le corps.

Placées par dessus, la veste et la chemise le couvraient complétement. Il n'augmentait pas d'une demi-ligne l'épaisseur du corps. Il permettait les gestes sans amener aucune gêne.

— Est-ce bien pesant? dit la reine.

— Non.

— Voyez donc, mon roi, quelle merveille, n'est-ce pas? dit la reine, en battant des mains, à madame Campan qui achevait de fermer les boutons des manches du roi.

Madame Campan manifesta sa joie tout aussi naïvement que la reine.

— J'ai sauvé mon roi! s'écria Marie-Antoinette. Cette cuirasse invisible, essayez-la, placez-la sur une table, essayez de l'entamer avec un couteau, essayez de la trouer avec une balle, essayez! essayez!

— Oh! fit le roi d'un air de doute.

— Essayez! répéta-t-elle dans son enthousiasme.

— Je le ferais volontiers par curiosité, dit le roi.

— Ne le faites pas, c'est inutile, sire.

— Comment, il est inutile que je vous prouve l'excellence de votre merveille.

— Ah! que voilà les hommes! croyez-vous que j'eusse

ajouté foi aux témoignages d'un autre, d'un indifférent, lorsqu'il s'agissait de la vie de mon époux, du salut de la France?

— Il me semble pourtant que c'est là ce que vous avez fait, Antoinette, vous avez ajouté foi.

Elle secoua la tête avec une obstination charmante.

— Demandez, fit-elle en désignant la femme qui était là, demandez à cette bonne Campan ce qu'elle et moi nous avons fait ce matin.

— Quoi donc? mon Dieu! demanda le roi tout intrigué.

— Ce matin, que dis-je, cette nuit, comme deux folles, nous avons éloigné tout le service, et nous nous sommes enfermées dans sa chambre, à elle, qui est reculée au fond du dernier corps de logis des pages; or, les pages sont partis hier soir pour les logemens à Rambouillet. Nous nous sommes assuré que personne ne pouvait nous surprendre avant que nous eussions effectué notre projet.

— Mon Dieu! mais vous m'effrayez véritablement. Quels desseins avaient donc ces deux Judith?

— Judith fit moins, dit la reine ; moins de bruit, surtout. Sauf cela, la comparaison serait merveilleuse. Campan tenait le sac qui renfermait ce plastron; moi, je portais un long couteau de chasse allemand de mon père, cette lame infaillible qui tua tant de sangliers.

— Judith! toujours Judith! s'écria le roi en riant.

— Oh! Judith n'avait pas ce lourd pistolet que j'ai pris à vos armes et que j'ai fait charger par Weber.

— Un pistolet!

— Sans doute. Il fallait nous voir dans la nuit, peureuses, troublées au moindre bruit, nous dérobant aux indiscrets, filant comme deux souris gourmandes par les corridors déserts.

Campan ferma trois portes, matelassa la dernière; nous accrochâmes le plastron au mur sur le mannequin qui sert à étendre mes robes; et moi, d'une main solide, je vous jure; j'appliquai un coup de couteau à la cuirasse; la lame plia, bondit hors de mes mains, et alla se ficher dans le parquet, à notre grande épouvante.

— Peste! fit le roi.

— Attendez.

— Pas de trou ? demanda Louis XVI.

— Attendez, vous dis-je. Campan ramassa la lame, et me dit : « Vous n'êtes pas assez forte, madame, et votre main tremblait peut-être ; moi, je serai plus robuste, vous allez voir. » Elle saisit donc le couteau et en bourra au mannequin fixé sur le mur un coup tellement bien appliqué, que ma pauvre lame allemande se brisa net sur les mailles. Tenez, voici les deux morceaux, sire ; je veux vous faire faire un poignard avec ce qui reste.

— Oh ! mais, c'est fabuleux, cela, dit le roi ; et pas de brèche ?

— Une égratignure au chaînon supérieur, et il y en a trois l'un sur l'autre, s'il vous plaît.

— Je voudrais voir.

— Vous verrez.

Et la reine se mit à déshabiller le roi avec une prestesse merveilleuse, pour lui faire admirer son idée et ses hauts faits.

— Voici une place un peu gâtée, ce me semble, dit le roi en montrant du doigt une légère dépression produite sur une surface d'environ un pouce.

— C'est la balle du pistolet, sire.

— Comment, vous avez tiré un coup de pistolet à balles, vous ?

— Je vous montre la balle aplatie, noire encore. Tenez, croyez-vous maintenant que votre existence soit en sûreté ?

— Vous êtes un ange tutélaire, dit le roi qui se mit à dégrafer lentement le gilet pour mieux observer la trace du coup de couteau et la trace de la balle.

— Jugez de ma frayeur, cher roi, dit Marie-Antoinette, quand il me fallut lâcher le coup de pistolet sur la cuirasse. Hélas ! ce n'était rien encore que de faire cet affreux bruit dont j'ai tant de peur ; mais c'est qu'il me semblait, en tirant sur le gilet destiné à vous protéger, que je tirais sur vous-même ; c'est que j'avais crainte de voir un trou dans les mailles, et alors mon travail, mes peines, mon espoir étaient à jamais ruinés.

— Chère femme, dit Louis XVI en dégraffant complétement le gilet, que de reconnaissance !

Et il déposa le plastron sur une table.

— Eh bien ! que faites-vous donc ? demanda la reine.

Et elle prit le gilet qu'elle présenta une seconde fois au roi.

Mais lui, avec un sourire plein de grâce et de noblesse :

— Non, dit-il, merci.

— Vous refusez ? s'écria la reine.

— Je refuse.

— Oh ! mais, songez-y donc, Sire.

— Sire !... supplia madame Campan.

— Mais c'est le salut ; mais c'est la vie !

— C'est possible, dit le roi.

— Vous refusez le secours que Dieu lui-même nous envoie.

— Assez ! assez ! dit le roi.

— Oh ! vous refusez ! vous refusez !

— Oui, je refuse.

— Mais ils vous tueront !

— Ma chère, quand les gentilshommes sont en campagne, au dix-huitième siècle, ils y sont en habit de drap, veste et chemise, c'est pour les balles : quand ils vont sur le terrain d'honneur, ils ne gardent que la chemise, c'est assez pour l'épée. Moi, je suis le premier gentilhomme de mon royaume, je ne ferai ni plus ni moins que mes amis. Il y a plus : là où ils prennent du drap, j'ai seul le droit de porter de la soie. Merci, ma chère femme, merci, ma bonne reine, merci.

— Ah ! s'écria la reine, à la fois désespérée et ravie ; pourquoi son armée ne l'entend-elle pas ?

Quand au roi, il avait achevé de s'habiller tranquillement, sans même paraître comprendre l'acte d'héroïsme qu'il venait d'accomplir.

— Est-ce donc une monarchie perdue, murmura la reine, que celle qui trouve de l'orgueil en de pareils momens !

VI.

LE DÉPART.

En sortant de chez la reine, le roi se trouva immédiatement entouré de tous les officiers et de toutes les personnes de sa maison désignées par lui pour faire avec lui le voyage de Paris.

C'étaient messieurs de Beauvau, de Villeroy, de Nesle et d'Estaing.

Gilbert attendit, confondu au milieu de la foule, que Louis XVI l'aperçut, ne fût-ce que pour lui jeter en passant un regard.

Il était visible que tout ce monde-là était dans le doute, et qu'on ne pouvait croire à la persistance de cette décision

— Après déjeuner, messieurs, dit le roi, nous partons.

Puis, apercevant Gilbert :

— Ah ! vous voilà, docteur, continua-t-il ; très bien. Vous savez que je vous emmène.

— A vos ordres, sire.

Le roi passa dans son cabinet, où il travailla deux heures.

Il entendit ensuite la messe avec toute sa maison, puis, vers neuf heures, il se mit à table.

Le repas se fit avec le cérémonial accoutumé ; seulement, la reine, que l'on voyait depuis la messe avec des yeux gonflés et rouges, voulut, sans y prendre part le moins du monde, assister au repas du roi, afin de demeurer plus longtemps devant lui.

La reine avait amené ses deux enfans, qui, tous deux émus déjà sans doute par les conseils maternels, promenaient leurs yeux inquiets du visage de leur père à la foule des officiers et des gardes.

Les enfans, de temps en temps, essuyaient, en outre, sur l'ordre de leur mère, une larme qui venait poindre à leurs cils, et ce spectacle animait de pitié les uns, de colère les autres, de douleur toute l'assemblée.

Le roi mangea stoïquement. Il parla plusieurs fois à Gilbert sans le regarder ; il parla presque constamment à la reine, et toujours avec une affection profonde.

Enfin il donna des instructions à ses capitaines.

Il achevait son repas lorsqu'on lui vint annoncer qu'une colonne épaisse d'hommes à pied, venant de Paris, apparaissait à l'extrémité de la grande allée qui aboutit à la place d'Armes.

À l'instant même, officiers et gardes s'élancèrent hors de la salle ; le roi leva la tête, regarda Gilbert, mais voyant que Gilbert souriait, il se remit tranquillement à manger.

La reine pâlit, se pencha vers monsieur de Beauvau pour le prier de s'informer.

Monsieur de Beauvau courut précipitamment dehors.

La reine s'avança vers la fenêtre.

Cinq minutes après, monsieur de Beauvau rentra.

— Sire, dit-il en rentrant, ce sont les gardes nationaux de Paris qui, sur le bruit répandu hier dans la capitale du dessein qu'aurait Votre Majesté d'aller voir les Parisiens, se sont réunis au nombre d'une dixaine de mille pour venir au-devant de vous ; et, tout en venant au-devant de vous, voyant que vous tardiez, ont poussé jusqu'à Versailles.

— Quelles intentions paraissent-ils avoir ? demanda le roi.

— Les meilleures du monde, répondit monsieur de Beauvau.

— N'importe ! dit la reine, fermez les grilles.

— Gardez-vous-en, dit le roi ; c'est bien assez que les portes du palais restent fermées.

La reine fronça le sourcil et lança un coup d'œil à Gilbert.

Celui-ci attendait ce regard de la reine, car la moitié de sa prédiction était réalisée déjà. Il avait promis l'arrivée de vingt mille hommes ; il y en avait déjà dix mille.

Le roi se retourna vers monsieur de Beauvau.

— Veillez à ce que l'on donne des rafraîchissemens à ces braves gens, dit-il.

Monsieur de Beauvau descendit une seconde fois et transmit aux sommelliers les ordres du roi.

Puis il remonta.

— Eh bien? demanda le roi.

— Eh bien! sire, vos Parisiens sont en grande discussion avec messieurs les gardes.

— Comment! fit le roi, il y a discussion?

— Oh! de pure courtoisie. Comme ils ont appris que le roi part dans deux heures, ils veulent attendre le départ du roi et marcher derrière le carrosse de Sa Majesté.

— Mais, demanda à son tour la reine, ils sont à pied, je suppose?

— Oui, madame.

— Eh bien! mais le roi a des chevaux à sa voiture, et le roi va vite, très vite. Vous savez, monsieur de Beauvau, que le roi a l'habitude d'aller très vite.

Ces mots ainsi accentués signifiaient :

— Attachez des ailes à la voiture de Sa Majesté.

Le roi fit de la main signe d'arrêter le colloque.

— J'irai au pas, dit-il.

La reine poussa un soupir qui ressemblait presque à un cri de colère.

— Il n'est pas juste, ajouta tranquillement Louis XVI, que je fasse courir ces braves gens qui se sont dérangés pour me faire honneur. J'irai au pas, et même au petit pas, afin que tout le monde puisse me suivre.

L'assemblée témoigna son admiration par un murmure approbatif; mais en même temps on vit sur plusieurs visages le reflet de cette improbation qui éclatait manifestement dans les traits de la reine pour tant de bonté d'âme qu'elle traitait de faiblesse.

Une fenêtre s'ouvrit.

La reine se retourna, étonnée : c'était Gilbert, qui, en sa qualité de médecin, usait de son droit de faire ouvrir pour renouveler l'air de la salle à manger épaissi par l'odeur des mets et la respiration de plus de cent personnes.

Le docteur se plaça derrière les rideaux de cette fenêtre ouverte, et, par la fenêtre ouverte, montèrent les voix de la foule assemblée dans la cour.

— Qu'est-ce que cela? demanda le roi.

— Sire, répondit Gilbert, ce sont les gardes nationaux qui sont sur le pavé, au grand soleil, et qui doivent avoir bien chaud.

— Pourquoi ne pas les inviter à venir déjeuner avec le roi? dit tout bas à la reine un de ses officiers favoris.

— Il faudrait les conduire à l'ombre, les mettre dans la cour de marbre, sous les vestibules, partout où il y aura un peu de fraîcheur, dit le roi.

— Dix mille hommes dans les vestibules! s'écria la reine.

— Répartis partout, ils tiendront, dit le roi.

— Répartis partout! dit Marie-Antoinette; mais, monsieur, vous allez leur apprendre le chemin de votre chambre à coucher.

Prophétie de l'effroi, qui devait se réaliser à Versailles même, avant qu'il fût trois mois.

— Ils ont beaucoup d'enfans avec eux, madame, dit doucement Gilbert.

— Des enfans? fit la reine.

— Oui, madame, un grand nombre ont amené leurs enfans comme pour une promenade. Les enfans sont habillés en petits gardes nationaux, tant l'enthousiasme est grand pour la nouvelle institution.

La reine ouvrit la bouche, mais presqu'aussitôt elle baissa la tête.

Elle avait eu envie de dire une bonne parole, l'orgueil et la haine l'avaient arrêtée.

Gilbert la regarda attentivement.

— Eh! s'écria le roi, ces pauvres enfans! quand on emmène des enfans avec soi, c'est qu'on n'a pas envie de mal faire à un père de famille; raison de plus pour les mettre à l'ombre, ces pauvres petits. Faites entrer, faites entrer.

Gilbert, secouant alors doucement la tête, parut dire à la reine, qui avait gardé le silence :

— Voilà, madame, voilà ce que vous auriez dû dire, je vous en fournissais l'occasion. Le mot eût été répété, et vous y gagniez deux ans de popularité.

La reine comprit ce langage muet de Gilbert, et la rougeur lui monta au front.

Elle sentit sa faute et s'excusa aussitôt par un sentiment d'orgueil et de résistance qu'elle renvoya comme réponse à Gilbert. Pendant ce temps-là, monsieur de Beauvau s'acquittait auprès des gardes nationaux de la commission du roi.

Alors on entendit des cris de joie, et les bénédictions de cette foule armée admise, d'après les ordres du roi, dans l'intérieur du palais.

Les acclamations, les vœux, les vivats montèrent en tourbillons épais jusqu'aux deux époux, qu'ils rassurèrent sur les dispositions de ce Paris tant redouté.

— Sire, dit monsieur de Beauvau, quel ordre Votre Majesté fixe-t-elle à son cortége?

— Et cette discussion de la garde nationale avec mes officiers?

— Oh! sire, évaporée, évanouie, les braves gens sont tellement heureux, qu'ils disent maintenant : « Nous irons où l'on nous mettra. Le roi est à nous aussi bien qu'aux autres, partout où il ira, il sera à nous. »

Le roi regarda Marie-Antoinette. Marie-Antoinette crispait, par un sourire ironique, sa lèvre dédaigneuse.

— Dites aux gardes nationaux, dit Louis XVI, qu'ils se mettent où ils voudront.

— Votre Majesté, dit la reine, n'oubliera pas que c'est un droit inaliénable de ses gardes du corps d'entourer le carrosse.

Les officiers, voyant le roi un peu incertain, s'approchèrent pour appuyer la reine.

— C'est juste, au fond, dit le roi. Eh bien! on verra.

Monsieur de Beauvau et monsieur de Villeroy partirent pour prendre leurs rangs et donner les ordres.

Dix heures sonnaient à Versailles.

— Allons, dit le roi, je travaillerai demain. Ces braves gens ne doivent pas attendre.

Le roi se leva.

Marie-Antoinette ouvrit les bras et vint embrasser le roi. Les enfans se pendirent en pleurant au cou de leur père, Louis XVI attendri s'efforça de se soustraire doucement à leurs étreintes : il voulait cacher l'émotion qui n'aurait pas tardé à déborder.

La reine arrêtait tous les officiers, saisissait celui-ci par le bras, celui-là par son épée.

— Messieurs ! messieurs ! disait-elle.

Et cette éloquente exclamation leur recommandait le roi qui venait de descendre.

Tous mirent la main à leur cœur et à leur épée.

La reine sourit pour remercier.

Gilbert demeurait parmi les derniers.

— Monsieur, lui dit la reine, c'est vous qui avez conseillé ce départ au roi ; c'est vous qui avez décidé le roi, malgré mes supplications. Songez, monsieur, que vous avez pris une effrayante responsabilité devant l'épouse et devant la mère !

— Je le sais, madame, répondit froidement Gilbert.

— Et vous me ramènerez le roi sain et sauf, monsieur ! dit la reine avec un geste solennel.

— Oui, madame.

— Songez que vous me répondez de lui sur votre tête !

Gilbert s'inclina.

— Songez-y, sur votre tête ! répéta Marie-Antoinette avec la menace et l'impitoyable autorité d'une reine absolue.

— Sur ma tête, dit le docteur en s'inclinant, oui, madame, et ce gage, je le regarderais comme un otage de peu de valeur si je croyais le roi menacé ; mais je l'ai dit, madame, c'est au triomphe que je conduis aujourd'hui Sa Majesté.

— Je veux des nouvelles toutes les heures, ajouta la reine.

— Vous en aurez, madame, je vous jure.

— Partez maintenant, monsieur, j'entends les tambours ; le roi va se mettre en route.

Gilbert s'inclina, et disparaissant par le grand escalier, se trouva en face d'un aide de camp de la maison du roi qui le cherchait de la part de Sa Majesté.

On le fit monter dans un carrosse qui appartenait à monsieur de Beauvau, le grand maître des cérémonies, n'ayant pas voulu qu'il se plaçât, n'ayant pas fait ses preuves, dans un des carrosses du roi.

Gilbert sourit en se voyant seul dans ce carrosse armorié, monsieur de Beauvau étant à cheval et caracolant près de la portière royale.

Puis, il lui vint à l'idée qu'il était ridicule à lui d'occuper ainsi une voiture ayant couronne et blason.

Ce scrupule lui durait encore, quand au milieu de la foule des gardes nationaux qui serrait les carrosses, il enendit ces mots chuchotés par des gens qui se penchaient curieusement pour le regarder :

— Ah ! celui-là, c'est le prince de Beauvau !

— Eh ! dit un camarade, tu te trompes.

— Mais si, puisque le carrosse est aux armes du prince.

— Aux armes... aux armes... Je te dis que cela n'y fait rien.

— Pardieu ! les armes, qu'est-ce que cela prouve.

— Cela prouve que si les armes de monsieur de Beauvau sont sur la voiture, c'est monsieur de Beauvau qui doit être dedans.

— Monsieur de Beauvau, est-ce un patriote ? demanda une femme.

— Heuh ! fit le garde national.

Gilbert sourit encore.

— Mais je te dis, répliqua le premier contradicteur, que ce n'est pas le prince ; le prince est gras, celui-là est maigre ; le prince a un habit de commandant des gardes ; celui-là est en habit noir, c'est l'intendant.

Un murmure désobligeant accueillit la personne de Gilbert défiguré par ce titre peu flatteur.

— Eh non ! mort diable ! cria une grosse voix au son de laquelle tressaillit Gilbert. La voix d'un homme qui, avec ses coudes et ses poings, se fit passage vers la voiture ; non, ce n'est ni monsieur de Beauvau, ni son intendant, c'est ce brave et fameux patriote et même le plus fameux des patriotes.—Eh ! monsieur Gilbert, que diable faites-vous dans le carrosse d'un prince ?

— Tiens, c'est vous, père Billot, s'écria le docteur.

— Pardieu ! je me suis bien gardé de manquer l'occasion, répondit le fermier.

— Et Pitou ? demanda Gilbert.

— Oh ! il n'est pas loin. Holà ! Pitou, avance ici ; voyons, passe.

Et Pitou, sur cette invitation, se glissa, par un rude jeu des épaules, jusqu'auprès de Billot, et vint saluer avec admiration Gilbert.

— Bonjour, monsieur Gilbert, dit-il.

— Bonjour, Pitou ; bonjour, mon ami.

— Gilbert ! Gilbert ! qui est cela ? demanda la foule.

— Ce que c'est que la gloire ! pensait le docteur. Bien connu à Villers-Cotterets, oui, mais à Paris, vive la popularité !

Il descendit du carrosse, qui se remit à aller au pas, et, s'appuyant sur le bras de Billot, il continua la route à pied au milieu de la foule.

Il raconta alors en peu de mots au fermier sa visite à Versailles, les bonnes dispositions du roi et de la famille royale. Il fit en quelques minutes une telle propagande de royalisme dans ce groupe, que, naïfs et charmés, ces braves gens, encore faciles aux bonnes impressions, poussèrent un long cri de Vive le roi ! qui s'en alla, grossi par les files précédentes, assourdir Louis XVI en son carrosse.

— Je veux voir le roi, dit Billot électrisé, il faut que je le voie de près. J'ai fait le chemin pour cela. Je le veux juger par son visage. Un œil d'honnête homme, cela se devine. Approchons, approchons, monsieur Gilbert, voulez-vous ?

— Attendez, cela va nous être aisé, dit Gilbert, car je vois un aide de camp de monsieur de Beauvau qui cherche quelqu'un de ce côté.

En effet, un cavalier, manœuvrant avec toutes sortes de précautions parmi ces groupes de marcheurs fatigués mais joyeux, cherchait à gagner la portière du carrosse qu'avait quitté Gilbert.

Gilbert l'appela.

— N'est-ce pas le docteur Gilbert que vous cherchez, monsieur ? demanda-t-il.

— Lui-même, répondit l'aide de camp.
— En ce cas, c'est moi.
— Bon ! monsieur de Beauvau vous fait appeler de la part du roi.

Ces mots retentissans firent ouvrir les yeux à Billot, et les rangs à la foule ; Gilbert s'y glissa, suivi de Billot et de Pitou, à la suite du cavalier qui répétait :

— Ouvrez-vous, messieurs, ouvrez-vous ; passage, au nom du roi ! messieurs, passage.

Gilbert arriva bientôt à la portière du carrosse royal, qui marchait au pas des bœufs de l'époque mérovingienne.

VII.

LE VOYAGE.

Ainsi poussant, ainsi poussés, mais suivant toujours l'aide de camp de monsieur de Beauvau, Gilbert, Billot et Pitou arrivèrent enfin près du carrosse dans lequel le roi, accompagné de messieurs d'Estaing et de Villequier, s'avançait lentement au milieu d'une foule croissante.

Spectacle curieux, inouï, inconnu, car il se produisait pour la première fois. Tous ces gardes nationaux de la campagne, soldats improvisés, accouraient avec des cris de joie sur le passage du roi, le saluant de leurs bénédictions, essayant de se faire voir, et, au lieu de s'en retourner chez eux, prenant rang dans le cortége et accompagnant la marche du roi.

Pourquoi ? nul n'aurait pu le dire ; obéissait-on à l'instinct ? On avait vu, on voulait revoir encore ce roi bien-aimé.

Car, il faut le dire, à cette époque, Louis XVI était un roi adoré, à qui les Français eussent élevé des autels, sans ce profond mépris que monsieur de Voltaire avait inspiré aux Français pour les autels.

Louis XVI n'en eut donc pas, mais uniquement parce que les esprits forts l'estimaient trop à cette époque pour lui infliger cette humiliation.

Louis XVI aperçut Gilbert appuyé au bras de Billot ; derrière eux marchait Pitou, traînant toujours son grand sabre.

— Ah ! docteur, le beau temps et le beau peuple !

— Vous voyez, sire, répliqua Gilbert.

Puis se penchant vers le roi.

— Qu'avais-je promis à Votre Majesté !

— Oui, monsieur, oui, et vous avez tenu dignement votre parole.

Le roi releva la tête, et, avec l'intention d'être entendu :

— Nous marchons bien lentement, dit-il, mais il me semble que nous marchons encore trop vite pour tout ce qu'il y a aujourd'hui à voir.

— Sire, dit monsieur de Beauvau, vous faites cependant, au pas que Votre Majesté marche, une lieue en trois heures. Il est difficile d'aller plus lentement.

En effet, les chevaux s'arrêtaient à chaque instant ; des échanges de harangues et de répliques avaient lieu ; les gardes nationales fraternisaient — on venait de trouver le mot — avec les gardes du corps de Sa Majesté.

— Ah ! se disait Gilbert, qui contemplait en philosophe ce curieux spectacle, si l'on fraternise avec les gardes du corps, c'est donc qu'avant d'être des amis, ils étaient des ennemis ?

— Dites donc, monsieur Gilbert, dit Billot à demi-voix, je l'ai joliment regardé le roi, je l'ai joliment écouté. Eh bien ! mon avis est que le roi est un brave homme.

Et l'enthousiasme qui amenait Billot fit qu'il accentua ces derniers mots de telle façon que le roi et l'état-major les entendit.

L'état-major se mit à rire.

Le roi sourit ; puis, avec un mouvement de tête :

— Voilà un éloge qui me plaît, dit-il.

Ces mots furent prononcés assez haut pour que Billot les entendît.

— Oh ! vous avez raison, sire, car je ne le donne pas à

tout le monde, répliqua Billot, entrant de plain-pied dans la conversation avec son roi, comme Michaud avec Henri IV.

— Ce qui me flatte d'autant plus, dit le roi fort embarrassé et ne sachant comment faire pour garder la dignité de roi en parlant gracieusement comme bon patriote.

Hélas ! le pauvre prince, il n'était pas encore accoutumé à s'appeler le roi des Français.

Il croyait s'appeler encore le roi de France.

Billot, transporté d'aise, ne se donna pas la peine de réfléchir si Louis, au point de vue philosophique, venait d'abdiquer le titre de roi pour prendre le titre d'homme, Billot, qui sentait combien ce langage se rapprochait de la bonhomie rustique, Billot s'applaudissait de comprendre un roi et d'en être compris.

Aussi, à partir de ce moment, Billot ne cessa pas de s'enthousiasmer de plus en plus. Il buvait dans les traits du roi, selon l'expression virgilienne, un long amour de la royauté constitutionnelle, et le communiquait à Pitou, lequel, trop plein de son propre amour et du superflu de l'amour de Billot, répandait le tout au dehors, en cris puissans d'abord, puis glapissans, puis vagues de :

— Vive le roi ! vive le père du peuple !

Cette modification dans la voix de Pitou s'opérait au fur et à mesure qu'il s'enrouait.

Pitou était complétement enroué lorsque le cortége arriva au Point-du-Jour, où monsieur Lafayette, à cheval sur le fameux coursier blanc, tenait en haleine les cohortes indisciplinées et frémissantes de la garde nationale, échelonnées depuis cinq heures du matin sur le terrain pour faire cortége au roi.

Or, il était près de deux heures.

L'entrevue du roi et du nouveau chef de la France armée se passa d'une manière satisfaisante pour les assistans.

Cependant, le roi commençait à se fatiguer, il ne parlait plus et se contentait de sourire.

Le général en chef des milices parisiennes, de son côté, ne commandant plus, il gesticulait.

Le roi eut la satisfaction de voir que l'on criait presque

autant Vive le roi que Vive Lafayette. Malheureusement, ce plaisir d'amour-propre, c'était la dernière fois qu'il était destiné à le goûter.

Du reste, Gilbert était toujours placé à la portière du roi, Billot près de Gilbert, Pitou près de Billot.

Gilbert, fidèle à sa promesse, avait trouvé moyen, depuis qu'il avait quitté Versailles, d'expédier quatre courriers à la reine.

Ces courriers n'avaient porté que de bonnes nouvelles, car partout sur son passage le roi voyait les bonnets sauter en l'air ; seulement, à tous ces bonnets brillait une cocarde aux couleurs de la nation, sorte de reproche adressé aux cocardes blanches que les gardes du roi et le roi lui-même portaient à leur chapeau,

A milieu de sa joie et de son enthousiasme, cette divergence des cocardes était la seule chose qui contrariât Billot.

Billot avait à son tricorne une énorme cocarde tricolore.

Le roi avait une cocarde blanche à son chapeau ; le sujet et le roi n'avaient donc pas des goûts absolument semblables.

Cette idée le préoccupait tellement qu'il s'en ouvrit à Gilbert, au moment où celui-ci ne causait plus avec Sa Majesté.

— Monsieur Gilbert, lui demanda-t-il, pourquoi le roi n'a-t-il pas pris la cocarde nationale ?

— Parce que, mon cher Billot, ou le roi ne sait pas qu'il y a une nouvelle cocarde, ou le roi estime que sa cocarde à lui doit être la cocarde de la nation.

— Non pas, non pas, puisque sa cocarde à lui est blanche et que notre cocarde à nous est tricolore.

— Un moment, fit Gilbert ! arrêtant Billot à l'instant où celui-ci allait se lancer à corps perdu dans les phrases de journaux, la cocarde du roi est blanche comme le drapeau de la France est blanc. Ce n'est pas la faute du roi, cela. Cocarde et drapeau étaient blancs bien avant qu'il ne vînt au monde ; au reste, mon cher Billot, le drapeau a fait ses preuves, et aussi la cocarde blanche. Il y avait une cocarde blanche au chapeau du bailly de Suffren, lorsqu'il rétablit notre pavillon dans la presqu'île de l'Inde. Il y avait une cocarde blanche au chapeau d'Assas, et c'est à cela que les Allemands le reconnurent, la nuit, quand il se fit tuer plutôt que de laisser surprendre ses soldats. Il y avait une cocarde blanche au chapeau du maréchal de Saxe, lorsqu'il battit les Anglais à Fontenoy. Il y avait enfin, une cocarde blanche au chapeau de monsieur de Condé, lorsqu'il battit les impériaux à Rocroy, à Fribourg et à Lens. Voilà ce qu'a fait la cocarde blanche, et bien d'autres choses encore, mon cher Billot ; tandis que la cocarde nationale, qui fera peut-être le tour du monde, comme l'a prédit Lafayette, n'a encore eu le temps de rien faire, attendu qu'elle existe depuis trois jours. Je ne dis pas qu'elle restera oisive, comprenez-vous ; mais enfin, n'ayant encore rien fait, elle donne au roi le droit d'attendre qu'elle fasse.

— Comment, la cocarde nationale n'a rien fait encore, dit Billot, est-ce qu'elle n'a pas pris la Bastille ?

— Si fait, dit tristement Gilbert, vous avez raison, Billot.

— Voilà pourquoi, reprit triomphalement le fermier, voilà pourquoi le roi devrait la prendre.

Gilbert donna un grand coup de coude dans les côtes de Billot, car il s'était aperçu que le roi écoutait. Puis, tout bas :

— Êtes-vous fou ? Billot, dit-il ; et contre qui donc a été prise la Bastille ? contre la royauté, ce me semble. Et voilà que vous voulez faire porter au roi les trophées de votre triomphe et les insignes de sa défaite ? Insensé ! le roi est plein de cœur, de bonté, de franchise, et voilà que vous en voulez faire un hypocrite ?

— Mais, dit Billot plus humblement, mais cependant sans s'être rendu tout à fait, ce n'est pas précisément contre le roi que la Bastille a été prise, c'est contre le despotisme.

Gilbert haussa les épaules, mais avec cette délicatesse de l'homme supérieur qui ne veut pas mettre le pied sur son inférieur, de peur de l'écraser.

— Non, continua Billot en s'animant, ce n'est pas contre notre bon roi que nous avons combattu, c'est contre ses satellites.

4.

Or, à cette époque, on disait, en politique, satellites au lieu de soldats, comme on disait au théâtre, coursier au lieu de cheval.

— D'ailleurs, continua Billot avec une apparence de raison, il les désapprouve, puisqu'il vient au milieu de nous ; et s'il les désapprouve, il nous approuve ! C'est pour notre bonheur et son honneur que nous avons travaillé, nous autres, vainqueurs de la Bastille.

— Hélas ! hélas ! murmura Gilbert, qui ne savait trop lui-même comment concilier ce qui se passait sur le visage du roi avec ce qui se passait dans son cœur.

Quant au roi, il commençait, au milieu du murmure confus de la marche, à percevoir quelques mots de la discussion engagée à ses côtés.

Gilbert, qui s'apercevait de l'attention que le roi prêtait à la discussion, faisait tous ses efforts pour conduire Billot sur un terrain moins glissant que celui sur lequel il s'était engagé.

Tout à coup on s'arrêta, on était arrivé au Cours-la-Reine, à l'ancienne porte de la Conférence, dans les Champs-Élysées.

Là, une députation d'électeurs et d'échevins, présidée par le nouveau maire Bailly, se tenait rangée en bel ordre, avec une garde de trois cents hommes commandée par un colonel, et trois cents membres au moins de l'Assemblée nationale pris, comme on le pense bien, dans les rangs du tiers.

Deux des électeurs combinaient leurs forces et leur adresse réunies pour tenir en équilibre un plat de vermeil sur lequel reposaient deux énormes clefs, les clefs de la ville de Paris du temps de Henri IV.

Ce spectacle imposant fit taire toutes les conversations particulières, et chacun, soit dans les groupes, soit dans les rangs, s'occupa, selon les circonstances, d'entendre les discours qui allaient être échangés dans cette occasion.

Bailly, le digne savant, le brave astronome, qu'on avait fait député malgré lui, maire malgré lui, orateur malgré lui, avait préparé un long discours d'honneur. Ce discours avait pour exorde, selon les plus strictes lois de la rhétorique, un éloge du roi, depuis l'avénement au pouvoir de monsieur Turgot jusqu'à la prise de la Bastille. Peu s'en fallait même, tant l'éloquence a de privilége, qu'on attribuât au roi l'initiative des événemens, que le peuple, pressé, avait tout au plus subis, et subis, comme nous l'avons vu, à contre-cœur.

Bailly était fort content de son discours, lorsqu'un incident, — c'est Bailly qui raconte lui-même cet incident dans ses mémoires, — lorsqu'un incident lui fournit un nouvel exorde, bien autrement pittoresque que celui qu'il avait préparé ; le seul d'ailleurs qui soit resté dans la mémoire du peuple, toujours prêt à saisir les bonnes et surtout les belles phrases bâties sur un fait matériel.

Tout en cheminant avec les échevins et les électeurs, Bailly s'alarmait de la pesanteur de ces clefs qu'il allait présenter au roi.

— Croyez-vous donc, dit-il en riant, qu'après avoir montré ce monument au roi, je me fatiguerai à le rapporter à Paris ?

— Qu'en ferez-vous donc ? demanda un électeur.

— Ce que j'en ferai, dit Bailly, je vous les donnerai, ou bien je les jetterai dans quelque fossé au pied d'un arbre.

— Gardez-vous-en bien, s'écria l'électeur scandalisé. Ne savez-vous pas que ces clefs sont les mêmes que la ville de Paris offrit à Henri IV après le siége ? elles sont précieuses : c'est une antiquité inestimable.

— Vous avez raison, repartit Bailly : les clefs offertes à Henri IV, conquérant de Paris, on les offre à Louis XVI qui... Eh ! mais, se dit le digne maire, voilà une assez belle antithèse à produire.

Et aussitôt, prenant un crayon, il écrivit, au-dessus de son discours préparé, l'exorde que voici :

« Sire, j'apporte à Votre Majesté les clefs de la bonne ville de Paris. Ce sont les mêmes qui ont été offertes à Henri IV. Il avait reconquis son peuple, aujourd'hui le peuple a reconquis son roi. »

La phrase était belle, elle était juste, elle s'incrusta dans l'esprit des Parisiens, et, de tout le discours de Bailly, des œuvres même de Bailly, c'est tout ce qui survécut.

Quant à Louis XVI, il l'approuva de la tête, mais tout en rougissant, car il en sentait l'épigrammatique ironie déguisée sous le respect et les fleurs oratoires.

Puis, tout bas :

— Marie-Antoinette, murmura Louis XVI, ne se laisserait pas prendre à cette fausse vénération de monsieur Bailly et répondrait tout autrement que je ne vais le faire au malencontreux astronome.

Ce qui fut cause que Louis XIV, pour avoir trop bien entendu le commencement du discours de monsieur Bailly, n'en écouta point du tout la fin ; non plus que de celui de monsieur Delavigne, président des électeurs, dont il n'écouta ni le commencement ni la fin.

Cependant, les discours terminés, le roi craignant de ne point paraître assez réjoui de ce qu'on avait voulu lui dire d'agréable, répliqua d'un ton très noble, et sans faire allusion à rien de ce qui s'était dit, que les *hommages* de a ville de Paris et des électeurs lui agréaient infiniment.

Après quoi il donna l'ordre du départ.

Seulement, avant de se mettre en route, il congédia ses gardes du corps, afin de répondre par une gracieuse confiance aux demi-politesses que venait de lui faire la municipalité par l'organe des électeurs et de monsieur Bailly.

Seule, alors, au milieu de la masse énorme des gardes nationaux et des curieux, la voiture s'avança plus rapidement.

Gilbert et son compagnon Billot continuaient de se tenir à la portière de droite.

Au moment où la voiture traversait la place Louis XV, un coup de feu retentit de l'autre côté de la Seine, et une blanche fumée monta comme un voile d'encens dans le ciel bleu, où elle s'évanouit aussitôt.

Comme si le bruit de ce coup de feu avait un écho en lui, Gilbert s'était senti frappé d'une violente secousse. Une seconde la respiration lui manqua, et il porta la main à sa poitrine, où il venait de ressentir une vive douleur.

En même temps un cri de détresse retentit autour de la voiture royale, une femme était tombée percée d'une balle reçue au-dessous de l'épaule droite.

Un des boutons de l'habit de Gilbert, bouton d'acier noir, large et taillé à facettes, selon la mode du temps, venait d'être frappé de biais par cette même balle.

Il avait fait cuirasse et l'avait renvoyée ; de là, la douleur et la secousse éprouvées par Gilbert.

Une partie de son gilet noir et de son jabot avaient été enlevés.

Cette balle, renvoyée par le bouton de Gilbert, venait de tuer la malheureuse femme que l'on s'empressa d'emporter mourante et ensanglantée.

Le roi avait entendu le coup, mais n'avait rien vu.

Il se pencha en souriant vers Gilbert.

— On brûle là-bas de la poudre en mon honneur, dit-il.

— Oui, Sire, répond Gilbert.

Seulement il se garda bien de dire à Sa Majesté ce qu'il pensait de l'ovation qu'on lui faisait.

Mais en lui-même et tout bas il s'avoua que la reine avait eu quelque raison de craindre, puisque sans lui, qui fermait hermétiquement la portière, cette balle, qui avait ricoché sur son bouton d'acier, arrivait droit au roi.

Maintenant, de quelle main partait ce coup si bien dirigé ?

On ne voulut pas le savoir alors !... de sorte qu'on ne le saura jamais.

Billot, pâle de ce qu'il venait de voir, les yeux attirés sans cesse par cette déchirure de l'habit, du gilet et du jabot de Gilbert, Billot força Pitou à redoubler ses cris de : Vive le *Père des Français.*

L'événement était si grand, au reste, que l'épisode fut vite oublié.

Enfin, Louis XVI arriva devant l'Hôtel-de-Ville, après avoir été salué au pont Neuf par un salve de canons, qui, au moins, eux, n'étaient point chargés à balles.

Sur la façade de l'Hôtel-de-Ville, s'étalait une inscription en grosses lettres, noires le jour, mais qui, la nuit venue, devait s'éclairer et briller en transparent. Cette inscription était due aux ingénieuses élucubrations de la municipalité.

Voici ce qu'on lisait sur cette inscription :

« A Louis XVI, père des Français et roi d'un peuple libre. »

Autre antithèse bien autrement importante que celle du discours de Bailly, et qui faisait pousser des cris d'admiration à tous les Parisiens assemblés sur la place.

Cette inscription attira l'œil de Billot.

Mais, comme Billot ne savait pas lire, il se fit lire l'inscription par Pitou.

Billot, se la fit redire une seconde fois, comme s'il n'avait pas entendu à la première.

Puis, quand Pitou eut répété la phrase sans y changer un seul mot :

— Il y a cela ? s'écria-t-il ; il y a cela ?

— Sans doute, dit Pitou.

— La municipalité a fait écrire que le roi était roi d'un peuple libre !

— Oui, père Billot.

— Alors, s'écria Billot, si la nation est libre, elle a le droit d'offrir au roi sa cocarde.

Et d'un bond, s'élançant au-devant de Louis XVI, qui descendait de son carrosse en face des degrés de l'Hôtel-de-Ville :

— Sire, dit-il, vous avez vu que sur le pont Neuf le Henri IV de bronze a la cocarde nationale.

— Eh bien ? fit le roi.

— Eh bien ! Sire, si Henri IV porte la cocarde tricolore, vous pouvez bien la porter, vous.

— Certes, dit Louis XVI embarrassé, et si j'en avais une...

— Eh bien ! dit Billot en haussant la voix et en élevant la main, au nom du peuple, je vous offre celle-ci en place de la vôtre, acceptez-la.

Bailly intervint.

Le roi était pâle. Il commençait à sentir la progression. Il regarda Bailly, comme pour l'interroger.

— Sire, dit celui-ci, c'est le signe distinctif de tout Français.

— En ce cas, je l'accepte, dit le roi prenant la cocarde des mains de Billot.

Et, mettant de côté la cocarde blanche, il fixa la cocarde tricolore à son chapeau.

Un immense hourrah de triomphe retentit sur la place.

Gilbert se détourna, profondément blessé.

Il trouvait que le peuple empiétait trop vite, et que le roi ne résistait point assez.

— Vive le roi! cria Billot, qui donna ainsi le signal d'une seconde salve d'applaudissemens.

— Le roi est mort, murmura Gilbert. Il n'y a plus de roi en France.

Une voûte d'acier avait été formée par un millier d'épées étendues, depuis l'endroit où le roi descendait de sa voiture jusqu'à la salle où il était attendu.

Il passa sous cette voûte et disparut dans les profondeurs de l'Hôtel-de-ville.

— Ce n'est point un arc de triomphe, dit Gilbert; ce sont les Fourches Caudines.

Puis, avec un soupir.

— Ah! que dira la reine!

VIII.

CE QUI SE PASSAIT A VERSAILLES TANDIS QUE LE ROI ÉCOUTAIT LES DISCOURS DE LA MUNICIPALITÉ.

A l'intérieur de l'Hôtel-de-ville le roi reçut un accueil bien flatteur : on l'appela le Restaurateur de la liberté.

Invité à parler, — car la soif des discours devenait de jour en jour plus intense, et le roi voulait savoir enfin le fond des pensées de chacun, — le roi mit la main sur son cœur et dit seulement :

— Messieurs, vous pouvez toujours compter sur mon amour.

Tandis qu'il écoutait à l'Hôtel de-ville les communications

du gouvernement,— car à partir de ce jour il y eut un véritable gouvernement constitué en France à côté du trône et de l'Assemblée nationale, — le peuple, au dehors, se familiarisait avec les beaux chevaux du roi, la voiture dorée, les laquais et les cochers de Sa Majesté.

Pitou, depuis l'entrée du roi à l'Hôtel-de-ville s'était, grâce à un louis donné par le père Billot, amusé à faire, avec force rubans bleus, blancs et rouges, une collection de cocardes nationales de toutes grandeurs, dont il décorait les oreilles des chevaux, les harnais et tout l'équipage.

Ce que voyant, le public imitateur avait littéralement transformé la voiture de Sa Majesté en une boutique de cocardes.

Le cocher et les valets de pied en étaient ornés à profusion.

On en avait en outre glissé quelques douzaines de rechange dans l'intérieur.

Cependant, il faut le dire, monsieur de Lafayette, demeuré à cheval sur la place, avait essayé de repousser ces zélés propagateurs des couleurs nationales, mais il n'y avait pas réussi.

Aussi quand le roi sortit :

— Oh ! oh ! fit-il en voyant tout ce bariolage.

Puis de la main il adressa à monsieur de Lafayette un signe qui voulait lui dire de s'approcher.

Monsieur de Lafayette s'approcha respectueusement en abaissant son épée.

— Monsieur de Lafayette, lui dit le roi, je vous cherchais pour vous dire que je vous confirme dans le commandement des gardes nationales.

Et il remonta en voiture au milieu d'une universelle acclamation.

Quant à Gilbert, tranquille désormais sur le roi, il était resté dans la salle des séances avec les électeurs et Bailly.

Les observations n'étaient pas terminées encore.

Cependant, entendant ces grands cris qui saluaient le départ du roi, il s'approcha de la fenêtre et jeta un dernier coup d'œil sur la place, afin de surveiller la conduite de ses deux campagnards.

Ils étaient toujours ou du moins paraissaient être des meilleurs amis du roi.

Tout à coup Gilbert vit, par le quai Pelletier, arriver au pas le plus rapide un cavalier couvert de poussière, qui faisait ouvrir devant lui les rangs d'une foule encore respectueuse et docile.

Le peuple bon et complaisant ce jour-là souriait donc en répétant :

— Un officier du roi ! un officier du roi !

Et les cris de Vive le roi ! saluèrent cet officier, et les mains des femmes caressaient le cheval blanc d'écume.

Cet officier pénétra jusqu'au carrosse et arriva à la portière au moment où le piqueur venait de la refermer derrière le roi.

— Tiens ! c'est vous, Charny, dit Louis XVI.

Et plus bas :

— Comment va-t-on, là-bas ? demanda-t-il.

Puis, plus bas encore :

— La reine ?

— Bien inquiète, Sire, répondit l'officier en passant sa tête presque en entier dans la voiture royale.

— Retournez-vous à Versailles ?

— Oui.

— Eh bien ! rassurez nos amis, tout s'est passé à merveille.

Charny salua, releva la tête et aperçut monsieur de Lafayette, lequel lui fit un signe amical.

Charny alla à lui et Lafayette lui tendit la main ; ce qui fit qu'officier du roi et cheval furent portés par la foule, de l'endroit où ils étaient, jusqu'au quai où, grâce aux vigilantes consignes de la garde nationale, une haie se formait déjà sur le passage de Sa Majesté.

Le roi ordonna que la voiture continuât d'aller au pas jusqu'à la place Louis XV ; là, on retrouva les gardes du corps qui attendaient, non sans impatience, le retour du roi ; de sorte qu'à partir de ce moment, cette impatience gagnant tout le monde, les chevaux prirent une allure qui ne fit plus que s'accélérer au fur et à mesure que l'on avança sur le chemin de Versailles.

Gilbert, du balcon de la fenêtre, avait compris l'arrivée de ce cavalier, quoiqu'il ne le connût point. Il devinait à combien d'angoisses devait être livrée la reine, d'autant plus que, depuis trois heures, aucun courrier n'avait pu être expédié pour Versailles à travers cette foule sans exciter des soupçons ou trahir une faiblesse.

Il ne soupçonnait cependant qu'une faible partie de ce qui s'était passé à Versailles.

Nous allons y ramener le lecteur, à qui nous ne voulons pas faire faire un trop long cours d'histoire.

La reine avait reçu le dernier courrier du roi à trois heures.

Gilbert avait trouvé moyen de l'expédier au moment où le roi, passant sous la voûte d'acier, venait d'entrer sain et sauf à l'Hôtel-de-ville.

Près de la reine était la comtesse de Charny, qui venait seulement de quitter le lit, où une grave indisposition l'avait retenue depuis la veille.

Elle était fort pâle encore ; elle avait à peine la force de lever ses yeux dont la paupière pesante retombait toujours comme sous le poids d'une douleur ou d'une honte.

La reine, en l'apercevant, lui sourit, mais de ce sourire d'habitude qui semble, pour leurs familiers, stéréotypé sur les lèvres des princes et des rois.

Puis, comme elle était encore exaltée par la joie de voir Louis XVI en sûreté :

— Encore une bonne nouvelle, dit-elle à ceux qui l'entouraient ; puisse toute la journée se passer ainsi !

— Oh ! madame, dit un courtisan, Votre Majesté s'alarme à tort ; les Parisiens savent trop bien quelle responsabilité pèse sur eux.

— Mais, madame, dit un autre courtisan moins rassuré, Votre Majesté est-elle bien sûre de l'authenticité des nouvelles ?

— Oh ! oui, fit la reine, celui qui me les expédie m'a répondu du roi sur sa tête ; d'ailleurs, je le crois un ami.

— Oh ! si c'est un ami, répondit le courtisan en s'inclinant, c'est autre chose.

Madame de Lamballe était à quelques pas; elle s'approcha.

— C'est, dit-elle, interrogeant Marie-Antoinette, le nouveau médecin du roi, n'est-ce pas?

— Gilbert; oui, répondit étourdiment la reine, sans songer qu'elle frappait à côté d'elle un coup terrible.

— Gilbert! s'écria Andrée, tressaillant comme si une vipère l'eût mordue au cœur. Gilbert, un ami de Votre Majesté!

Andrée se retourna, Andrée, l'œil enflammé, les mains crispées par la colère et la honte, accusait fièrement la reine par son regard et son attitude.

— Mais... cependant... fit la reine en hésitant.

— Oh! madame, madame! murmura Andrée, du ton du plus amer reproche.

Un silence mortel s'établit autour de cet incident mystérieux.

Au milieu de ce silence retentit un pas discret sur le parquet de la chambre voisine.

— Monsieur de Charny! dit à demi-voix la reine, comme pour avertir Andrée de se remettre.

Charny avait entendu, Charny avait vu; seulement il ne comprenait pas.

Il remarqua la pâleur d'Andrée et l'embarras de Marie-Antoinette.

Il ne lui appartenait pas de questionner la reine; mais Andrée était sa femme, il avait le droit de l'interroger.

Il s'approcha d'elle, et du ton de l'intérêt le plus amical:

— Qu'y a-t-il, madame? demanda-t-il.

Andrée fit un effort sur elle-même.

— Rien, monsieur le comte, répondit-elle.

Charny alors se retourna vers la reine, qui, malgré son habitude profonde des situations équivoques, avait dix fois ébauché un sourire qu'elle n'avait pas achevé.

— Vous paraissiez douter du dévouement de monsieur Gilbert, dit-il à Andrée, est-ce que vous auriez quelque motif de suspecter sa fidélité?

Andrée se tut.

— Dites, madame, dites, insista Charny.

Puis, comme Andrée restait toujours muette :

— Oh ! parlez, madame, dit-il, cette délicatesse ici serait condamnable ; songez qu'il s'agit du salut de nos maîtres.

— Je ne sais, monsieur, à quel propos vous dites cela, répondit Andrée.

— Vous avez dit, et je l'ai entendu, madame... ; j'en appelle d'ailleurs à la princesse... Et Charny salua madame de Lamballe. Vous avez dit, en vous écriant : « Oh ! cet homme ! cet homme ! votre ami !... »

— C'est vrai, vous avez dit cela, ma chère, répondit la princesse de Lamballe avec sa naïve bonhomie.

Alors, s'approchant d'Andrée à son tour :

— Si vous savez quelque chose, monsieur de Charny a raison, dit-elle.

— Par pitié, madame, par pitié ! accentua Andrée d'une voix assez basse pour n'être entendue que de la princesse.

La princesse s'éloigna.

— Eh ! mon Dieu ! c'était peu de chose, fit la reine, comprenant que tarder plus longtemps à intervenir, c'eût été manquer de loyauté : madame la comtesse exprimait une crainte, vague sans doute ; elle disait qu'il était bien difficile qu'un révolutionnaire d'Amérique, qu'un ami de monsieur Lafayette, fût notre ami.

— Oui, vague... répéta machinalement Andrée, très vague.

— Une crainte pareille à celle que ces messieurs exprimaient avant que la comtesse n'exprimât la sienne, reprit Marie-Antoinette.

Et elle désigna des yeux les courtisans, dont le doute avait donné lieu à ce propos.

Mais il fallait plus que cela pour convaincre Charny. Trop d'embarras à son arrivée le mettait sur la voie d'un mystère.

Il insista.

— N'importe, madame, dit-il, il me semble qu'il serait de votre devoir de ne pas exprimer seulement une crainte vague, mais au contraire de préciser.

— Eh quoi ! dit assez durement la reine, vous revenez encore à cela, monsieur ?

— Madame !

— Pardon, mais je vois bien que vous questionnez encore madame la comtesse de Charny.

— Excusez-moi, madame, dit Charny, c'est par intérêt pour...

— Pour votre amour-propre, n'est-ce pas? Ah ! monsieur de Charny, ajouta la reine avec une ironie dont le comte sentit tout le poids, dites franchement la chose : vous êtes jaloux.

— Jaloux ! s'écria de Charny rougissant, mais jaloux de quoi? Je le demande à Votre Majesté.

— De votre femme apparemment, continua la reine avec aigreur.

— Madame! balbutia Charny, tout étourdi de la provocation.

— C'est bien naturel, reprit sèchement Marie-Antoinette, et la comtesse en vaut assurément la peine.

Charny lança à la reine un coup d'œil dont la mission était de l'avertir qu'elle allait trop loin.

Mais c'était peine inutile, précaution superflue. Quand chez cette lionne blessée la douleur imprimait sa morsure brûlante, rien n'arrêtait plus la femme.

— Oui, je comprends que vous soyez jaloux, monsieur de Charny, jaloux et inquiet; c'est l'état habituel de toute âme qui aime et par conséquent qui veille.

— Madame ! répéta Charny.

— Ainsi moi, poursuivit la reine, j'éprouve absolument le même sentiment que vous à l'heure qu'il est; j'ai à la fois jalousie et inquiétude. Elle appuya sur le mot jalousie. Le roi est à Paris et je ne vis plus.

— Mais, madame, dit Charny qui ne comprenait plus rien à cet orage qui se chargeait de plus en plus d'éclairs et de foudre ; vous venez de recevoir des nouvelles du roi; ces nouvelles étaient bonnes, et par conséquent devraient vous rassurer.

— Avez-vous été rassuré, vous, quand la comtesse et moi nous vous avons renseigné tout à l'heure?

Charny se mordit les lèvres.

Andrée commençait à relever la tête, surprise et épouvantée à la fois : surprise de ce qu'elle entendait, épouvantée de ce qu'elle croyait comprendre.

Le silence qui s'était fait l'instant d'auparavant pour elle, à la première question de Charny, l'assemblée le faisait maintenant pour la reine.

— En effet, poursuivit la reine avec une sorte de fureur, il est dans la destinée des gens qui aiment de ne songer qu'à l'objet de leur affection ; ce serait une joie pour les pauvres cœurs de sacrifier impitoyablement tout, oui, tout sentiment qui les agite. Mon Dieu ! que je suis inquiète du roi !

— Madame, se hasarda de dire un des assistans, d'autres courriers arriveront.

— Oh ! pourquoi ne suis-je pas à Paris au lieu d'être ici ; pourquoi ne suis-je pas près du roi, dit Marie-Antoinette, qui avait vu Charny se troubler depuis qu'elle cherchait à lui donner cette jalousie qu'elle-même éprouvait si violemment.

Charny s'inclina.

— Si ce n'est que cela, madame, dit-il, j'y vais aller, et si, comme Votre Majesté le pense, il y a danger pour le roi ; si cette tête précieuse est exposée, croyez bien, madame, que ce ne sera pas faute par moi d'avoir exposé la mienne. Je pars.

Il salua, en effet, et fit un pas pour sortir.

— Monsieur, monsieur ! s'écria Andrée en s'élançant au-devant de Charny, monsieur, ménagez-vous !

Il ne manquait plus à cette scène que l'explosion des craintes d'Andrée.

Aussi, à peine Andrée, emportée malgré elle hors de sa froideur ordinaire, eut-elle prononcé ces paroles imprudentes et témoigné cette sollicitude inusitée, que la reine devint affreusement pâle.

— Eh ! madame, dit-elle à Andrée, comment donc se fait-il que vous usurpiez ici le rôle de la reine ?

— Moi, madame, balbutia Andrée, comprenant qu'elle venait, pour la première fois, de faire jaillir hors de ses lèvres le feu qui, depuis si longtemps, brûlait son âme.

— Quoi ? continua Marie-Antoinette, votre mari est au

service du roi, il va trouver le roi ; s'il s'expose, c'est pour le roi, et quand il s'agit du service du roi vous recommandez à monsieur de Charny de se ménager !

A ces foudroyantes paroles, Andrée perdit connaissance, elle chancela et serait tombée sur le parquet, si Charny, se précipitant vers elle, ne l'eût retenue dans ses bras.

Un mouvement d'indignation dont Charny ne fut pas le maître acheva de désespérer Marie-Antoinette, qui croyait n'être qu'une rivale blessée et qui avait été une souveraine injuste.

— La reine a raison, dit enfin Charny avec effort, et votre mouvement, madame la comtesse, a été mal calculé ; vous n'avez point de mari, madame, lorsqu'il s'agit des intérêts du roi. Et ce serait à moi de vous ordonner le premier de ménager votre sensibilité, si je m'apercevais que vous daignassiez éprouver quelque crainte pour moi.

Puis, se retournant vers Marie-Antoinette.

— Je suis aux ordres de la reine, dit-il froidement, et je pars. C'est moi qui vous rapporterai des nouvelles du roi, de bonnes nouvelles, madame, ou qui n'en rapporterai point.

Puis, ces paroles prononcées, il s'inclina jusqu'à terre et partit, sans que la reine, frappée à la fois de terreur et de colère, eût songé à le retenir.

On entendit, l'instant d'après, retentir sur le pavé de la cour les fers d'un cheval qui partait au galop.

La reine demeura immobile, mais en proie à une agitation intérieure d'autant plus terrible qu'elle faisait de plus grands efforts pour la cacher.

Chacun comprenant ou ne comprenant pas la cause de cette agitation, respecta du moins, en se retirant, le repos de la souveraine.

On la laissa seule.

Andrée sortit avec les autres de l'appartement, abandonnant Marie-Antoinette aux caresses de ses deux enfans, qu'elle avait fait demander et qu'on venait d'introduire auprès d'elle.

IX.

LE RETOUR.

La nuit était venue, amenant son cortége de craintes et de visions sinistres, quand tout à coup à l'extrémité du palais retentirent des cris.

La reine tressaillit et se leva. Une fenêtre était sous sa main, elle l'ouvrit.

Presque au même instant, des serviteurs transportés de joie entrèrent chez Sa Majesté en s'écriant :

— Un courrier, madame ! un courrier !

Puis trois minutes après un hussard se précipitait dans les antichambres.

C'était un lieutenant dépêché par monsieur de Charny. Il arrivait à toute bride de Sèvres.

— Et le roi ? dit la reine.

— Sa Majesté sera ici dans un quart-d'heure, répliqua l'officier, qui pouvait à peine parler.

— Sain et sauf ? dit la reine.

— Sain et sauf et souriant, madame.

— Vous l'avez vu, n'est-ce pas ?

— Non madame ; mais monsieur de Charny me l'a dit en m'expédiant.

La reine tressaillit de nouveau à ce nom que le hasard venait accoler au nom du roi.

— Merci, monsieur ; reposez-vous, dit-elle au jeune gentilhomme.

Le jeune homme salua et sortit.

Elle, prenant ses deux enfans par la main, se dirigea vers le grand perron, sur lequel déjà se groupaient tous les serviteurs et les courtisans.

L'œil perçant de la reine aperçut au premier degré une jeune femme blanche accoudée sur la balustrade de pierre et plongeant un regard avide dans les ombres de la nuit.

C'était Andrée, que la présence de la reine ne réussit pas à distraire de sa préoccupation.

Evidemment, elle, si empressée à venir se ranger aux côtés de la reine, elle n'avait point vu sa maîtresse, ou dédaignait de la voir.

Elle avait donc rancune de la vivacité de Marie-Antoinette, vivacité cruelle dont elle avait eu à souffrir dans la journée.

Ou bien emportée par un sentiment d'intérêt puissant, elle guettait pour son propre compte le retour de Charny, auquel elle avait témoigné tant d'appréhensions affectueuses.

Double coup de poignard qui rouvrit chez la reine une plaie encore saignante.

Elle ne prêta plus qu'une oreille distraite aux complimens et à la joie de ses autres amies et des courtisans.

Elle se sentit même un instant distraite de cette violente douleur qui l'avait accablée pendant toute la soirée. Une trêve se faisait en elle à l'inquiétude qu'excitait dans son cœur le voyage du roi, menacé par tant d'ennemis.

Mais avec une âme forte, la reine chassa bientôt tout ce qui n'était pas la légitime affection de son cœur. Elle mit aux pieds de Dieu sa jalousie, elle immola ses colères et ses joies secrètes à la sainteté du serment conjugal.

Ce fut Dieu, sans doute, qui lui envoyait comme repos et comme soutien cette salutaire faculté d'aimer le roi son époux par-dessus toute chose.

En ce moment, du moins, elle le sentit ou crut le ressentir, l'orgueil de la royauté élevait la reine au-dessus de toutes les passions terrestres, l'amour du roi était son égoïsme.

Elle avait donc absolument refoulé au dehors, et les petites vengeances de femme, et les coquetteries frivoles de l'amante, quand les flambeaux de l'escorte apparurent au fond de l'avenue. Ces feux grossissaient à chaque seconde par la rapidité de la course.

On entendait hennir et souffler les chevaux. Le sol tremblait dans le silence de la nuit sous le poids cadencé des escadrons en course.

Les grilles s'ouvrirent, les postes se précipitèrent au-devant du roi avec mille cris d'enthousiasme. Le carrosse retentit avec éclat sur le pavé de la grande cour.

Eblouie, ravie, fascinée, ivre de tout ce qu'elle avait éprouvé, de tout ce qu'elle ressentait de nouveau, la reine se précipita par les degrés au-devant du roi.

Louis XVI, descendu de voiture, montait l'escalier le plus rapidement possible au milieu de ses officiers, tout remués par les événemens et leur triomphe, tandis qu'en bas, les gardes, mêlés sans façon aux palefreniers et aux écuyers, arrachaient des carrosses et des harnais toutes les cocardes que l'enthousiasme des Parisiens y avaient plantées.

Le roi et la reine se rencontrèrent sur un palier de marbre. La reine, avec un cri de joie et d'amour, étreignit son époux à plusieurs reprises.

Elle sanglotait, comme si le retrouvant elle avait cru ne jamais le revoir.

Tout entière à ce mouvement d'un cœur trop plein, elle ne vit pas le serrement de main silencieux que Charny et Andrée venaient d'échanger dans l'ombre.

Ce n'était rien qu'un serrement de main, mais Andrée était la première au bas des marches : c'était elle que Charny avait vue et touchée la première.

La reine, après avoir présenté ses enfans au roi, les fit embrasser à Louis XVI, et alors le dauphin, voyant au chapeau de son père la nouvelle cocarde sur laquelle les flambeaux projetaient une sanglante lumière, s'écria dans son étonnement enfantin :

— Tiens, papa ! qu'avez-vous donc à votre cocarde, du sang ?

C'était le rouge national.

La reine avec un cri regarda à son tour.

Le roi baissait la tête pour embrasser sa fille, en réalité pour cacher sa honte.

Marie-Antoinette arracha cette cocarde avec un profond dégoût, sans voir, la noble furieuse, qu'elle blessait au cœur cette nation, qui saurait se venger un jour.

— Jetez cela, monsieur, dit-elle, jetez cela.

Et elle lança par les degrés cette cocarde, sur laquelle passèrent les pieds de toute l'escorte qui conduisait le roi dans ses appartemens.

Cette étrange transition avait éteint chez la reine tout l'enthousiasme conjugal. Elle chercha des yeux, mais sans paraître le chercher, monsieur de Charny, qui se tenait à son rang comme un soldat.

— Je vous remercie, monsieur, lui dit-elle, lorsque leurs regards se furent rencontrés, après plusieurs secondes d'hésitation de la part du comte ; je vous remercie, vous avez bien tenu votre promesse.

— A qui parlez-vous? demanda le roi.

— A monsieur de Charny, dit-elle bravement.

— Oui, pauvre Charny, il a eu bien du mal à venir jusqu'à moi. Et... Gilbert, je ne le vois pas? ajouta-t-il.

La reine, attentive depuis la leçon du soir :

— Venez souper, dit-elle, Sire, en changeant la conversation. Monsieur de Charny, poursuivit-elle, cherchez madame la comtesse de Charny ; qu'elle vienne avec vous. Nous souperons en famille.

Là, elle fut reine. Mais elle soupira en songeant que Charny, de triste qu'il était, redevint joyeux.

X.

FOULON.

Billot nageait dans la joie.

Il avait pris la Bastille ; il avait rendu la liberté à Gilbert ; il avait été distingué par Lafayette, qui l'appelait par son nom.

Enfin il avait vu l'enterrement de Foulon.

Peu d'hommes à cette époque étaient aussi exécrés que

Foulon; un seul peut-être eût pu lui faire concurrence, c'était son gendre, monsieur Berthier de Savigny.

Aussi tous deux avaient joué de bonheur le lendemain de la prise de la Bastille.

Foulon était mort, et Berthier s'était sauvé.

Ce qui avait mis le comble à l'impopularité dont jouissait Foulon, c'est qu'à la retraite de monsieur Necker il avait accepté la place du *vertueux génevois*, comme on l'appelait alors, et qu'il avait été trois jours contrôleur général.

Aussi y avait-il eu force chants et danses à son enterrement.

On avait bien eu l'idée un instant de tirer le cadavre de la bière et de le pendre; mais Billot était monté sur une borne, avait fait un discours sur le respect dû aux morts, et la voiture mortuaire avait continué son chemin.

Quant à Pitou, il était passé à l'état de héros.

Pitou était l'ami de monsieur Elie et de monsieur Hullin, qui daignaient lui faire faire leurs commissions.

Il était en outre le confident de Billot, de Billot, qui avait été distingué par Lafayette, comme nous avons dit, lequel Lafayette le chargeait quelquefois de faire la police autour de lui avec ses larges épaules et ses poings d'Hercule.

Depuis le voyage du roi à Paris, Gilbert, mis en communication par monsieur de Necker avec les principaux de l'Assemblée nationale et de la municipalité, travaillait sans relâche à l'éducation de cette révolution dans l'enfance.

Il négligeait donc Billot et Pitou, qui, négligés par lui, se jetaient avec ardeur dans les réunions bourgeoises, au sein desquelles on agitait des questions de politique transcendante.

Enfin, un jour que Billot avait passé trois heures à donner son avis sur l'approvisionnement de Paris aux électeurs, et que, fatigué d'avoir péroré, mais heureux au fond d'avoir fait l'orateur, il se reposait avec délices, au bruit monotone des discours de ses successeurs, qu'il se gardait bien d'écouter, Pitou accourut tout effaré, se glissa comme une anguille dans la salle des séances de l'Hôtel-de-Ville, et d'une voix émue qui contrastait avec l'habituelle placidité de son accent :

— Oh! monsieur Billot! dit-il, cher monsieur Billot!
— Eh bien! quoi?
— Grande nouvelle!
— Bonne nouvelle?
— Glorieuse nouvelle
— Quoi donc?
— Vous savez que j'étais allé au club des Vertus, barrière de Fontainebleau?
— Oui. Eh bien?
— Eh bien! on y disait une chose bien extraordinaire.
— Laquelle?
— Vous savez que ce scélérat de Foulon s'est fait passer pour mort, et même a fait semblant de se laisser enterrer?
— Comment! il s'est fait passer pour mort? Comment! il a fait semblant de se faire enterrer? Il est, pardieu! bien mort, puisque j'ai vu passer l'enterrement.
— Eh bien! monsieur Billot, il est vivant.
— Vivant!
— Vivant comme vous et moi.
— Tu es fou!
— Cher monsieur Billot, je ne suis pas fou. Le traître Foulon, l'ennemi du peuple, la sangsue de la France, l'accapareur, n'est pas mort.
— Mais puisque je te dis qu'on l'avait enterré après une attaque d'apoplexie, puisque je te répète que j'ai vu passer l'enterrement, et que j'ai même empêché qu'on le tirât de sa bière pour le pendre.
— Et moi je viens de le voir vivant, ah!
— Toi?
— Comme je vous vois, monsieur Billot. Il paraît que c'est un de ses domestiques qui est mort, et à qui le scélérat a fait faire un enterrement d'aristocrate. Oh! tout est découvert; c'est par peur de la vengeance du peuple qu'il a agi.
— Conte-moi cela, Pitou.
— Venez un peu dans le vestibule, monsieur Billot, nous y serons plus à notre aise.

Ils sortirent de la salle et gagnèrent le vestibule.

— Et d'abord, fit Pitou, il faut savoir si monsieur Bailly est ici.

— Parle toujours, il y est.

— Bon. J'étais donc au club des Vertus, où j'écoutais le discours d'un patriote. C'était celui-là qui en faisait des fautes de français ! On voyait bien qu'il n'avait pas fait son éducation chez l'abbé Fortier.

— Va toujours, dit Billot, tu sais bien qu'on peut être bon patriote et ne savoir ni lire ni écrire.

— C'est vrai, dit Pitou. Quand tout à coup un homme est accouru tout essoufflé : Victoire ! s'est-il écrié, victoire ! Foulon n'était pas mort, Foulon vit toujours : je l'ai découvert, je l'ai trouvé !

On était comme vous, père Billot, on ne voulait pas croire. Les uns disaient : Quoi ! Foulon ? — Oui. — Les autres disaient : Allons donc ! — Allons donc ! tant que vous voudrez. D'autres enfin disaient encore : — Eh bien ! pendant que tu y étais, tu aurais bien dû en même temps découvrir son gendre Berthier.

— Berthier ! s'écria Billot.

— Oui, Berthier de Savigny. Vous savez bien, notre intendant de Compiègne, l'ami de monsieur Isidor de Charny.

— Sans doute, celui qui était toujours si dur avec tout le monde, et si poli avec Catherine.

— Précisément, dit Pitou, une horreur de traitant, une deuxième sangsue du peuple français, l'exécration du genre humain, la honte du monde civilisé, comme dit le vertueux Loustalot.

— Eh bien ! eh bien ! demanda Billot.

— C'est vrai, dit Pitou — *ad eventum festina* — ce qui veut dire, cher monsieur Billot : Hâte-toi vers le dénouement. Je continue donc ; cet homme arrive au club des Vertus tout essoufflé, en criant : Je l'ai trouvé Foulon, je l'ai trouvé !

Là-dessus, un cri énorme.

— Il se trompait ! dit la tête dure de Billot.

— Il ne se trompait pas, puisque je l'ai vu.

— Tu l'as vu, toi, Pitou ?

— De mes deux yeux. Attendez donc.

— J'attends, mais tu me fais bouillir.

— Ah! mais écoutez donc, j'ai assez chaud aussi, moi... Je vous dis donc qu'il s'était fait passer pour mort, qu'il avait fait enterrer un de ses valets à sa place. Heureusement la Providence veillait.

— Allons donc, la Providence! fit dédaigneusement le voltairien Billot.

— Je voulais dire la nation, reprit Pitou avec humilité. Ce bon citoyen, ce patriote essoufflé, qui annonçait la nouvelle, il l'avait reconnu à Viry, où il se tenait caché.

— Ah! ah!

— L'ayant reconnu, il le dénonça, et le syndic, un nommé monsieur Rappe, le fit arrêter sur-le-champ.

— Et quel est le nom du brave patriote qui a eu le courage de commettre une pareille action?

— De dénoncer Foulon?

— Oui.

— Eh bien! on l'appelle monsieur Saint-Jean.

— Saint-Jean ; mais c'est un nom de laquais, cela.

— Eh! c'est aussi le laquais de ce scélérat de Foulon. Aristocrate, va! c'est bien fait, pourquoi as-tu des laquais?

— Pitou, tu m'intéresses, fit Billot en se rapprochant du narrateur.

— Vous êtes bien bon, monsieur Billot. Voilà donc le Foulon dénoncé, arrêté ; on le conduit à Paris, le dénonciateur courait devant pour annoncer la nouvelle et recevoir le prix de la dénonciation, si bien que, derrière lui, Foulon est arrivé à la barrière.

— Et c'est là que tu l'as vu?

— Oui, il avait un drôle d'air, allez ; on lui avait mis un collier d'orties à la place de cravate.

— Tiens, des orties, pourquoi cela?

— Parce qu'il a dit, à ce qu'il paraît, le scélérat! que le pain était pour les hommes, le foin pour les chevaux, mais que les orties étaient assez bonnes pour le peuple.

— Il a dit cela, le misérable?

— Pardieu! oui, il l'a dit, monsieur Billot.

— Bon ! voilà que tu jures, maintenant.

— Bah! fit Pitou d'un air dégagé, entre militaires! Enfin, il allait à pied, et on lui bourrait, tout le long de la route, une foule de coups dans les reins et sur la tête.

— Ah! ah! fit Billot un peu moins enthousiaste.

— C'était fort divertissant, continua Pitou ; mais seulement tout le monde ne pouvait pas lui en donner, attendu qu'il y avait plus de dix mille personnes qui criaient derrière lui.

— Et ensuite? dit Billot, qui commençait à réfléchir.

— Ensuite, on l'a conduit chez le président du district Saint-Marcel, un bon, vous savez.

— Oui, monsieur Acloque.

— Cloque? c'est justement cela ; lequel a ordonné de le conduire à l'Hôtel-de-Ville, attendu qu'il ne savait qu'en faire, de sorte que vous l'allez voir.

— Mais comment est-ce toi qui viens annoncer cela, et non le fameux Saint-Jean?

— Mais parce que j'ai des jambes de six pouces plus longues que les siennes. Il était parti avant moi, mais je l'ai rejoint et dépassé. Je voulais vous prévenir afin que vous prévinssiez monsieur Bailly.

— Quelle chance tu as, Pitou.

— J'en aurai encore bien plus demain.

— Comment sais-tu cela?

— Parce que le même Saint-Jean, qui a dénoncé monsieur Foulon, a proposé de faire prendre aussi monsieur Berthier, qui est en fuite.

— Il sait donc où il est?

— Oui, il paraît que c'était leur homme de confiance, ce bon monsieur Saint-Jean, et qu'il a reçu beaucoup d'argent du beau-père et du gendre, qui voulaient le corrompre.

— Et il a pris cet argent?

— Certainement ; l'argent d'un aristocrate est toujours bon à prendre ; mais il a dit : Un bon patriote ne trahit pas la nation pour de l'argent.

— Oui, murmura Billot ; il trahit ses maîtres, voilà tout. Sais-tu, Pitou, qu'il me paraît une assez grande canaille, ton monsieur Saint-Jean?

— C'est possible, mais n'importe, on prendra monsieur Berthier comme on a pris maître Foulon, et on les pendra nez à nez tous les deux. La vilaine grimace qu'ils feront en se regardant, hein?

— Et pourquoi les pendra-t-on? demanda Billot.

— Mais parce que ce sont des scélérats et que je les déteste.

— Monsieur Berthier, qui est venu à la ferme, monsieur Berthier, qui, dans ses tournées à l'Ile-de-France, a mangé le lait chez nous, et qui a envoyé de Paris des boucles d'or à Catherine! Oh! non, non! on ne le pendra pas.

— Bah! fit Pitou avec férocité; c'était un aristocrate, un enjôleur.

Billot regarda Pitou avec stupéfaction. Sous le regard de Billot, Pitou ne put s'empêcher de rougir jusqu'au blanc des yeux.

Tout à coup, le digne fermier aperçut monsieur Bailly, qui passait de la salle dans son cabinet, après une délibération; il s'élança vers lui et lui apprit la nouvelle.

Mais ce fut à Billot, à son tour, de trouver un incrédule.

— Foulon! Foulon! s'écria le maire, folies!

— Tenez, monsieur Bailly, dit le fermier, voici Pitou qui l'a vu.

— Je l'ai vu, monsieur le maire, fit Pitou en mettant une main sur la poitrine et en s'inclinant.

Et il raconta à Bailly ce qu'il venait de raconter à Billot.

Alors on vit pâlir le pauvre Bailly; il comprenait toute l'étendue de la catastrophe.

— Et monsieur Acloque l'envoie ici? murmura-t-il.

— Oui, monsieur le maire.

— Mais comment l'envoie-t-il?

— Oh! soyez tranquille, dit Pitou, qui se méprenait à l'inquiétude de Bailly, il y a du monde pour garder le prisonnier; on ne l'enlèvera pas en route.

— Plût à Dieu qu'on l'enlevât, murmura Bailly.

Puis, se retournant vers Pitou:

— Du monde... qu'entendez-vous, mon ami?

— J'entends du peuple, donc!

— Du peuple?

— Plus de 20,000 hommes, sans compter les femmes, dit Pitou triomphant.

— Le malheureux ! s'écria Bailly. Messieurs ! messieurs les électeurs !

Et d'une voix stridente, désespérée, il appela près de lui tous les assesseurs.

On n'entendit, à son récit, qu'exclamations, que cris d'angoisses.

Un silence de terreur s'établit, pendant lequel un bruit confus, lointain, inqualifiable, commença de pénétrer dans l'Hôtel-de-Ville, pareil à ces susurremens du sang, qui crie parfois aux oreilles, dans les crises cérébrales.

— Qu'est-ce cela ? demanda un électeur.

— Parbleu ! le bruit de la foule, répondit un autre.

Tout à coup une voiture roula rapidement sur la place ; elle renfermait deux hommes armés, qui en firent descendre un troisième, pâle et tremblant.

Derrière la voiture, conduite par Saint-Jean plus essoufflé que jamais, couraient une centaine de jeunes gens de douze à dix-huit ans, au teint hâve, aux yeux flamboyans.

Ils criaient : « Foulon ! Foulon ! » en courant presque aussi vite que les chevaux.

Les deux hommes armés cependant avaient quelques pas d'avance sur eux, ce qui leur donna le temps de pousser Foulon dans l'Hôtel-de-Ville, dont on ferma les portes sur ces aboyeurs enroués du dehors.

— Enfin, le voici, dirent-ils aux électeurs, qui attendaient au haut de l'escalier. Mordieu ! ce n'est pas sans peine.

— Messieurs ! messieurs! s'écria en tremblant Foulon, me sauverez-vous ?

— Ah ! monsieur, répondit Bailly avec un soupir, vous êtes un grand coupable !

— Cependant, monsieur, demanda Foulon de plus en plus troublé, il y aura, je l'espère, une justice pour me défendre ?

En ce moment, le tumulte extérieur redoubla.

— Cachez-le vite, s'écria Bailly aux gens qui l'entouraient, ou bien...

Il se retourna vers Foulon.

— Ecoutez, dit-il, la situation est assez grave pour que vous soyez consulté. Voulez-vous, peut-être en est-il temps encore, voulez-vous essayer de fuir par les derrières de l'Hôtel-de-Ville ?

— Oh! non, s'écria Foulon ; je serai reconnu, massacré !

— Préférez-vous rester au milieu de nous? Je ferai et ces messieurs feront tout ce qu'il sera humainement possible de faire pour vous défendre : n'est-ce pas, messieurs?

— Nous le promettons, crièrent les électeurs tout d'une voix.

— Oh! je préfère rester avec vous, messieurs. Messieurs, ne m'abandonnez pas.

— Je vous ai dit, monsieur, répondit Bailly avec dignité, que nous ferions tout ce qu'il serait humainement possible de faire pour vous sauver.

En ce moment une grande clameur prit naissance sur la place, se répandit dans les airs, et pénétra dans l'Hôtel-de-Ville par les fenêtres ouvertes.

— Entendez-vous? entendez-vous ? murmura Foulon pâlissant.

En effet, la foule débouchait hurlante, et effroyable à voir, de toutes les rues aboutissant à l'Hôtel-de-Ville, et surtout du quai Pelletier et de la rue de la Vannerie.

Bailly s'approcha d'une fenêtre.

Les yeux, les couteaux, les piques, les faulx et les mousquets reluisaient au soleil. En moins de dix minutes, la vaste place regorgea de monde. C'était tout le cortége de Foulon, dont avait parlé Pitou, et qui s'était encore augmenté des curieux qui, entendant un grand bruit, accouraient sur la place de Grève, comme vers un centre.

Toutes ces voix, et il y en avait plus de vingt mille, criaient :

— Foulon ! Foulon !

On vit alors les cent précurseurs de ces furieux désigner à toute cette masse hurlante la porte par laquelle Foulon était entré; cette porte fut menacée immédiatement, et l'on commença de l'abattre à coups de pieds, à coups de crosses de fusils et à coups de leviers.

Tout à coup elle s'ouvrit.

Les gardes de l'Hôtel-de-Ville apparurent et s'avancèrent sur les assaillants, qui reculèrent d'abord devant les baïonnettes, et tracèrent, dans leur première frayeur, un large espace vide devant la façade.

Cette garde s'établit sur les degrés et fit bonne contenance.

Les officiers, d'ailleurs, au lieu de menacer, haranguaient affectueusement la foule, et essayaient de la calmer par des protestations.

Bailly avait presque perdu la tête. C'était la première fois que le pauvre astronome se trouvait en face de la grande bourrasque populaire.

— Que faire? demandait-il aux électeurs, que faire?

— Le juger! s'écrièrent plusieurs voix.

— On ne juge pas sous l'intimidation de la foule, dit Bailly.

— Dame! dit Billot, avez-vous assez de troupes pour vous défendre?

— Nous n'avons pas deux cents hommes.

— Il faudrait du renfort, alors.

— Oh! si monsieur de Lafayette était prévenu, s'écria Bailly.

— Alors, prévenez-le.

— Qui le préviendra? Qui traversera les flots de cette multitude?

— Moi! répliqua Billot.

Et il se préparait à sortir.

Bailly l'arrêta.

— Insensé, dit-il, regardez cet océan. Vous serez englouti dans une seule de ses vagues. Si vous voulez arriver jusqu'à monsieur de Lafayette, et encore je ne réponds pas de vous, passez par les derrières. Allez.

— Bien! répondit simplement Billot.

Et il partit comme un trait.

XI.

LE BEAU-PÈRE.

Cependant, comme le prouvaient les rumeurs toujours croissantes de la foule, les esprits s'allumaient sur la place. Ce n'était déjà plus de la haine, c'était de l'horreur; on ne menaçait plus, on écumait.

Les cris : A bas Foulon ! Mort à Foulon ! se croisaient comme des projectiles mortels dans un bombardement ; la foule, toujours grossissant, venait étouffer pour ainsi dire les gardes à leurs postes.

Et déjà dans cette foule commençaient de circuler et de grandir ces bruits qui autorisent les violences.

Ces bruits ne menaçaient plus seulement Foulon, mais les électeurs qui le protégeaient.

— Ils ont laissé fuir le prisonnier ! disaient les uns.
— Entrons ! entrons ! disaient les autres.
— Incendions l'Hôtel-de-ville !
— En avant ! en avant !

Bailly comprit qu'il n'y avait plus qu'une ressource, puisque monsieur de Lafayette n'arrivait pas.

C'était que les électeurs eux-mêmes descendissent, se mêlassent aux groupes, et essayassent de convertir les plus furieux.

— Foulon ! Foulon !

Tel était le cri incessant, le rugissement sans relâche de ces flots en furie.

Un assaut général se préparait ; les murailles n'y eussent point résisté.

— Monsieur, dit Bailly à Foulon, si vous ne vous montrez pas à la foule, ces gens-là croiront que nous vous avons fait évader ; ils forceront la porte, ils entreront ici, et une fois entrés, s'ils vous trouvent, je ne vous réponds plus de rien.

— Oh ! je ne me savais pas si fort exécré, dit Foulon en laissant tomber ses bras inertes.

Et soutenu par Bailly, il se traîna jusqu'à la fenêtre.

Un cri terrible retentit à sa vue. Les gardes furent forcés, les portes enfoncées ; le torrent se précipita dans les escaliers, dans les corridors, dans les salles qui furent envahies en un instant.

Bailly jeta autour du prisonnier tout ce qu'il avait de gardes disponibles, puis il se mit à haranguer la foule.

Il voulait faire comprendre à ces hommes qu'assassiner, c'est quelquefois faire justice, mais jamais rendre justice.

Il y parvint après des efforts inouïs, après avoir risqué vingt fois sa propre existence.

— Oui ! oui ! s'écrièrent les assaillans, qu'on le juge ! qu'on le juge ! mais qu'on le pende !

Ils en étaient là de leur argumentation, quand monsieur de Lafayette arriva dans l'Hôtel-de-ville, conduit par Billot.

La vue de son panache tricolore, un des premiers que l'on eût portés, éteignit aussitôt le bruit et les colères.

Le commandant général de la garde nationale se fit faire passage, et répéta plus énergiquement encore que Bailly tout ce que Bailly avait dit déjà.

Son discours frappa tous ceux qui purent l'entendre, et la cause de Foulon fut gagnée dans la salle des électeurs.

Mais au dehors vingt mille furieux n'avaient point entendu monsieur de Lafayette, et demeuraient immuables dans leur frénésie.

— Allons ! acheva Lafayette, qui croyait tout naturellement que l'effet produit sur ceux qui l'entouraient s'étendait au dehors ; allons ! cet homme doit être jugé.

— Oui ! cria la foule.

— En conséquence, j'ordonne qu'on le conduise en prison, poursuivit Lafayette.

— En prison ! en prison ! hurla la foule.

En même temps le général fit un signe aux gardes de l'Hôtel-de-ville qui firent avancer le prisonnier.

La foule ne comprit rien, sinon que sa proie lui arrivait.

Elle n'eut pas même l'idée qu'on eût l'espérance de la lui disputer.

Elle sentait, pour ainsi dire, l'odeur de la chair fraîche qui descendait l'escalier.

Billot s'était placé à la fenêtre avec quelques électeurs, avec Bailly lui-même, pour suivre le prisonnier des yeux, tandis qu'il traverserait la place, sous l'escorte des gardes de la ville.

Chemin faisant, Foulon adressait çà et là des paroles perdues, qui témoignaient d'une terreur profonde, mal déguisée sous des protestations de confiance.

— Noble peuple! disait-il en descendant l'escalier, je ne crains rien ; je suis au milieu de mes concitoyens.

Et déjà les rires et les insultes se croisaient autour de lui, quand tout à coup il se trouva hors de la voûte sombre, au haut des escaliers donnant sur la place; l'air et le soleil vinrent lui frapper le visage.

Aussitôt un seul cri, cri de rage, hurlement de menace, rugissement de haine, s'élança de vingt mille poitrines. A cette explosion, les gardes sont soulevés de terre, rompus, dispersés, mille bras saisissent Foulon, l'enlèvent et le portent dans l'angle fatal, sous le réverbère, ignoble et brutal gibet des colères que le peuple appelait ses justices.

Billot, de sa fenêtre, voyait et criait ; les électeurs stimulaient aussi la garde, qui ne pouvait faire plus.

Lafayette, désespéré, se précipita hors de l'Hôtel-de-ville, mais il ne put même entamer les premiers rangs de cette foule, qui s'étendait pareille à un lac immense entre lui et le réverbère.

Montant sur les bornes pour mieux voir, s'accrochant aux fenêtres, aux saillies des édifices, à toutes les aspérités qui leur étaient offertes, les simples spectateurs encourageaient par leurs cris terribles cette effroyable effervescence des acteurs.

Ceux-ci se jouaient de leur victime, comme ferait une troupe de tigres d'une proie inoffensive.

Tous se disputaient Foulon. On comprit enfin, si l'on voulait jouir de son agonie, qu'il fallait se distribuer les rôles.

Sans cela il allait être mis en morceaux.

Les uns enlevèrent Foulon, qui déjà n'avait plus la force de crier.

Les autres, qui lui avaient ôté sa cravate et déchiré son habit, lui passèrent au cou une corde.

D'autres enfin, montés sur le réverbère, descendaient cette corde que leurs compagnons passaient au cou de l'ex-ministre.

Un instant, on éleva Foulon à la force des bras, et on le montra ainsi à la foule, la corde au cou et les mains liées derrière le dos.

Puis, quand la foule eut bien contemplé le patient, bien battu des mains, le signal fut donné, et Foulon, pâle, sanglant, fut hissé à la hauteur du bras de fer de la lanterne, au milieu d'une huée plus terrible que la mort.

Tous ceux qui jusque-là n'avaient rien pu voir, aperçurent alors l'ennemi public planant au-dessus de la foule.

De nouveaux cris retentirent; ceux-là, c'était contre les bourreaux qu'ils étaient poussés. Foulon allait-il donc mourir si vite?

Les bourreaux haussèrent les épaules et se contentèrent de montrer la corde.

La corde était vieille; on pouvait la voir s'effiler brin à brin. Les mouvemens désespérés que Foulon faisait dans son agonie achevèrent de briser le fil qui le retenait; enfin la corde cassa, et Foulon, à demi étranglé, retomba sur le pavé.

Il n'était qu'à la préface du supplice, il n'avait pénétré que dans le vestibule de la mort.

Chacun se précipita vers le patient; on était tranquille; il ne pouvait plus fuir; il venait, en tombant, de se rompre la jambe au dessous du genou.

Et, cependant quelques imprécations s'élevèrent, imprécations inintelligentes et calomnieuses : on accusait les exécuteurs, on les prenait pour des gens maladroits. Eux, si ingénieux au contraire, eux qui avaient choisi la corde ainsi vieille et usée, dans l'espérance que la corde casserait.

Espérance que l'événement, comme on voit, avait justifiée.

On fit un nœud à la corde et on la passa de nouveau au

col du malheureux, qui, à moitié mort, les yeux hagards, la voix étranglée, cherchait autour de lui si, dans cette ville qu'on appelle le centre de l'univers civilisé, une des baïonnettes de ce roi dont il a été ministre, et qui en possédait cent mille, ferait un trou dans cette horde de cannibales.

Mais rien autour de lui, rien que la haine, rien que l'insulte, rien que la mort.

— Au moins, tuez-moi sans me faire souffrir si atrocement, cria Foulon désespéré.

— Tiens, répondit une voix, pourquoi donc abrégerions-nous ton supplice, tu as assez fait durer le nôtre.

— Et puis, dit une autre, tu n'as pas encore eu le temps de digérer tes orties.

— Attendez ! attendez ! cria une troisième, on va lui amener son gendre, Berthier ; il y a place au réverbère en face.

— Nous verrons un peu la mine que se feront le beau-père et le gendre, ajouta un autre.

— Achevez-moi ! achevez-moi ! s'écriait le malheureux.

Pendant ce temps-là, Bailly et Lafayette priaient, suppliaient, s'écriaient, cherchant à enfoncer la foule ; tout à coup, Foulon s'élève de nouveau au bout de la corde, qui de nouveau se brise, et leurs prières, leurs supplications, leur agonie non moins douloureuse que celle du patient, se perd, s'éteint, se confond dans le rire universel qui accueille cette seconde chute.

Bailly et Lafayette, ces souverains arbitres trois jours auparavant de la volonté de six cent mille Parisiens, — aujourd'hui, l'enfant même ne les écoute plus. On murmure ; ils gênent, ils interrompent le spectacle.

Billot leur a inutilement prêté le concours de sa vigueur ; le robuste athlète a renversé vingt hommes, mais pour pénétrer jusqu'à Foulon il lui faudrait en renverser cinquante, cent, deux cents, et il est au bout de ses forces, et lorsqu'il s'arrête pour essuyer la sueur et le sang qui coulent de son front, Foulon s'élève une troisième fois jusqu'à la poulie du réverbère.

Cette fois on a eu pitié de lui, on a trouvé une corde neuve.

Enfin, le condamné est mort. La victime ne souffre plus.

Une demi-minute a suffi à la foule pour constater que l'étincelle de vie était éteinte. Maintenant le tigre a tué, il peut dévorer.

Le cadavre, précipité du haut de la lanterne, ne toucha même pas à la terre. Il fut mis en pièces auparavant.

La tête fut séparée du tronc en une seconde, et élevée en une seconde au bout d'une pique. C'était fort la mode à cette époque de porter ainsi la tête de ses ennemis.

A ce spectacle, Bailly fut épouvanté. Cette tête, c'était pour lui la Méduse antique.

Lafayette, pâle, l'épée à la main, écartait de lui avec dégoût les gardes, qui essayaient de s'excuser d'avoir été les moins forts.

Billot, trépignant de colère et ruant à droite et à gauche, comme un de ses fougueux chevaux du Perche, rentra à l'Hôtel-de-ville pour ne plus rien voir de ce qui se passait sur cette place ensanglantée.

Quant à Pitou, sa fougue de vengeance populaire s'était changée en un mouvement convulsif, et il avait gagné la berge de la rivière, où il fermait les yeux et se bouchait les oreilles pour ne plus voir et ne plus entendre.

La consternation régnait à l'Hôtel de ville; les électeurs commençaient à comprendre qu'ils ne dirigeraient jamais les mouvemens du peuple que dans le sens qui conviendrait au peuple.

Tout à coup, pendant que les furieux s'amusent à traîner dans le ruisseau le corps décapité de Foulon, un nouveau cri, un nouveau tonnerre roule par delà les ponts.

Un courrier se précipite. La nouvelle qu'il apporte, la foule la sait déjà. Elle l'a devinée sur l'indication de ses plus habiles meneurs, comme la meute qui prend la trace d'après l'inspiration du plus exercé des limiers.

La foule s'empresse autour du courrier, qu'elle enveloppe; elle sent qu'il a touché une nouvelle proie; elle flaire qu'il vient parler de monsieur Berthier.

C'était vrai.

Interrogé par dix mille bouches à la fois, le courrier est forcé de répondre :

— Monsieur Berthier de Sauvigny a été arrêté à Compiègne.

Puis il pénètre dans l'Hôtel-de-ville, où il annonce la même chose à Lafayette et à Bailly.

— Bien, bien, je le savais, dit Lafayette.

— Nous le savions, dit Bailly, et les ordres sont donnés pour qu'il soit gardé là.

— Gardé là ? répète le courrier.

— Sans doute, j'ai envoyé deux commissaires avec une escorte.

— Une escorte de deux cent cinquante hommes, n'est-ce pas ? dit un électeur : c'est plus que suffisant.

— Messieurs, dit le courrier, voici justement ce que je viens vous dire ; l'escorte a été dispersée et le prisonnier enlevé par la multitude.

— Enlevé ! s'écrie Lafayette. L'escorte s'est laissé enlever son prisonnier ?

— Ne l'accusez pas, général, tout ce qu'elle a pu faire, elle l'a fait.

— Mais monsieur Berthier ? demanda avec anxiété Bailly.

— On l'amène à Paris, dit le courrier, et il est au Bourget en ce moment.

— Mais s'il vient jusqu'ici, s'écria Billot, il est perdu !

— Vite ! vite ! s'écria Lafayette, cinq cents hommes au Bourget. Que les commissaires et monsieur Berthier s'y arrêtent, qu'ils y couchent ; pendant la nuit nous aviserons.

— Mais qui osera se charger de cette commission ? dit le courrier, qui regardait avec terreur par la fenêtre cette mer houleuse dont chaque flot jetait son cri de mort.

— Moi ! s'écria Billot, celui-là je le sauverai.

— Mais vous y périrez, s'écria le courrier, la route est noire de monde.

— Je pars, dit le fermier,

— Inutile, murmura Bailly, qui venait de prêter l'oreille. Écoutez ! Écoutez !

Alors on entendit du côté de la porte Saint-Martin un bruit pareil au rugissement de la mer sur les galets.

Ce bruit furieux s'échappait par-dessus les maisons, comme la vapeur bouillonnante s'échappe par-dessus les bords d'un vase.

— Trop tard! dit Lafayette.

— Ils viennent! ils viennent! murmura le courrier; les entendez-vous?

— Un régiment! un régiment! cria Lafayette, avec cette généreuse folie de l'humanité qui était le côté brillant de son caractère.

— Eh! mordieu! s'écria Bailly, qui jurait pour la première fois peut-être, oubliez-vous que notre armée, à nous, c'est justement cette foule que vous voulez combattre?

Et il cacha son visage entre ses mains.

Les cris qu'on avait entendus au loin s'étaient communiqués, de la foule entassée dans les rues à la foule entassée sur la place, avec la rapidité d'une traînée de poudre.

XII.

LE GENDRE.

On vit alors ceux qui insultaient les tristes restes de Foulon abandonner leur jeu sanglant pour s'élancer au devant d'une vengeance nouvelle.

Les rues adjacentes à la place dégorgèrent immédiatement une grande partie de cette foule hurlante, qui se rua couteaux levés et poings menaçans vers la rue Saint-Martin, à la rencontre du nouveau cortége de mort.

La jonction fut bientôt faite, il y avait hâte égale des deux côtés.

Alors voici ce qui arriva :

Quelques-uns de ces ingénieux que nous avons vus à la

place de Grève, apportaient au gendre, au bout d'une pique, la tête de son beau-père.

Monsieur Berthier arrivait par la rue Saint-Martin avec le commissaire, il était à peu près à la hauteur de la rue Saint-Merry.

Il était dans son cabriolet, voiture éminemment aristocratique à cette époque, voiture signalée à l'animadversion populaire, qui avait eu tant de fois à se plaindre de la rapidité de la course des petits-maîtres, ou des danseuses qui conduisaient elles-mêmes, et qui, emportés par un cheval ardent, écrasaient souvent, éclaboussaient toujours.

Berthier, au milieu des cris, des huées, des menaces, s'avançait pas à pas, causant tranquillement avec l'électeur Rivière, ce commissaire envoyé à Compiègne pour le sauver, et qui, abandonné par son compagnon, avait eu bien de la peine à se sauver lui-même.

Le peuple avait commencé par le cabriolet; il en avait brisé la capote, de sorte que Berthier et son compagnon se trouvaient à découvert, exposés à tous les regards et à tous les coups.

Chemin faisant, il s'entendait rappeler ses crimes, commentés, grossis par la fureur populaire.

— Il avait voulu affamer Paris.

— Il avait ordonné qu'on coupât les seigles et les blés verts, et la hausse s'étant faite sur les grains, il avait réalisé des sommes énormes.

— Non-seulement il avait fait cela, disait-on, ce qui était bien assez, mais encore il conspirait.

On avait saisi un portefeuille sur lui; dans ce portefeuille étaient des lettres incendiaires, des ordres de massacre, la preuve que dix milliers de cartouches avaient été distribués à ses agens.

C'étaient de monstrueuses absurdités, mais, comme on le sait, la foule, arrivée au paroxysme de sa colère, débite comme véritables les nouvelles les plus insensées.

Celui qu'on accusait de tout cela était un homme jeune encore, de trente à trente-deux ans, élégamment vêtu, presque souriant au milieu des coups et des injures; il regardait autour de lui, avec une insouciance parfaite, les

6.

écriteaux infâmes qu'on lui montrait, et causait sans forfanterie avec Rivière.

Deux hommes, irrités de son assurance, avaient voulu l'effrayer et dégrader son attitude. Ils s'étaient placés à chacun des marchepieds du cabriolet, appuyant l'un et l'autre sur la poitrine de Berthier la baïonnette de leur fusil.

Mais Berthier, brave jusqu'à la témérité, ne s'était pas ému pour si peu ; il avait continué de causer avec l'électeur, comme si ces deux fusils n'eussent été qu'un accessoire inoffensif du cabriolet.

La foule, profondément irritée de ce dédain, qui contrastait d'une façon si opposée avec la terreur de Foulon, la foule rugissait autour de la voiture et attendait avec impatience le moment où, au lieu d'une menace, elle pourrait infliger une douleur.

C'est alors que Berthier fixa son regard sur quelque chose d'informe et d'ensanglanté qu'on agitait devant lui, et reconnut tout à coup la tête de son beau-père, qui s'inclinait jusqu'à la hauteur de ses lèvres.

On voulait la lui faire baiser.

Monsieur Rivière, indigné, écarta la pique avec sa main.

Berthier le remercia d'un geste, et ne daigna pas même se retourner pour suivre de l'œil ce hideux trophée que les bourreaux portaient derrière le cabriolet, au-dessus de la tête de Berthier.

On arriva ainsi sur la place de Grève, et le prisonniers après des efforts inouïs de la garde qu'on avait ralliée à la hâte, fut remis dans les mains des électeurs, à l'Hôtel-de-ville.

Dangereuse mission, terrible responsabilité qui fit de nouveau pâlir Lafayette et bondir le cœur du maire de Paris.

La foule, après avoir un peu déchiqueté le cabriolet, abandonné au pied des degrés de l'Hôtel-de-ville, s'installa aux bonnes places, garda toutes les issues, fit ses dispositions, et prépara des cordes neuves aux poulies des réverbères.

Billot, à la vue de Berthier qui montait tranquillement le

grand escalier de l'Hôtel-de-ville, ne put s'empêcher de pleurer amèrement et de s'arracher les cheveux.

Pitou, qui avait quitté la berge et qui était remonté sur le quai quand il avait cru que le supplice de Foulon était achevé; Pitou, épouvanté, malgré sa haine pour monsieur Berthier, coupable à ses yeux, non-seulement de tout ce qu'on lui reprochait, mais encore d'avoir donné des boucles d'or à Catherine, Pitou s'accroupit en sanglotant derrière une banquette.

Pendant ce temps, Berthier, comme s'il se fût agi d'un autre que lui, était entré dans la salle du conseil et causait avec les électeurs.

Il en connaissait la plus grande partie, et même était familier avec quelques-uns.

Ceux-là s'éloignaient de lui avec la terreur qu'inspire aux âmes timides le contact d'un homme impopulaire.

Aussi, Berthier se vit-il bientôt à peu près seul avec Bailly et Lafayette.

Il se fit raconter tous les détails du supplice de Foulon; puis, haussant les épaules :

— Oui, dit-il, je comprends cela. On nous hait, parce que nous sommes les outils avec lesquels la royauté a torturé le peuple.

— On vous reproche de grands crimes, monsieur, dit sévèrement Bailly.

— Monsieur, dit Berthier, si j'avais commis tous les crimes que l'on me reproche, je serais moins ou plus qu'un homme, un animal féroce ou un démon : mais on me va juger, à ce que je présume, et alors le jour se fera.

— Sans doute, dit Bailly.

— Eh bien ! continua Berthier, c'est tout ce que je désire. On a ma correspondance, on verra à quels ordres j'ai obéi, et la responsabilité retombera sur qui de droit.

Les électeurs jetèrent les yeux sur la place, d'où s'échappaient d'effroyables rumeurs.

Berthier comprit la réponse.

Alors Billot, fendant la foule qui entourait Bailly, s'approcha de l'intendant, et lui offrant sa bonne grosse main :

— Bonjour, monsieur de Sauvigny, lui dit-il.

— Tiens ! c'est toi, Billot, s'écria Berthier riant et saisissant d'une main ferme la main qui lui était offerte ; tu viens donc faire des émeutes à Paris, mon brave fermier, toi qui vendais si bien ton blé aux marchés de Villers-Cotterets, de Crépy et de Soissons ?

Billot, malgré ses tendances démocratiques, ne put s'empêcher d'admirer la tranquillité de cet homme qui plaisantait ainsi quand sa vie tenait à un fil.

— Installez-vous, messieurs, dit Bailly aux électeurs, nous allons commencer l'instruction contre l'accusé.

— Soit, dit Berthier ; mais je vous avertis d'une chose, messieurs, c'est que je suis épuisé ; depuis deux jours je n'ai pas dormi ; aujourd'hui, de Compiègne à Paris, j'ai été heurté, battu, tiraillé ; quand j'ai demandé à manger, on m'a offert du foin, ce qui est assez peu restaurant ; faites-moi donner un endroit où je puisse dormir, ne fût-ce qu'une heure.

En ce moment, Lafayette sortit un instant pour s'informer. Il rentra dans la salle plus abattu que jamais.

— Mon cher Bailly, dit-il au maire, l'exaspération est au comble ; garder monsieur Berthier ici, c'est s'exposer à un siége ; défendre l'Hôtel-de-Ville, c'est donner aux furieux le prétexte qu'ils demandent ; ne pas défendre l'Hôtel-de-Ville, c'est prendre l'habitude de céder toutes les fois qu'on attaquera.

Pendant ce temps Berthier s'était assis, puis couché sur une banquette.

Il s'apprêtait à dormir.

Les cris forcenés arrivaient à lui par la fenêtre, mais ne le troublaient point : son visage conservait la sérénité de l'homme qui oublie tout pour laisser monter le sommeil à son front.

Bailly délibérait avec les électeurs et Lafayette.

Billot regardait Berthier.

Lafayette recueillit rapidement les voix, et s'adressant au prisonnier qui commençait à s'assoupir :

— Monsieur, lui dit-il, veuillez vous tenir prêt.

Berthier poussa un soupir, puis, se soulevant sur son coude :

— Prêt à quoi? demanda-t-il.

— Ces messieurs ont décidé que vous allez être transféré à l'Abbaye.

— A l'Abbaye ; soit, dit l'intendant. Mais, ajouta-t-il en regardant les électeurs embarrassés et dont il comprenait l'embarras, *d'une façon* ou *d'autre*, finissons-en.

Une explosion de colères et d'impatiences longtemps enchaînées jaillit de la Grève.

— Non, messieurs, non, s'écria Lafayette, nous ne le laisserons pas partir en ce moment.

Bailly prit une résolution dans son cœur et dans son courage, il descendit avec deux électeurs sur la place et commanda le silence.

Le peuple savait aussi bien que lui ce qu'il allait dire; comme il avait l'intention de recommencer le crime, il ne voulut pas même entendre le reproche, et comme Bailly ouvrait la bouche, une clameur immense s'éleva de la foule, brisant sa voix avant même qu'elle ne se fît entendre.

Bailly, voyant qu'il lui serait impossible d'articuler une seule parole, reprit le chemin de l'Hôtel-de-Ville, poursuivi par les cris de : — Berthier ! Berthier !

Puis d'autres cris perçaient au milieu de ceux-là, comme ces notes aiguës qui se font tout à coup entendre dans ces chœurs de démons de Weber ou de Meyerbeer, criant : — A la lanterne ! à la lanterne !

En voyant revenir Bailly, Lafayette s'élança à son tour. Il est jeune, il est ardent, il est aimé. Ce que le vieillard n'a pu obtenir avec sa popularité d'hier, lui, l'ami de Washington et de Necker, il l'obtiendra sans doute du premier mot.

Mais en vain le général du peuple pénétra-t-il dans les groupes les plus furieux ; en vain parla-t-il au nom de la justice et de l'humanité; en vain, reconnaissant ou feignant de reconnaître certains meneurs, supplia-t-il en serrant les mains, en arrêtant les pas de ces hommes;

Pas une de ses paroles ne fut écoutée, pas un de ses gestes ne fut compris, pas une de ses larmes ne fut vue.

Repoussé de degré en degré, il s'agenouilla sur le perron de l'Hôtel-de-Ville, conjurant ces tigres, qu'il appelait ses concitoyens, de ne pas déshonorer leur nation, de ne pas se déshonorer eux-mêmes, de ne pas ériger en martyrs des coupables à qui la loi devait une part d'infamie avec une part de châtiment.

Comme il insistait, les menaces vinrent jusqu'à lui, mais il lutta contre les menaces. Quelques forcenés alors lui montrèrent le poing et levèrent sur lui leurs armes.

Il alla au devant de leurs coups, et leurs armes s'abaissèrent.

Mais, si l'on venait de menacer Lafayette, on menaçait d'autant Berthier.

Lafayette, vaincu, rentra comme Bailly à l'Hôtel-de-Ville.

Les électeurs avaient tous vu Lafayette impuissant contre la tempête ; c'était leur dernier rempart renversé.

Ils décidèrent que la garde de l'Hôtel-de-Ville allait conduire Berthier à l'Abbaye.

C'était envoyer Berthier à la mort.

— Enfin ! dit Berthier quand la décision fut prise.

Et regardant tous ces hommes avec un profond mépris, il se plaça au milieu des gardes, après avoir remercié d'un signe Bailly et Lafayette, et avoir à son tour tendu la main à Billot.

Bailly détourna son regard plein de larmes, Lafayette ses yeux pleins d'indignation.

Berthier descendit l'escalier de l'Hôtel-de-Ville du même pas qu'il l'avait monté.

Au moment où il apparut sur le perron, une effroyable clameur, partie de la place, fit trembler jusqu'aux degrés de pierre sur lesquels il posait le pied.

Mais lui, dédaigneux et impassible, regardant tous ces yeux flamboyans avec des yeux calmes, et haussant les épaules, prononça ces paroles :

— Que ce peuple est bizarre. Qu'a-t-il donc à hurler ainsi ?

Il n'avait pas achevé, que déjà il lui appartenait à ce peuple. Sur le perron même, des bras l'allèrent chercher au milieu de ses gardes. Des crochets de fer l'attirèrent, le pied lui manqua, et il roula dans les bras de ses ennemis, qui, en une seconde, eurent dissipé l'escorte.

Puis un flot irrésistible entraîna le prisonnier sur le chemin souillé de sang que Foulon avait pris deux heures auparavant.

Un homme était déjà sur le réverbère fatal, tenant une corde à la main.

Mais à Berthier s'était cramponné un autre homme, cet homme distribuait avec rage, avec délire, des coups et des imprécations aux bourreaux.

Il s'écriait :

— Vous ne l'aurez pas ! vous ne le tuerez pas !

Cet homme, c'était Billot, que le désespoir avait rendu fou, et fort comme vingt hommes.

Aux uns, il criait :

— Je suis un des vainqueurs de la Bastille !

Et quelques-uns, le reconnaissant en effet, mollissaient dans leurs attaques.

Aux autres, il disait :

— Laissez-le juger ; je me porte garant pour lui ; si on le fait évader, vous me pendrez à sa place.

Pauvre Billot ! pauvre honnête homme ! Le tourbillon l'emportait, lui et Berthier, comme une trombe emporte à la fois une plume et une paille dans ses vastes spirales.

Il marchait sans s'en apercevoir, sans rien apercevoir. Il était arrivé.

La foudre eût été moins rapide.

Berthier, qu'on avait emmené à reculons, Berthier, qu'on avait soulevé, voyant qu'on s'arrêtait, se retourna, leva les yeux, et aperçut l'infâme licou qui se balançait au-dessus de sa tête.

Par un effort aussi violent qu'inattendu, il se dégagea des mains qui l'étreignaient, arracha un fusil aux mains d'un garde national, et fondit à coups de baïonnette sur les bourreaux.

Mais, en une seconde, mille coups l'atteignirent par derrière ; il tomba, et mille autres coups partant d'un cercle plongèrent sur lui.

Billot avait disparu sous les pieds des assassins.

Berthier n'eut pas le temps de souffrir. Son sang et son âme s'élancèrent à la fois de son corps par mille blessures.

Alors Billot put apercevoir un spectacle plus hideux encore que tout ce qu'il avait vu jusqu'alors. Il vit un homme plonger sa main dans la poitrine ouverte du cadavre, et en tirer son cœur tout fumant.

Puis, piquant ce cœur à la pointe de son sabre, au milieu de la foule hurlante qui s'ouvrait sur son passage, il l'alla déposer sur la table du grand conseil, où les électeurs tenaient leurs séances.

Billot, cet homme de fer, ne put résister à cette vue; il tomba sur une borne à dix pas du fatal réverbère.

Lafayette, en voyant cette insulte infâme faite à son autorité, faite à la révolution qu'il dirigeait, ou plutôt qu'il avait cru diriger, Lafayette brisa son épée et en jeta les morceaux à la tête des assassins.

Pitou alla ramasser le fermier, l'emporta dans ses bras, en lui soufflant à l'oreille ;

— Billot! père Billot! prenez garde ; s'ils voyaient que vous vous trouvez mal, ils vous prendraient pour son complice, et vous tueraient aussi. Ce serait dommage... un si bon patriote!

Là-dessus, il l'entraîna vers la rivière, le dissimulant du mieux qu'il lui était possible aux regards de quelques zélés qui murmuraient.

XIII.

BILLOT COMMENCE A S'APERCEVOIR QUE TOUT N'EST PAS ROSES DANS LES RÉVOLUTIONS.

Billot qui avait, conjointement avec Pitou, trempé dans toutes les libations glorieuses, commença de s'apercevoir que les calices arrivaient.

Lorsqu'il eut repris ses sens à la fraîcheur de la rivière :

— Monsieur Billot, dit Pitou, je regrette Villers-Cotterets; et vous?

Ces mots, comme une fraîche sensation de vertu et de calme, réveillèrent le fermier, qui retrouva sa vigueur pour fendre la foule et s'éloigner de cette boucherie.

— Viens, dit-il à Pitou, tu as raison.

Et il se décida à venir trouver Gilbert, qui habitait à Versailles, et qui, sans être retourné près de la reine depuis le voyage du roi à Paris, était devenu le bras droit de Necker rentré au ministère, abandonnant le roman de sa vie pour l'histoire de tous, et essayant d'organiser la prospérité en généralisant la misère.

Pitou le suivit, comme toujours.

Tous deux furent introduits dans le cabinet où travaillait le docteur.

— Docteur, dit Billot, je retourne à ma ferme.
— Et pourquoi cela? demanda Gilbert.
— Parce que je hais Paris.
— Ah! oui, je comprends, dit froidement Gilbert, vous êtes las.
— Excédé.
— Vous n'aimez plus la révolution?
— Je voudrais la voir finie.

Gilbert sourit tristement.

— Elle commence, dit-il.
— Oh! fit Billot.
— Cela vous étonne, Billot? demanda Gilbert.
— Ce qui m'étonne, c'est votre sang-froid.
— Mon ami, demanda Gilbert à Billot, savez-vous d'où me vient ce sang-froid?
— Il ne peut venir que d'une conviction.
— Précisément.
— Et quelle est cette conviction?
— Devinez.
— Que tout finira bien.

Gilbert sourit plus tristement encore que la première fois.

— Non, au contraire, de la conviction que tout finira mal.

Billot se récria.

Quant à Pitou, il écarquilla des yeux énormes : il trouvait l'argumentation peu logique.

— Voyons, dit Billot en se grattant l'oreille avec sa grosse main, voyons, car je ne comprends pas bien, il me semble.

— Prenez une chaise, Billot, dit Gilbert, et vous placez bien près de moi.

Billot obéit.

— Bien près, plus près, que vous m'entendiez, mais que personne ne m'entende.

— Et moi, monsieur Gilbert, demanda timidement Pitou, faisant signe qu'il était prêt à se retirer si Gilbert le désirait.

— Oh ! non, reste, dit le docteur. Tu es jeune, écoute.

Pitou ouvrit des oreilles égales à la circonférence de ses yeux et s'assit à terre près de la chaise du père Billot.

C'était un assez curieux spectacle que celui d'un conciliabule pareil, tenu par ces trois hommes dans le cabinet de Gilbert, auprès d'un bureau écrasé de lettres, de papiers, d'imprimés frais et de journaux, à quatre pas d'une porte qu'assiégeaient, sans pouvoir la forcer des solliciteurs ou des plaignans, contenus par un commis vieux, presqu'aveugle et manchot.

— J'écoute, dit Billot ; expliquez-vous, maître. Comment tout finira-t-il mal ?

— Voici, Billot. Savez-vous ce que je fais en ce moment, mon ami ?

— Vous écrivez des lignes.

— Mais le sens de ces lignes, Billot ?

— Comment, vous voulez que je devine cela, moi qui ne sais pas même les lire.

Pitou leva timidement la tête et jeta les yeux sur le papier qui était devant le docteur.

— Il y a des chiffres, dit-il.

— Voilà, il y a des chiffres. Eh bien ! ces chiffres sont à la fois la ruine et le salut de la France.

— Tiens ! fit Billot.

— Tiens ! tiens ! répéta Pitou.

— Ces chiffres-là imprimés demain, continua le docteur, iront demander au palais du roi, au château des nobles et aux chaumières des pauvres le quart de leur revenu.

— Hein? fit Billot.

— Oh! ma pauvre tante Angélique, murmura Pitou, quelle grimace elle va faire!

— Qu'en dites-vous, mon brave? continua Gilbert. On fait des révolutions, n'est-ce pas? Eh bien! on les paie.

— C'est juste, répondit héroïquement Billot. Eh bien! soit, on paiera.

— Parbleu! fit Gilbert, vous êtes un homme convaincu, et votre réponse n'a rien qui m'étonne; mais ceux qui ne sont pas convaincus...

— Ceux qui ne le sont pas?...

— Oui, que feront-ils?

— Ils résisteront, fit Billot d'un ton qui voulait dire qu'il résisterait vigoureusement, lui, si on lui demandait le quart de son revenu pour accomplir une œuvre contraire à ses convictions.

— Alors, lutte, fit Gilbert.

— Mais la majorité, dit Billot.

— Achevez, mon ami.

— La majorité est là pour imposer sa volonté.

— Donc, oppression.

Billot regarda Gilbert avec doute d'abord, puis, un éclair intelligent brilla dans son œil.

— Attendez, Billot, fit le docteur; je sais ce que vous allez me dire. Les nobles et le clergé ont tout, n'est-ce pas?

— C'est certain, dit Billot. Aussi les couvens...

— Les couvens?

— Les couvens regorgent.

— *Notum certumque*, grommela Pitou.

— Les nobles ne paient pas un impôt comparatif. Ainsi, moi fermier, je paie plus du double d'impôts, à moi seul, que les trois frères de Charny mes voisins, qui ont à eux trois plus de deux cent mille livres de rente.

— Mais, voyons, continua Gilbert, croyez-vous que les nobles et les prêtres soient moins Français que vous?

Pitou dressa l'oreille à cette proposition, qui sonnait l'hérésie en un temps où le patriotisme se mesurait à la solidité des coudes sur la place de Grève.

— Vous n'en croyez rien, n'est-ce pas? mon ami : vous ne pouvez reconnaître que ces nobles et ces prêtres qui absorbent tout et ne rendent rien soient aussi patriotes que vous?

— C'est vrai.

— Erreur, mon cher, erreur. Ils le sont plus, et je vais vous le prouver.

— Oh! par exemple, fit Billot, je nie.

— A cause des priviléges, n'est-ce pas?

— Pardieu!

— Attendez.

— Oh! j'attends.

— Eh bien! je vous certifie, Billot, que d'ici à trois jours, l'homme le plus privilégié qui soit en France sera l'homme qui ne possédera rien.

— Alors, ce sera moi, dit gravement Pitou.

— Eh bien! oui, ce sera toi.

— Comment cela? fit le fermier.

— Ecoutez, Billot : ces nobles et ces ecclésiastiques que vous accusez d'égoïsme, les voilà qui commencent à être pris de cette fièvre de patriotisme qui va faire le tour de la France. En ce moment, ils s'assemblent comme les moutons au bord du fossé; ils délibèrent; le plus hardi va sauter, après-demain, demain, ce soir peut-être. Et, après lui, tous sauteront.

— Qu'est-ce à dire, monsieur Gilbert?

— C'est à dire que faisant l'abandon de leurs prérogatives, seigneurs féodaux, ils lâcheront leurs paysans; seigneurs terriens, leurs fermages et leurs redevances; nobles à colombiers, leurs pigeons.

— Oh! oh! fit Pitou stupéfait, vous croyez qu'ils lâcheront tout cela?

— Oh! s'écria Billot illuminé, mais c'est la liberté splendide, cela.

— Eh bien! après, quand nous serons tous libres, que ferons-nous?

— Dame! fit Billot un peu embarrassé, ce que nous ferons? on verra.

— Ah! voilà le mot suprême! s'écria Gilbert. On verra!

Il se leva d'un air sombre, se promena silencieux pendant quelques instans; puis, revenant au fermier, dont il prit la main calleuse avec une sévérité qui ressemblait à de la menace :

— Oui, dit-il, on verra. Oui, nous verrons. Nous verrons tous, toi comme moi, moi comme toi, moi comme lui. Et voilà justement ce à quoi je songeais tout à l'heure, quand tu m'as trouvé ce sang-froid qui t'a tant surpris.

— Vous m'effrayez! le peuple uni, s'embrassant, s'agglomérant pour concourir à la prospérité commune, c'est un sujet qui vous assombrit, monsieur Gilbert?

Celui-ci haussa les épaules.

— Alors, continua Billot interrogeant à son tour, que direz-vous de vous-même, si vous doutez aujourd'hui, après avoir tout préparé dans l'ancien monde en donnant la liberté au nouveau?

— Billot, reprit Gilbert, tu viens, sans t'en douter, de prononcer un mot qui est le sens de l'énigme. Ce mot que prononce Lafayette et que nul peut-être, à commencer par lui, ne comprend, où nous avons donné la liberté au Nouveau-Monde.

— Nous, Français. C'est bien beau.

— C'est bien beau, mais ce sera bien cher, dit tristement Gilbert.

— Bah! l'argent est dépensé, la carte est payée, dit joyeusement Billot. Un peu d'or, beaucoup de sang, et la dette est acquittée.

— Aveugle! dit Gilbert, aveugle qui ne voit pas dans cette aurore d'Occident — le germe de notre ruine à tous — hélas! Pourquoi les accuserais-je, moi qui ne l'ai pas vue plus qu'eux. Avoir donné la liberté au Nouveau-Monde, Billot, — j'en ai bien peur, — c'est avoir perdu l'ancien.

— *Rerum novus nascitur ordo,* dit Pitou avec un grand aplomb révolutionnaire.

— Silence! enfant, dit Gilbert.

— Etait-il donc plus malaisé, reprit Billot, de soumettre les Anglais que de calmer les Français ?

— Nouveau monde, répéta Gilbert, c'est à dire place nette, table rase ; pas de lois, mais pas d'abus ; pas d'idées, mais pas de préjugés. En France, trente mille lieues carrées pour trente millions d'hommes ; c'est à dire, en cas de partage de la place, à peine à chacun pour un berceau et une tombe. Là-bas, en Amérique, deux cent mille lieues carrées pour trois millions d'hommes ; des frontières idéales avec le désert, c'est à dire l'espace avec la mer, c'est à dire avec l'immensité ; dans ces deux cent mille lieues des fleuves navigables pendant mille lieues ; des forêts vierges dont Dieu seul connaît la profondeur, c'est à dire tous les élémens de la vie, de la civilisation et de l'avenir. Oh ! que c'est facile, Billot, quand on s'appelle Lafayette et qu'on a l'habitude de ces épées, quand on s'appelle Washington et qu'on a l'habitude de la pensée, que c'est facile de combattre des murailles de bois, de terre, de pierre ou de chair humaine ; mais lorsqu'au lieu de fonder on détruit, lorsqu'on voit dans le vieil ordre de choses qu'on attaque des murailles d'idées croulant, et derrière les ruines même de ces murailles se réfugier tant de gens et tant d'intérêts ; quand après avoir trouvé l'idée on voit que pour la faire adopter à un peuple il faudra peut-être décimer ce peuple, depuis le vieillard qui se souvient jusqu'à l'enfant qui apprendrait, depuis le monument qui est la mémoire jusqu'au germe qui est l'instinct, alors, oh ! alors, Billot, c'est une tâche qui fait frémir ceux qui voient au-delà de l'horizon. J'ai la vue longue, Billot, et je frémis.

— Pardon, monsieur, dit Billot, avec son gros bon sens ; vous m'accusiez tout à l'heure de haïr la révolution, et voilà que vous me la faites exécrable.

— Mais t'ai-je dit que je renonçais ?

— *Errare humanum est,* murmura Pitou, *sed perseverare diabolicum.*

Et il ramena à lui ses pieds avec ses mains.

— Je persévérerai cependant, continua Gilbert, car tout en voyant les obstacles j'entrevois le but, et le but est splendide, Billot. Ce n'est pas seulement la liberté de la France que je rêve, c'est la liberté du monde entier ; ce n'est pas l'égalité physique, c'est l'égalité devant la loi; ce n'est pas la fraternité devant les citoyens, c'est la fraternité entre les peuples. J'y perdrai peut-être mon âme et j'y laiserai peut-être mon corps, continua mélancoliquement Gilbert ; mais n'importe, le soldat qu'on envoie à l'assaut d'une fortesse voit les canons, voit les boulets qu'on y fourre, voit la mèche qu'on en approche ; il voit plus encore : il voit la direction dans laquelle ils sont pointés ; il sent que ce morceau de fer noir viendra lui trouer la poitrine, mais il va, il faut que la forteresse soit prise. Eh bien ! nous sommes tous soldats, père Billot. En avant ! et que sur la jonchée de nos corps marchent un jour les générations dont cet enfant que voici est l'avant-garde.

— Je ne sais vraiment pas pourquoi vous désespérez, monsieur Gilbert, est-ce parce qu'un malheureux a été égorgé sur la place de Grève ?

— Pourquoi as-tu de l'horreur alors ?—va Billot ! égorge aussi.

— Oh ! que dites-vous là, monsieur Gilbert !

— Dame ! il faut être conséquent. — Tu es venu tout pâle, tout tremblant, toi si brave et si fort, et tu m'as dit : je suis excédé ; je t'ai ri au visage, Billot, et voilà que quand je t'explique pourquoi tu étais pâle, pourquoi tu étais excédé, — c'est toi qui ris de moi à ton tour.

— Parlez ! parlez ! mais d'abord laissez-moi l'espoir que je retournerai guéri, consolé, dans mes campagnes.

— Les campagnes, écoute, Billot, tout notre espoir est là. La campagne, — révolution dormante, qui remue tous les mille ans et qui donne le vertige à la royauté toutes les fois qu'elle remue. La campagne remuera à son tour, lorsque viendra l'heure d'acheter ou de conquérir ces biens mal acquis dont tu parlais tout à l'heure et qui engorgent la noblesse ou le clergé. Mais, pour pousser la campagne à la récolte des idées, il faut pousser le paysan à la conquête de la terre. L'homme, en devenant propriétaire, devient libre, et, en devenant libre, devient meilleur. A nous autres donc, ouvriers privilégiés, pour qui Dieu consent à soulever le voile de l'avenir, à nous le travail terrible qui, après avoir donné au peuple la liberté, lui donnera la propriété. — Ici, Billot, bonne œuvre et mauvaise récompense peut-être ; mais œuvre active, puissante, pleine de joies et de douleurs, pleine de gloire et de calomnie ; là-bas, sommeil froid et impuissant, dans l'attente d'un réveil qui se fera à notre voix, d'une aurore qui viendra de nous.

Une fois la campagne réveillée, notre labeur ensanglanté sera fini, à nous, et son labeur paisible commencera, à elle.

— Quel conseil me donnez-vous donc alors, monsieur Gilbert.

— Veux-tu être utile à ton pays, à ta nation, à tes frères, au monde, reste ici, Billot ; prends un marteau et travaille à cet atelier de Vulcain, qui forge des foudres pour le monde.

— Rester pour voir égorger, pour en venir peut-être à égorger moi-même ?

— Comment cela, fit Gilbert avec un pâle sourire. Toi égorger, Billot, que dis-tu donc là ?

— Je dis que si je reste ici, comme vous m'y invitez, s'écria Billot tout tremblant, je dis que le premier que je verrai attacher une corde à une lanterne, je dis que celui-là je le pendrai avec les mains que voilà.

Gilbert acheva de dessiner son fin sourire.

— Allons, dit-il, tu me comprends, et te voilà égorgeur aussi.

— Oui, égorgeur de scélérats.

— Dis-moi, Billot, tu as vu égorger de Losme, de Launay, Flesselle, Foulon et Berthier ?

— Oui.

— Comment ceux qui les égorgeaient les appelaient-ils ?

— Des scélérats.

— Oh ! c'est vrai, dit Pitou, ils les appelaient des scélérats.

— Oui, mais c'est moi qui ai raison, dit Billot.

— Tu auras raison si tu pends, oui ; mais si tu es pendu, tu auras tort.

Billot baissa la tête sous ce coup de massue ; puis tout à coup, la relevant avec noblesse :

— Me soutiendrez-vous, dit-il, que ceux-là qui assassinent des hommes sans défense et sous la sauvegarde de l'honneur public, me soutiendrez-vous qu'ils soient des Français comme j'en suis un ?

— Ah ! dit Gilbert, ceci c'est autre chose. Oui, il y a en France plusieurs sortes de Français. Il y a d'abord le peuple français, dont est Pitou, dont tu es, dont je suis; puis il y a le clergé français, puis il y a la noblesse française. Trois sortes de Français en France, Français chacun à son point de vue, c'est-à-dire au point de vue de ses intérêts, et cela sans compter le roi de France, Français à sa manière. Ah ! Billot, ici, vois-tu, dans la manière différente d'être Français de tous ces Français-ci, ici est la vraie révolution. Tu seras Français d'une façon, l'abbé Maury sera Français d'une autre manière que toi, Mirabeau sera Français d'une autre manière que l'abbé Maury ; enfin, le roi sera Français d'une autre manière que Mirabeau. Eh bien ! Billot, mon excellent ami, homme au cœur droit et à l'esprit sain, tu viens d'entrer dans la deuxième partie de la question que je traite. Fais-moi le plaisir, Billot, de jeter les yeux sur ceci.

Et Gilbert présenta au fermier un papier imprimé.

— Qu'est-ce que cela ? dit Billot en prenant le papier.

— Lis.

— Eh ! vous savez bien que je ne sais pas lire.

— Dis à Pitou de lire, alors.

Pitou se leva, et se haussant sur la pointe des pieds, vint regarder par dessus l'épaule du fermier.

— Ce n'est pas du français, dit-il ; ce n'est pas du latin, ce n'est pas non plus du grec.

— C'est de l'anglais, répliqua Gilbert.

— Je ne sais pas l'anglais, dit orgueilleusement Pitou.

— Je le sais moi, dit Gilbert, et je vais vous traduire ce papier ; mais lisez d'abord la signature.

— PITT, dit Pitou ; qu'est-ce cela, PITT ?

— Je vais vous l'expliquer, dit Gilbert.

XIV.

LES PITT.

— Pitt, reprit Gilbert, c'est le fils de Pitt.

— Tiens ! dit Pitou, c'est comme dans l'Ecriture. Il y a donc Pitt premier et Pitt second ?

— Oui, et le Pitt premier, mes amis... Ecoutez bien ce que je vais vous dire.

— Nous écoutons, répondirent ensemble Billot et Pitou.

— Ce Pitt premier fut pendant trente ans l'ennemi juré de la France ; il combattit du fond de son cabinet, où le clouait la goutte, Montcalm et Vaudreuil en Amérique, le bailly de Suffren et d'Estaing sur mer, Noailles et Broglie sur le continent. Ce Pitt premier avait eu pour principe qu'il fallait détrôner les Français de l'Europe, Pendant trente ans, il nous reprit une à une toutes nos colonies, un à un tous nos comptoirs, tout le littoral de l'Inde, quinze cents lieues dans le Canada ; puis, quand il vit que la France était ruinée aux trois quarts, il lui suscita son fils pour la ruiner tout à fait.

— Ah ! ah ! fit Billot visiblement intéressé ; ainsi, le Pitt que nous avons...

— Précisément, reprit Gilbert, c'est le fils du Pitt que nous avons eu, que vous connaissez déjà, père Billot, que Pitou connaît, que l'univers connaît, et qui a eu trente ans au mois de mai dernier.

— Trente ans ?

— Vous voyez s'il a bien employé son temps, mes amis. — Eh bien ! voilà déjà sept années qu'il gouverne l'Angleterre, — sept années qu'il met en pratique les théories de son père.

— Alors, nous en avons encore pour un temps, dit Billot.

— Oui, d'autant plus que le souffle vital est vivace chez les Pitt. Laissez-moi vous en donner une preuve.

Pitou et Billot indiquèrent par un petit mouvement de tête du haut en bas qu'ils écoutaient avec la plus grande attention.

Gilbert continua :

— En 1778, le père de notre ennemi se mourait. Les médecins lui avaient annoncé que sa vie ne tenait plus qu'à un fil, et que le moindre effort romprait ce fil. On agitait alors en plein parlement la question d'abandonner les colonies américaines à leur désir d'indépendance, pour arrêter la guerre qui menaçait, fomentée par les Français, d'engloutir toute la richesse et tous les soldats de la Grande-Bretagne.

C'était au moment où Louis XVI, notre bon roi, celui à qui toute la nation vient de décerner le titre de père de la liberté française, venait de reconnaître solennellement l'indépendance de l'Amérique ; là, sur les champs de bataille et dans les conseils avaient prévalu l'épée et le génie des Français : l'Angleterre fit offrir à Washington, c'est à dire au chef des insurgés, la reconnaissance de la nationalité américaine, si, se retournant contre les Français, la nouvelle nation voulait s'allier à l'Angleterre.

— Mais, dit Billot, il me semble que ce n'était pas une proposition honnête à faire ni à accepter.

— Mon cher Billot, on appelle cela de la diplomatie, et dans le monde politique on admire fort ces sortes d'idées. Eh bien ! Billot, toute immorale que vous jugiez la chose, peut-être, malgré Washington, le plus loyal des hommes, eût-on trouvé des Américains disposés à acheter la paix au prix de cette honteuse concession à l'Angleterre.

Mais lord Chatam, le père de Pitt, ce malade condamné, ce mourant, ce fantôme qui déjà était entré jusqu'aux genoux dans le tombe ; Chatam, qui semblait ne plus avoir à demander que le repos sur la terre avant le sommeil sous son monument ; ce vieillard se fit conduire au parlement, où la question allait être traitée.

Il donnait le bras à son fils Williams Pitt, alors jeune homme de 19 ans, et à son gendre : il était revêtu d'habits somptueux, dérisoire enveloppe de sa mortelle maigreur. Pâle comme un spectre, l'œil à moitié mort sous ses paupières languissantes, il se fit mener à son banc, au banc des comptes, tandis que tous les lords, stupéfaits de l'apparition inattendue, s'inclinaient et admiraient, comme eût pu faire le sénat romain au retour de Tibère déjà mort et oublié.

Il écouta en silence, avec un profond recueillement, le discours de lord Richmond, l'auteur de la proposition, et quand celui-ci eut terminé, Chatam se leva pour répondre.

Alors cet homme mort trouva de la force pour parler trois heures ; il trouva du feu dans son cœur pour allumer l'éclair de ses regards ; il trouva dans son âme des accens qui remuèrent tous les cœurs.

Il est vrai qu'il parlait contre la France, il est vrai qu'il soufflait la haine à ses compatriotes, il est vrai que toutes ses forces et tout son feu, il les avait évoqués pour ruiner et dévorer le pays odieux rival du sien. — Il défendit que l'Amérique fût reconnue indépendante, il défendit toute transaction, il cria : La guerre, la guerre.—Il parla comme Annibal contre Rome, comme Caton contre Carthage. — Il déclara que le devoir de tout Anglais loyal était de périr ruiné, plutôt que de souffrir qu'une colonie, une seule, se détachât de la mère-patrie.

Il acheva sa péroraison, lança sa dernière menace et tomba foudroyé.

Il n'avait plus rien à faire dans ce monde ; on l'emporta expirant.

Quelques jours après, il était mort.

— Oh ! oh ! firent à la fois Billot et Pitou, quel homme que ce lord Chatam !

— C'était le père du jeune homme de trente ans qui nous occupe, acheva Gilbert. — Chatam mourut à soixante-dix ans. Si le fils vit l'âge du père, nous avons encore quarante ans de Williams Pitt à subir.—Voilà, père Billot, celui à qui nous avons affaire ; voilà l'homme qui gouverne la Grande-Bretagne, voilà celui qui se souvient des noms de Lameth, de Rochambeau, de Lafayette ; — qui sait, à l'heure qu'il est, tous les noms de l'Assemblée nationale ; celui qui a juré une haine à mort à Louis XVI, — l'auteur du traité de 1778 ; — celui enfin qui ne respirera pas librement tant qu'il y aura en France un fusil chargé et une poche pleine. — Commencez-vous à comprendre ?

— Je comprends qu'il déteste fort la France. Oui, c'est vrai, mais je ne vois pas encore bien.

— Ni moi, dit Pitou.

— Eh bien, lisez ces quatre mots.

Et il présenta le papier à Pitou.

— De l'anglais ? fit celui-ci.

— *Don't mind the money*, dit Gilbert.

— J'entends bien, dit Pitou, mais je ne comprends pas.

— *Ne faites aucun cas de l'argent*, répliqua le docteur. Et plus loin encore, revenant sur la même recommandation.

» Dites-leur de ne pas épargner l'argent, et de ne me rendre aucun compte. »

— Alors ils arment, dit Billot.

— Non, ils corrompent.

— Mais à qui est adressée cette lettre ?

— A tout le monde et à personne. Cet argent qu'on donne, qu'on répand, qu'on prodigue, on le donne à des paysans, à des ouvriers, à des misérables, à des gens enfin qui nous gâteront la révolution.

Le père Billot baissa la tête. Ce mot expliquait bien des choses.

— Auriez-vous assommé de Launay d'un coup de crosse de fusil, vous, Billot ?

Non.

— Auriez-vous tué Flesselles d'un coup de pistolet ?

— Non.

— Auriez vous pendu Foulon ?

— Non.

— Auriez-vous apporté le cœur tout sanglant de Berthier sur la table des électeurs.

— Infamie s'écria Billot. C'est-à-dire que, quelque coupable que fût cet homme, je me serais fait mettre en morceaux pour le sauver ; et la preuve, c'est que j'ai été blessé en le défendant, et que, sans Pitou qui m'a entraîné sur le bord de la rivière...

— Oh ! ça, c'est vrai, dit Pitou ; sans moi, il passait un mauvais quart d'heure, le père Billot.

— Eh bien ! voyez-vous, Billot, beaucoup de gens existent, qui agiront comme vous lorsqu'ils sentiront un soutien près d'eux, lesquels, au contraire, abandonnés aux mauvais exemples, deviennent méchans, puis féroces, puis frénétiques ; puis, quand le mal est fait, il est fait.

— Mais, enfin, objecta Billot, j'admets que monsieur Pitt, ou plutôt son argent, soit pour quelque chose dans la mort de Flesselles, de Foulon et de Berthier, qu'en retirera-t-il?

Gilbert se mit à rire de ce rire silencieux qui étonne les simples et fait tressaillir les penseurs.

— Ce qu'il en retirera, vous le demandez? dit-il.

— Oui, je le demande.

— Je vais vous le dire. Le voici : Vous aimez beaucoup la révolution, n'est-ce pas, vous qui avez marché dans le sang pour prendre la Bastille?

— Oui, je l'aimais.

— Eh bien ! maintenant, vous l'aimez moins. Eh bien ! maintenant, vous regrettez Villers-Cotterets, Pisseleux, le calme de votre plaine, l'ombre de vos grands bois.

— *Frigida Tempe*, murmura Pitou.

— Oh ! oui, vous avez raison, dit Billot.

— Eh bien ! vous, père Billot, vous fermier, vous propriétaire, vous enfant de l'Ile-de-France, et par conséquent vieux Français, vous représentez le tiers, vous êtes de ce qu'on appelle la majorité. Eh bien ! vous êtes dégoûté!

— Je l'avoue.

— Alors, la majorité se dégoûtera comme vous.

— Après.

— Et un jour vous tendrez les bras aux soldats de monsieur de Brunswick ou de monsieur Pitt, lesquels viendront, au nom de ces deux libérateurs de la France, vous rendre les saines doctrines.

— Jamais.

— Bah ! attendez donc.

— Flesselles, Berthier et Foulon étaient au fond des scélérats, essaya d'objecter Pitou.

— Parbleu ! comme monsieur de Sartines et monsieur de Maurepas étaient des scélérats, comme monsieur d'Argenson et monsieur Philippeaux en étaient avant eux, comme monsieur Law en était un, comme monsieur Duverney, les Leblanc et les de Paris en étaient, comme Fouquet en fut un, comme Mazarin en fut un autre, comme Semblancey, comme Enguerrand de Marigny furent des scélérats, comme monsieur de Brienne en est un pour monsieur de Calonne, comme monsieur de Calonne en est un pour monsieur Necker, comme monsieur Necker en sera un pour le ministère que nous aurons dans deux ans.

— Oh ! oh ! docteur, murmura Billot, monsieur Necker un scélérat, jamais !

— Comme vous serez, mon bon Billot, un scélérat, pour le petit Pitou que voici, au cas où un agent de monsieur Pitt lui apprendra certaines théories sous l'influence d'une chopine d'eau-de-vie et de dix francs par jour d'émeute. Ce mot *scélérat*, voyez-vous, mon cher Billot, c'est le mot avec lequel, en révolution, on désigne l'homme qui pense autrement que soi ; nous sommes destinés à le porter tous, peu ou beaucoup. Quelques uns le porteront si loin que leurs compatriotes l'inscriront sur leur tombe, d'autres tellement plus loin que la postérité ratifiera l'épithète. Voilà, mon cher Billot, ce que je vois, et ce que vous ne voyez pas. Billot, Billot, il ne faut donc pas que les honnêtes gens se retirent.

— Bah ! fit Billot, quand les honnêtes gens se retireraient, la révolution n'en irait pas moins son train ; elle est lancée.

Un nouveau sourire se dessina sur les lèvres de Gilbert.

— Grand enfant ! dit-il, qui abandonne le manche de la charrue, qui dételle les chevaux et qui dit : — Bon, la charrue n'a pas besoin de moi, la charrue fera son sillon toute seule. Mais, mon ami, cette révolution, qui donc l'a faite ? les honnêtes gens, n'est-ce pas ?

— La France s'en flatte ; il me semble que Lafayette est

un honnête homme, il me semble que Bailly est un honnête homme, il me semble que monsieur Necker est un honnête homme, il me semble enfin que monsieur Elie et que monsieur Hullin, que monsieur Maillard, qui combattaient avec moi, sont d'honnêtes gens ; il me semble enfin que vous-même...

— Eh bien ! Billot, si les honnêtes gens, si vous, si moi, si Maillard, si Hullin, si Elie, si Necker, si Bailly, si Lafayette s'abtiennent, qui donc travaillera ? Ces misérables, ces assassins, ces scélérats que je vous ai signalés ; les agens des agens de monsieur Pitt...

— Répondez un peu à cela, père Billot, dit Pitou convaincu.

— Eh bien ! dit Billot, on s'armera, et l'on tirera sur eux comme sur des chiens.

— Attendez. Qui s'armera ?

— Tout le monde.

— Billot, Billot, rappelez-vous une chose, mon bon ami, c'est que ce que nous faisons dans ce moment-ci s'appelle... Comment s'appelle ce que nous faisons dans ce moment-ci, Billot ?

— Cela s'appelle de la politique, monsieur Gilbert.

— Eh bien ! en politique, il n'y a pas de crime absolu ; on est un scélérat ou un honnête homme, selon qu'on blesse ou sert les intérêts de celui qui nous juge. Ceux que vous appelez des scélérats donneront une raison spécieuse à leurs crimes, et, pour beaucoup d'honnêtes gens qui auront eu un intérêt direct ou indirect à ce que ces crimes soient commis, deviendront de très honnêtes gens eux-mêmes. Du moment où nous en serons là, prenons garde, Billot, prenons garde. Voilà du monde au manche et des chevaux aux traits de la charrue. Elle marche, Billot, elle marche, et sans nous.

— C'est effrayant, dit le fermier. Mais si elle marche sans nous, où ira-t-elle ?

— Dieu le sait ! fit Gilbert. Quant à moi, je n'en sais rien.

— Eh bien ! alors, si vous n'en savez rien, vous qui êtes

un savant, monsieur Gilbert, à plus forte raison moi, qui suis un ignare. J'en augure donc...

— Qu'en augurez-vous, Billot? voyons.

— J'en augure que ce que nous avons de mieux à faire, Pitou et moi, c'est de nous en retourner à Pisseleux. Nous reprendrons la charrue, la vraie charrue, celle de fer et de bois, avec laquelle on remue les terres, et non pas celle de chair et d'os qu'on appelle le peuple français, et qui regimbe comme un cheval vicieux. Nous ferons pousser du blé au lieu de répandre du sang, et nous vivrons libres, joyeux, et seigneurs chez nous. Venez, venez, monsieur Gilbert. Peste! j'aime à savoir où je vais, moi.

— Un moment, mon brave cœur, dit Gilbert; non je ne sais pas où je vais, je vous l'ai dit et je vous le répète ; cependant, je vais et veux aller toujours. Mon devoir est tracé, ma vie appartient à Dieu ; mais mes œuvres sont la dette que je paierai à la patrie. Que ma conscience seulement me dise : Va, Gilbert, tu es dans la bonne route, va! Voilà tout ce qu'il me faut à moi. Si je me trompe, les hommes me puniront, mais Dieu m'absoudra.

— Mais parfois les hommes punissent même ceux qui ne se trompent pas. Vous le disiez tout à l'heure.

— Et je le dis encore. N'importe ; je persiste, Billot. Erreur ou non, je continue. Répondre que l'événement ne prouvera point mon impuissance, Dieu me garde de prétendre cela! mais avant tout, Billot, le Seigneur l'a dit : Paix aux hommes de bonne volonté. Soyons donc de ceux-là auxquels le Seigneur promet sa paix. Regarde monsieur Lafayette, tant en Amérique qu'en France, voilà déjà le troisième cheval blanc qu'il use, sans compter ceux qu'il usera encore. Regarde monsieur Bailly qui use ses poumons, regarde le roi qui use sa popularité. Allons, allons, Billot, ne soyons pas égoïstes. Usons-nous un peu, mon ami ; reste avec moi, Billot.

— Mais pourquoi faire, — si nous n'empêchons pas le mal ?

— Billot, souviens-toi de ne jamais répéter ce mot-là, car je t'estimerais moins. Tu as reçu des coups de pied, des coups de poing, des coups de crosse et même des coups de baïonnette, quand tu as voulu sauver Foulon et Berthier.

— Oui, et même beaucoup, répondit le fermier en passant la main sur ses membres encore endoloris.

— Moi, j'ai eu l'œil presque enfoncé, dit Pitou.

— Et tout cela pour rien, ajouta Billot.

— Eh bien ! mes enfans, si, au lieu d'être dix, quinze, vingt de votre courage, vous eussiez été cent, deux cents, trois cents, vous arrachiez le malheureux à l'effroyable mort qu'on lui a faite ; vous épargniez une tache à la nation. Voilà pourquoi, au lieu de partir pour les campagnes, qui sont assez calmes, voilà pourquoi, Billot, j'exige, autant que je puis exiger quelque chose de vous, mon ami, que vous demeuriez à Paris, pour que j'aie sous la main un bras solide, un cœur droit ; pour que j'essaie mon esprit et mon œuvre sur la loyale pierre de touche de votre bon sens et de votre pur patriotisme ; pour qu'enfin répandant, non pas de l'or puisque nous n'en avons pas, mais l'amour de la patrie et du bien public, tu sois mon agent près d'une foule de malheureux égarés, pour que tu sois mon bâton quand j'aurai glissé, mon bâton quand j'aurai à frapper.

— Un chien d'aveugle, dit Billot avec une simplicité sublime.

— Justement, fit Gilbert du même ton.

— Eh bien ! j'accepte, dit Billot ; je serai ce que vous demandez.

— Je sais que tu abandonnes tout, fortune, femme, enfans, bonheur, Billot ! mais ce ne sera pas pour longtemps, sois tranquille.

— Et moi, demanda Pitou, que ferai-je ?

— Toi, dit Gilbert en regardant le naïf et robuste enfant, peu fanfaron d'intelligence ; toi, tu retourneras à Pisseleux consoler la famille de Billot, et expliquer la sainte mission qu'il a entreprise.

— A l'instant, dit Pitou tressaillant de joie à l'idée de retourner près de Catherine.

— Billot, dit Gilbert, donnez-lui vos instructions.

— Les voici, dit Billot.

— J'écoute.

— Catherine est nommée par moi maîtresse de la maison. Tu entends?

— Et madame Billot? fit Pitou, un peu surpris de ce passe-droit fait à la mère en faveur de la fille.

— Pitou, dit Gilbert, qui avait saisi l'idée de Billot à la vue d'une légère rougeur montée au front du père de famille, rappelle-toi ce proverbe arabe : Entendre, c'est obéir.

Pitou rougit à son tour; il avait presque compris et senti son indiscrétion.

— Catherine est l'esprit de la famille, dit Billot sans façon, pour ponctuer sa pensée.

Gilbert s'inclina en signe d'assentiment.

— Est-ce tout? demanda l'enfant.

— Pour moi, oui, dit Billot.

— Mais non pour moi, fit Gilbert.

— J'écoute, fit Pitou, disposé à mettre en pratique le proverbe arabe cité cinq minutes avant par Gilbert.

— Tu vas passer avec une lettre de moi au collége Louis-le-Grand, ajouta Gilbert; tu donneras cette lettre à l'abbé Bérardier; il te remettra Sébastien : tu me l'amèneras, je l'embrasserai, et tu le conduiras à Villers-Cotterets, où tu le remettras à l'abbé Fortier pour qu'il ne perde pas trop son temps. Les dimanches et les jeudis il sortira avec toi; fais-le marcher sans rien craindre par les plaines et par ses bois. Mieux vaut, pour ma tranquillité à moi, et pour sa santé à lui, qu'il soit là-bas qu'ici.

— J'ai compris, s'écria Pitou, ravi de retrouver à la fois les amitiés d'enfance et les vagues aspirations d'un sentiment un peu plus adulte qui s'éveillait en lui au nom magique de Catherine.

Il se leva, prit congé de Gilbert qui souriait, et de Billot qui rêvait.

Puis il partit tout courant pour aller chercher Sébastien Gilbert, son frère de lait, chez l'abbé Bérardier.

— Et nous, dit Gilbert à Billot, travaillons!

XV.

MÉDÉE.

Un peu de calme avait succédé dans Versailles aux terribles agitations morales et politiques que nous venons de mettre sous les yeux de nos lecteurs.

Le roi respirait ; et tout en songeant parfois à ce que son orgueil bourbonien avait eu à souffrir dans ce voyage de Paris, il s'en consolait à l'idée de sa popularité reconquise.

Pendant ce temps, monsieur de Necker organisait et perdait tout doucement la sienne.

Quant à la noblesse, elle commençait à préparer sa défection ou sa résistance.

Le peuple veillait et attendait.

Pendant ce temps, la reine, repliée sur elle-même, assurée qu'elle était le point de mire de toutes les haines, se faisait bien petite ; elle se dissimulait, car elle savait encore que tout en étant le point de mire de beaucoup de haines, elle était en même temps le but de bien des espérances.

Depuis le voyage du roi à Paris, à peine avait-elle revu Gilbert.

Une fois d'ailleurs il s'était offert à elle dans le vestibule qui conduisait à l'appartement du roi.

Et là, comme il la saluait profondément, elle avait la première commencé la conversation.

— Bonjour, monsieur, avait-elle dit, vous allez chez le roi ?

Puis elle avait ajouté avec un sourire où perçait une teinte d'ironie.

— Est-ce comme conseiller ou comme médecin ?

— C'est comme médecin, madame, répondit Gilbert. J'ai aujourd'hui service indiqué.

Elle fit signe à Gilbert de la suivre. Gilbert obéit.

Tous deux entrèrent dans un petit salon qui précédait la chambre du roi.

— Eh bien! monsieur, dit-elle, vous voyez bien que vous me trompiez, lorsque l'autre jour, à propos de ce voyage de Paris, vous m'assuriez que le roi ne courait aucun danger.

— Moi, madame, reprit Gilbert étonné.

— Sans doute, ; n'a-t-on pas tiré sur Sa Majesté?

— Qui dit cela, madame?

— Tout le monde, monsieur; et surtout ceux qui ont vu tomber la pauvre femme presque sous les roues de la voiture du roi. Qui dit cela? monsieur de Beauveau, monsieur d'Estaing, qui ont vu votre habit déchiré, votre jabot troué.

— Madame !

— La balle qui vous a effleuré, monsieur, cette balle pouvait bien tuer le roi, comme elle a tué cette pauvre femme, car enfin ce n'était ni vous ni cette pauvre femme que voulaient tuer les meurtriers.

— Je ne crois pas à un crime, madame, dit Gilbert hésitant.

— Soit. Mais, moi, j'y crois, monsieur, dit la reine en regardant Gilbert fixement.

— En tout cas, s'il y a crime, il ne faut pas l'imputer au peuple.

La reine fixa plus profondément son regard sur Gilbert.

— Ah! dit-elle, et à quoi faut-il l'attribuer? dites.

— Madame, continua Gilbert en secouant la tête, depuis quelque temps je vois et j'étudie le peuple. Eh bien! le peuple, quand il assassine en temps de révolution, le peuple tue avec ses mains; il est alors le tigre en fureur, le lion irrité. Le tigre et le lion ne prennent pas d'intermédiaire, d'agent entre la force et la victime; il tue pour tuer; il répand le sang pour le répandre; il aime à y teindre sa dent, à y tremper sa griffe.

— Témoin Foulon et Berthier, n'est-ce pas? Mais Flesselles n'a-t-elle pas été tué d'un coup de pistolet? Je l'ai entendu dire du moins; mais après tout, continua la reine avec ironie, peut-être n'est-ce pas vrai, nous sommes tellement entourés de flatteurs, nous autres têtes couronnées!

Gilbert à son tour regarda fixement la reine.

— Oh! celui-là, dit-il, vous ne croyez pas plus que moi, madame, que ce soit le peuple qui l'ait tué. Celui-là, il y avait des gens intéressés à ce qu'il mourût.

La reine réfléchit.

— Au fait, dit-elle, c'est possible.

— Alors, fit Gilbert, en s'inclinant comme pour demander à la reine si elle avait encore autre chose à lui dire.

— Je comprends, monsieur, fit la reine en arrêtant doucement le docteur d'un geste presque amical. Quoi qu'il en soit, laissez-moi vous dire que vous ne sauverez jamais le roi aussi réellement avec votre science que vous l'avez sauvé il y a trois jours avec votre poitrine.

Gilbert s'inclina une seconde fois.

Mais comme il vit que la reine restait, il resta.

— J'aurais dû vous revoir, monsieur, dit la reine après une pose d'un instant.

— Votre Majesté n'avait plus besoin de moi, dit Gilbert.

— Vous êtes modeste.

— Je voudrais ne pas l'être, madame.

— Pourquoi?

— Parce que étant moins modeste, je serais moins timide, et par conséquent plus propre à servir mes amis ou à nuire à des ennemis.

— Pourquoi dites-vous: Mes amis, et ne dites-vous pas: Mes ennemis?

— Parce que je n'ai pas d'ennemis, ou plutôt parce que je ne veux pas reconnaître que j'en aie, de mon côté du moins.

La reine le regarda surprise.

— Je veux dire, continua Gilbert, que ceux-là seuls sont mes ennemis qui me haïssent, mais que moi je ne hais personne.

— Parce que?

— Parce que je n'aime plus personne, madame.

— Êtes-vous ambitieux, monsieur Gilbert?

— J'ai un instant espéré le devenir, madame.

— Et...

— Et cette passion a avorté dans mon cœur comme toutes les autres.

— Il vous en reste une cependant, dit la reine avec une sorte de finesse ironique.

— A moi, madame ! Et laquelle, bon Dieu ?

— Le... patriotisme.

Gilbert s'inclina.

— Oh! cela est vrai, dit-il ; j'adore ma patrie, et je lui ferai tous les sacrifices.

— Hélas ! dit la reine avec un charme de mélancolie indéfinissable, il y eut un temps où jamais un bon Français n'eût exprimé cette pensée dans les termes que vous venez d'employer.

— Que veut dire la reine? demanda respectueusement Gilbert.

— Je veux dire, monsieur, que dans ce temps dont je parle, il était impossible d'aimer sa patrie sans aimer en même temps sa reine et son roi.

Gilbert rougit, s'inclina, et sentit à son cœur comme un choc de cette électricité que, dans ses séduisantes intimités, dégageait la reine.

— Vous ne répondez pas, monsieur, dit-elle.

— Madame, fit Gilbert, j'ose me vanter d'aimer la monarchie plus que personne.

— Sommes-nous dans un temps, monsieur, où il suffise de dire, et ne vaudrait-il pas mieux faire ?

— Mais, madame, dit Gilbert surpris, je prie Votre Majesté de croire que tout ce qu'ordonnera le roi ou la reine, je...

— Vous le ferez, n'est-ce pas ?

— Assurément, madame.

— Ce que faisant, monsieur, dit la reine en reprenant malgré elle un peu de sa hauteur ordinaire, vous aurez rempli seulement un devoir.

— Madame...

— Dieu, qui a donné l'omnipotence aux rois, continua Marie-Antoinette, les a dégagés de l'obligatoin d'être reconnaissans envers ceux qui remplissent seulement un devoir.

— Hélas! hélas! madame, répliqua à son tour Gilbert, le temps approche où vos serviteurs mériteront plus que votre reconnaissance, s'ils veulent seulement faire leur devoir.

— Qu'est-ce à dire, monsieur?

— C'est-à-dire, madame, que dans ces jours de désordre et de démolition, vous chercherez vainement des amis là où vous êtes accoutumée à trouver des serviteurs. Priez, priez Dieu, madame, de vous envoyer d'autres serviteurs, d'autres soutiens, d'autres amis que ceux que vous avez.

— En connaissez-vous?

— Oui, madame.

— Alors, indiquez-les.

— Tenez, madame, moi qui vous parle, hier j'étais votre ennemi.

— Mon ennemi! Et pourquoi cela?

— Mais parce que vous me faisiez emprisonner.

— Et aujourd'hui?

— Aujourd'hui, madame, dit Gilbert en s'inclinant, je suis votre serviteur.

— Et le but?

— Madame...

— Le but dans lequel vous êtes devenu mon serviteur? Il n'est pas dans votre nature, monsieur, de changer aussi promptement d'avis, de croyances ou d'affections. Vous êtes un homme profond dans les souvenirs, monsieur Gilbert, vous savez faire durer vos vengeances. Voyons, dites-moi le but de votre changement.

— Madame, vous m'avez reproché tout à l'heure d'aimer trop ma patrie.

— On ne l'aime jamais trop, monsieur; il s'agit seulement de savoir comment on l'aime. Moi, je l'aime, ma patrie. (Gilbert sourit.) Oh! pas de fausse interprétation, monsieur; ma patrie, c'est la France : je l'ai adoptée. Allemande par le sang, je suis Française par le cœur. J'aime la France; mais je l'aime par le roi, je l'aime par le respect dû à Dieu qui nous a sacrés. A vous, maintenant.

— A moi, madame?

— Oui, à vous. Je comprends, n'est-ce pas? Vous, ce n'est pas la même chose ; vous aimez la France purement et simplement pour la France.

—Madame, répondit Gilbert en s'inclinant, je manquerais de respect à Votre Majesté en manquant de franchise.

— Oh! s'écria la reine, affreuse, affreuse époque où tous les gens qui se prétendent honnêtes isolent deux choses qui ne se sont jamais quittées, deux principes qui ont toujours marché ensemble : la France et son roi. Mais n'avez-vous pas une tragédie d'un de vos poëtes où l'on demande à une reine abandonnée de tout : Que vous reste-t-il? Et où elle répond : Moi ! Eh bien ! moi, je suis comme Médée, je me reste, et nous verrons.

Et elle passa courroucée, laissant Gilbert dans la stupeur.

Elle venait d'ouvrir devant lui, par le souffle de sa colère, un coin de ce voile derrière lequel s'élaborait toute l'œuvre de la contre-révolution.

— Allons, se dit Gilbert en entrant chez le roi, la reine médite un projet.

— Allons! se dit la reine en regagnant son appartement, décidément il n'y a rien à faire de cet homme. Il a la force, il n'a pas le dévoûment.

Pauvres princes! chez lesquels le mot dévoûment est synonyme du mot servilité!

XVI.

CE QUE VOULAIT LA REINE.

Gilbert revint chez monsieur de Necker, après avoir vu le roi aussi tranquille qu'il avait vu la reine agitée.

Le roi faisait des périodes, le roi bâtissait des comptes, le roi méditait des réformes aux lois.

Cet homme de bonne volonté, au regard doux et à l'âme droite, dont le cœur lorsqu'il fut faussé le fut par des préjugés inhérens à la condition royale, cet homme s'obstinait à reconquérir des futilités en échange des choses capitales qu'on lui enlevait. Il s'obstinait à percer l'horizon de son regard myope, quand l'abîme était là béant sous ses pieds. Cet homme inspirait une profonde pitié à Gilbert.

Quant à la reine, il n'en était pas ainsi, et malgré son impassibilité, Gilbert sentait qu'elle était une de ces femmes qu'il faut aimer passionnément ou haïr à la mort.

Rentrée chez elle, Marie-Antoinette sentit comme un poids immense qui venait s'abattre sur son cœur.

Et, en effet, ni comme femme, ni comme reine, elle n'avait rien de solide autour d'elle, rien qui l'aidât à supporter une part de ce fardeau qui l'écrasait.

De quelque côté qu'elle tournât les yeux, il lui semblait voir une hésitation ou un doute.

Les courtisans inquiets pour leur fortune et réalisant.

Les parens et les amis songeant à l'exil.

La femme la plus fière, Andrée, s'éloignant peu à peu de corps et de cœur.

L'homme le plus noble et le plus chéri de tous, Charny, Charny blessé par quelque caprice et en proie au doute.

Cette situation l'inquiétait, elle, l'instinct et la sagacité même.

Comment cet homme pur, comment ce cœur sans alliage avait-il tout à coup changé ?

— Non, il n'a pas encore changé, se disait en soupirant la reine, — il va changer.

Il va changer! Conviction effrayante pour la femme qui aime avec passion, insupportable pour la femme qui aime avec orgueil.

Or, la reine aimait à la fois Charny avec passion et avec orgueil.

La reine souffrait donc par deux blessures.

Et cependant, au moment où elle était arrivée, au moment où elle venait de s'apercevoir du mal qu'elle avait fait, du tort qu'elle avait eu, il était encore temps de le réparer.

Mais ce n'était pas un esprit souple que celui de cette

femme couronnée. Elle ne pouvait se décider à fléchir même dans l'injustice ; peut-être en face d'un indifférent eût-elle montré ou voulu montrer de la grandeur d'âme, et alors peut-être eût-elle demandé pardon.

Mais à celui qu'elle avait honoré d'une affection à la fois si vive et si pure, à celui qu'elle avait daigné faire entrer en participation de ses plus secrètes pensées, la reine ne pensait pas qu'elle dût faire la moindre concession.

Le malheur des reines qui descendent à aimer un sujet, c'est de l'aimer toujours en reines, jamais en femmes.

Celle-ci s'estimait à un si haut prix, qu'elle croyait que rien d'humain ne pouvait payer son amour, pas même le sang, pas même les larmes.

Du moment où elle s'était sentie jalouse d'Andrée, elle avait commencé à diminuer moralement.

Suite de cette infériorité, ses caprices.

Suite de ses caprices, la colère.

Suite enfin de la colère, les mauvaises pensées, qui conduisent après elles les mauvaises actions.

Charny ne se rendait compte en rien de tout ce que nous venons de dire, — mais il était homme, — et il avait compris que Marie-Antoinette était jalouse, et jalouse injustement de sa femme.

De sa femme que lui n'avait jamais regardée.

Rien ne révolte un cœur droit et incapable de trahison comme de voir qu'on le croit capable de trahir.

Rien n'est propre à attirer l'attention sur quelqu'un que la jalousie dont ce quelqu'un est honoré.

Surtout si cette jalousie est injuste.

Alors celui qu'on soupçonne réfléchit.

Il regarde alternativement le cœur jaloux et la personne jalouse.

Plus l'âme du jaloux est grande, plus le danger dans lequel il se jette est grand.

En effet, comment supposer qu'un grand cœur, une intelligence élevée, un orgueil légitime, comment supposer que tout cela s'inquiéterait pour rien ou pour peu de chose?

Pourquoi la femme belle serait-elle jalouse ? Pourquoi la femme puissante serait-elle jalouse ? Pourquoi la femme spirituelle serait-elle jalouse? Comment supposer que tout cela s'inquiéterait pour rien ou pour peu de chose?

Le jaloux n'est rien autre chose que le limier qui dépiste pour autrui les mérites que l'indifférent chasseur n'avait point aperçus en cheminant.

Charny savait que mademoiselle Andrée de Taverney était une ancienne amie de la reine, toujours bien traitée autrefois, toujours préférée. Pourquoi Marie-Antoinette ne l'aimait-elle plus? Pourquoi Marie-Antoinette en était-elle jalouse?

Elle avait donc surpris quelque mystérieux secret de beauté que lui, Charny, n'avait pas découvert, sans doute parce qu'il n'avait pas cherché?

Elle avait donc senti que Charny pouvait regarder cette femme, et qu'elle perdrait, elle, quelque chose à ce que Charny la regardât?

Ou bien encore, aurait-elle cru s'apercevoir que Charny l'aimât moins, sans qu'aucune cause extérieure eût diminué cet amour?

Rien de plus fatal aux jaloux que cette connaissance qu'ils donnent à autrui de la température de ce cœur qu'ils tiennent à garder dans sa chaleur la plus intense.

Combien de fois arrive-t-il que l'objet aimé est informé par des reproches sur sa froideur de la froideur qu'il commençait d'éprouver sans s'en rendre compte.

Et quand il voit cela, quand il sent la vérité du reproche, dites, madame, combien de fois avez-vous vu qu'il se laisse ramener, combien de fois rallume-t-il la flamme languissante?

O maladresse des amans! Il est vrai que là où il y a beaucoup d'adresse, il n'y a presque jamais assez d'amour.

Marie-Antoinette avait donc appris elle-même à Charny, par ses colères et ses injustices, qu'il avait un peu moins d'amour au fond de son cœur.

Et sitôt qu'il le sut, il chercha la cause en regardant autour de lui, et sous son regard il trouva tout naturellement la cause de la jalousie de la reine.

Andrée, la pauvre Andrée délaissée, épouse sans être femme.

Il plaignit Andrée.

La scène du retour de Paris lui avait découvert ce profond secret de jalousie caché à tous les yeux.

Elle aussi, la reine, elle vit que tout était découvert, et comme elle ne voulait pas fléchir devant Charny, elle employa un autre moyen, qui, à son avis, devait la conduire au même but.

Elle se remit à bien traiter Andrée.

Elle l'admit à toutes ses promenades, à toutes ses veillées ; elle la combla de caresses ; elle la rendit l'envie de toutes les autres femmes.

Et Andrée se laissa faire, avec étonnement, mais sans reconnaissance. Elle s'était dit depuis longtemps qu'elle appartenait à la reine, que la reine pouvait faire d'elle ce qu'elle voudrait, et elle se laissait faire.

En revanche, comme il fallait que l'irritation de la femme tombât sur quelqu'un, la reine commença de maltraiter fort Charny. Elle ne lui parlait plus ; elle le rudoyait ; elle affectait de passer des soirées, des jours, des semaines sans remarquer qu'il fût présent.

Seulement, dès qu'il était absent, le cœur de la pauvre femme se gonflait ; ses yeux erraient avec inquiétude, cherchant celui dont ils se détournaient dès qu'ils pouvaient l'apercevoir.

Avait-elle besoin d'un bras ; avait-elle un ordre à donner ; avait-elle un sourire à perdre, c'était pour le premier venu.

Ce premier venu ne manquait jamais, au reste, d'être un homme beau et distingué.

La reine croyait se guérir de sa blessure en blessant Charny.

Celui-ci souffrait et se taisait. C'était un homme puissant sur lui-même. Pas un mouvement de colère ou d'impatience ne lui échappait pendant ces affreuses tortures.

On vit alors un curieux spectacle, un spectacle qu'il n'est donné qu'aux femmes de fournir et de comprendre.

Andrée sentit tout ce que souffrait son mari, et comme elle l'aimait de cet amour angélique qui n'avait jamais conçu une espérance, elle le plaignit et le lui témoigna.

Il résulta de cette compassion un doux et miséricordieux rapprochement. Elle tenta de consoler Charny, sans lui laisser voir qu'elle comprît ce besoin de consolations qu'il avait.

Et tout cela se faisait avec cette délicatesse qu'on pourrait appeler féminine, attendu que les femmes seules en sont capables.

Marie-Antoinette, qui cherchait à diviser pour régner, s'aperçut qu'elle avait fait fausse route, et qu'elle rapprochait sans le vouloir des âmes qu'elle eût voulu séparer par des moyens bien différens.

Elle eut alors, la pauvre femme, dans le silence et la solitude des nuits, de ces désespoirs effrayans qui doivent donner à Dieu une bien haute idée de ses forces, puisqu'il a créé des êtres assez forts pour supporter de pareilles épreuves.

Aussi la reine eût-elle certainement succombé à tant de maux sans la préoccupation de sa politique. Celui-là ne se plaint pas de la dureté de son lit qui a les membres rompus par la fatigue.

Telles étaient les circonstances dans lesquelles vécut la reine depuis ce retour du roi à Versailles, jusqu'au jour où elle songea sérieusement à reprendre l'exercice absolu de sa puissance.

C'est que, dans son orgueil, elle attribuait à sa décadence comme l'espèce de dépréciation que depuis quelque temps la femme semblait subir.

Pour cet esprit actif, penser c'était agir.

Elle se mit à l'œuvre sans perdre un moment.

Hélas! cette œuvre à laquelle elle se mettait, c'était celle de sa perdition.

XVII.

LE REGIMENT DE FLANDRE.

Malheureusement pour la reine, tous ces faits que nous avons vus étaient des accidens auxquels une main ferme et industrieuse pouvait apporter remède. Il ne s'agissait que de concentrer ses forces.

La reine, voyant que les Parisiens s'étaient changés en militaires, et paraissaient vouloir faire la guerre, se résolut à leur montrer ce que c'était qu'une guerre véritable.

— « Jusqu'alors ils ont eu affaire aux Invalides de la Bastille, aux Suisses mal soutenus et flottans; on va leur montrer ce que c'est qu'un ou deux bons régimens bien royalistes et bien instruits.

» Peut-être y a-t-il quelque part un de ces régimens-là qui déjà ait mis en fuite les émeutes, et ait versé le sang dans les convulsions de la guerre civile. On fera venir un de ces régimens, le plus connu. Les Parisiens comprendront alors, et ce sera le seul recours qu'on leur laisse pour leur salut, l'abstention. »

C'était après toutes les querelles de l'Assemblée et du roi pour le *veto*. Le roi avait pendant deux mois lutté pour ressaisir un lambeau de souveraineté; il avait, conjointement avec le ministère et Mirabeau, essayé de neutraliser l'élan républicain qui voulait effacer la royauté en France.

La reine s'était usée à cette lutte, usée surtout parce qu'elle avait vu le roi succomber.

Le roi avait perdu à ce combat tout son pouvoir et le reste de sa popularité. La reine avait gagné un surnom, un sobriquet.

Un de ces mots étranges à l'oreille du peuple, ce qui par cela même caresse l'oreille du peuple, un nom qui n'était pas encore une injure, mais qui devait devenir la plus sanglante de toutes. Un mot d'esprit qui se changea plus tard en un mot de sang. On l'appelait enfin *Madame Veto*.

Ce nom-là devait aller, porté sur l'aile des chansons révolutionnaires, épouvanter en Allemagne les sujets et les amis de ceux qui, en envoyant à la France une reine allemande, avaient le droit de s'étonner qu'on l'injuriât du nom de l'*Autrichienne.*

Ce nom-là devait accompagner à Paris, dans les rondes insensées, aux jours de massacre, les derniers cris, les agonies hideuses des victimes.

Marie-Antoinette désormais s'appelait madame Véto, jusqu'au jour où elle s'appellerait la veuve Capet.

C'était déjà la troisième fois qu'elle changeait de nom. Après l'avoir appelée l'Autrichienne, on l'avait appelée madame *Déficit*.

Après les luttes dans lesquelles la reine avait essayé d'intéresser ses amies par l'imminence de leur propre danger, elle avait remarqué seulement que soixante mille passeports avaient été demandés à l'Hôtel-de-Ville.

Soixante mille notables de Paris et de France étaient partis rejoindre, à l'étranger, les amis et les parens de la reine. Exemple bien frappant! qui avait frappé la reine.

Aussi ne méditait-elle point autre chose, à dater de ce moment, qu'une fuite adroitement concertée, qu'une fuite appuyée par la force au besoin, une fuite au bout de laquelle était le salut, après quoi les fidèles restés en France pourraient faire la guerre civile, c'est-à-dire châtier les révolutionnaires.

Le plan n'était pas mauvais. Il eût réussi assurément; mais derrière la reine veillait aussi le mauvais génie.

Etrange destinée ! Cette femme qui inspira de si grands dévoûmens ne rencontra nulle part la discrétion.

On sut dans Paris qu'elle voulait fuir, avant qu'elle en fût persuadée elle-même.

A partir du moment où on le sut, Marie-Antoinette ne s'aperçut pas que son plan était devenu impraticable.

Cependant un régiment fameux par ses sympathies royalistes, le régiment de Flandre, arrivait sur Paris à marches forcées.

Ce régiment était demandé par la municipalité de Versailles, qui, excédée par les gardes extraordinaires, par la surveillance obligée autour du château sans cesse menacé, par les distributions de vivres et les émeutes successives, avait besoin d'une autre force que la garde nationale et les milices.

Le château, lui, avait déjà bien assez de peine à se défendre lui-même.

Ce régiment de Flandre arrivait, disons-nous, et pour qu'il prît sur-le-champ l'autorité dont on cherchait à le revêtir, il fallait qu'un accueil particulier lui attirât l'attention du peuple.

L'amiral d'Estaing réunit les officiers de la garde nationale, tous ceux des corps présens à Versailles, et se rendit au-devant de lui.

Celui-ci fait une entrée solennelle dans Versailles avec ses canons, ses parcs et ses convois.

Autour de ce point devenu central, viennent se grouper une foule de jeunes gentilshommes n'appartenant à aucune arme spéciale.

Ils se choisissent entre eux un uniforme pour se reconnaître, se joignent à tous les officiers hors des cadres, à tous les chevaliers de Saint-Louis que le danger ou la prévoyance amènent à Versailles; de là, ils se répandent dans Paris, qui voit alors avec une stupeur profonde ces nouveaux ennemis frais, insolens, et gonflés d'un secret qui va leur échapper à l'occasion.

Dès ce moment, le roi pouvait partir. Il eût été soutenu, protégé dans son voyage, et peut-être Paris, encore ignorant et mal préparé, l'eût-il laissé partir.

Mais ce mauvais génie de l'*Autrichienne* veillait toujours.

Liége se révolta contre l'empereur, et l'occupation que donna cette révolte en Autriche empêcha qu'on songeât à la reine de France.

Celle-ci d'ailleurs crut devoir s'abstenir par délicatesse en un pareil moment.

Alors les choses, à qui l'impulsion était donnée, continuèrent de courir avec une foudroyante rapidité.

Après l'ovation faite au régiment de Flandre, les gardes du corps décidèrent qu'un dîner serait offert aux officiers de ce régiment.

Ce repas, cette fête fut fixée au 1er octobre. Tout ce qu'il y avait d'important dans la ville y fut invité.

De quoi s'agissait-il ? De fraterniser avec les soldats de Flandre ? Pourquoi des soldats n'eussent-ils point fraternisé entre eux, puisque les districts et les provinces fraternisaient ?

Etait-il défendu par la Constitution que des gentilshommes fraternisassent ?

Le roi était encore le maître de ses régimens, et les commandait seul. Il avait seul la propriété de son château de Versailles. Il avait seul le droit d'y recevoir qui bon lui emblait.

Pourquoi n'y eût-il pas reçu de braves soldats et de dignes gentilshommes arrivant de Douai, où ils s'étaient *bien conduits ?*

Rien de plus naturel. Nul ne songeait à s'en étonner, à s'en alarmer bien moins encore.

Ce repas pris en commun allait cimenter l'affection que se doivent entre eux tous les corps d'une armée française destinée à défendre à la fois la liberté, la royauté.

D'ailleurs, le roi savait-il seulement ce qui était convenu ?

Depuis les événemens, le roi, libre, grâce à ses concessions, ne s'occupait plus de rien ; on lui avait ôté le fardeau des affaires. Il ne voulait plus régner, puisqu'on régnait pour lui, mais il ne prétendait pas devoir s'ennuyer tout le jour.

Le roi, tandis que messieurs de l'Assemblée taillaient et rognaient en fraude, le roi chassait.

Le roi, tandis que messieurs les nobles et messieurs les évêques abandonnaient au 4 août leurs colombiers et leurs droits féodaux, pigeons et parchemins, le roi, qui voulait bien comme tout le monde faire des sacrifices, abolissait ses capitaineries de chasse, mais enfin il ne cessait pas de chasser pour cela.

Or, le roi, tandis que messieurs du régiment de Flandre

dîneraient avec les gardes du corps, le roi serait à la chasse, comme tous les jours, la table serait desservie lorsqu'il reviendrait.

Cela même le gênait si peu, et il gênait si peu pour cela, qu'on résolut à Versailles de demander à la reine le château pour donner le festin.

La reine ne voyait pas de raison pour refuser l'hospitalité aux soldats de Flandre.

Elle donna la salle de spectacle, dans laquelle, pour ce jour-là, elle permit qu'un plancher fût construit, afin que la place fût large pour les soldats et leurs hôtes.

Une reine, quand elle donne l'hospitalité à des gentilshommes français, la donne entière. Voilà la salle à manger ; le salon manquait, la reine accorda le salon d'Hercule.

Un jeudi, 1er octobre, comme nous l'avons dit, se donna ce festin qui marquera si cruellement dans l'histoire des imprévoyances ou des aveuglemens de la royauté.

Le roi était à la chasse.

La reine était enfermée chez elle, triste, pensive et décidée à ne pas entendre un seul choc des verres, un seul éclat des voix.

Son fils était dans ses bras. Andrée auprès d'elle. Deux femmes travaillaient dans un angle de la chambre. Voilà son entourage.

Peu à peu entraient au château les officiers brillans, les panaches, les armes fulgurantes. Les chevaux hennissaient aux grilles des écuries, les fanfares sonnaient, les deux musiques de Flandre et des gardes emplissaient l'air d'harmonie.

Aux grilles de Versailles, une foule pâle, curieuse, sournoisement inquiète, guettait, analysait, commentait et la joie et les airs.

Par bouffées, comme les raffales d'un orage lointain, s'exhalaient, par les portes ouvertes, avec les murmures de la gaîté, les vapeurs de la bonne chère.

Il était bien imprudent de faire respirer à ce peuple affamé l'odeur des viandes et du vin, à ce peuple morose, la joie et l'espérance.

Le festin continuait cependant sans que rien vînt le troubler ; sobres d'abord et pleins de respect sous leur uniforme, les officiers avaient causé bas et bu modérément. Pendant le premier quart d'heure, ce fut bien l'exécution du programme tel qu'il avait été arrêté.

Le second service parut.

Monsieur de Lusignan, colonel du régiment de Flandre, se leva et proposa quatre santés ; celle du roi, de la reine, du dauphin et de la famille royale.

Quatre exclamations, poussées jusqu'aux voûtes, s'en allèrent fugitives frapper l'oreille des tristes spectateurs du dehors.

Un officier se leva. Peut-être était-ce un homme d'esprit et de courage, un homme de bon sens qui prévoyait l'issue de tout ceci, un homme sincèrement attaché à cette famille royale qu'on venait de fêter si bruyamment.

Il comprenait, cet homme, que parmi tous ces toasts on en oubliait un qui se présenterait brutalement lui-même.

Il proposa la santé de la Nation.

Un long murmure précéda un long cri.

— Non ! non ! répondirent en chœur les assistans.

Et la santé de la Nation fut repoussée.

Le festin venait de prendre ainsi son véritable sens, le torrent sa véritable pente.

On a dit, on dit encore que celui-là qui venait de proposer ce toast était l'agent provocateur de la manifestation contraire.

Quoi qu'il en soit, sa parole eut un fâcheux effet. Oublier la nation, passe encore ; mais l'insulter c'était trop : elle s'en vengea.

Comme à partir de ce moment la glace fut rompue, comme au silence réservé succédèrent les cris et les conversations exaltées, la discipline devenait une chimérique pudeur, on fit entrer les dragons, les grenadiers, les cent-suisses, tout ce qu'il y avait de simples soldats au château.

Le vin circula, il remplit dix fois les verres, le dessert apparut, il fut pillé. L'ivresse était générale, les soldats oubliaient qu'ils trinquaient avec leurs officiers. C'était réellement une fête fraternelle.

Partout on crie : Vive le roi ! vive la reine ! Tant de fleurs, tant de lumières, tant de feux irisant les voûtes dorées, tant de joyeuses idées illuminant les fronts, tant d'éclairs loyaux jaillissant du front de ces braves ! C'était un spectacle qui eût été bien doux à voir pour la reine, bien rassurant à voir pour le roi.

Ce roi si malheureux, cette reine si triste, que n'assistaient-ils à une pareille fête !

D'officieux serviteurs se détachent, courent chez Marie-Antoinette, lui racontent, lui exagèrent ce qu'ils ont vu.

Alors l'œil éteint de la femme se ranime, elle se soulève. Il y a donc encore de la loyauté, de l'affection dans des cœurs français.

Il y a donc encore de l'espoir.

La reine jette autour d'elle un regard morne, désolé.

A ses portes commence à circuler le monde des serviteurs. On prie, on conjure la reine de faire visite, rien qu'une apparition dans ce festin où deux mille enthousiastes consacrent, par leurs vivats, le culte de la monarchie.

— Le roi est absent, dit-elle tristement, je ne puis aller seule.

— Avec monsieur le Dauphin, disent quelques imprudens, qui insistent.

— Madame, madame, dit une voix à son oreille, restez ici, je vous en conjure, restez.

Elle se retourne, c'était monsieur de Charny.

— Quoi, dit-elle, vous n'êtes pas en bas avec tous ces messieurs ?

— Je suis revenu, madame ; il y a en bas une exaltation dont les suites peuvent nuire plus qu'on ne croit à Votre Majesté.

Marie-Antoinette était dans un de ses jours de bouderie, de caprice ; elle tenait ce jour-là précisément à faire le contraire de ce qui eût plu à Charny.

Elle lança au comte un regard de dédain, et s'apprêtait à lui répondre quelque désobligeante parole, lorsque l'arrêtant d'un geste respectueux :

— Par grâce ! dit-il, madame, attendez au moins le conseil du roi.

Il croyait gagner du temps.

— Le roi ! le roi ! s'écrièrent plusieurs voix. Sa Majesté revient de la chasse !

C'était vrai.

Marie-Antoinette se lève, court à la rencontre du roi, encore botté, tout poudreux.

— Monsieur, lui dit-elle, il y a en bas un spectacle digne du roi de France. Venez ! venez !

Et elle lui prend le bras ; elle l'entraîne sans regarder Charny, qui enfonce dans sa poitrine des ongles furieux.

Son fils à la main gauche, elle descend ; tout un flot de courtisans la précède et la pousse ; elle arrive aux portes de la salle de l'Opéra dans le moment où, pour la vingtième fois, les verres se vidaient aux cris de : Vive le roi ! vive la reine !

XVIII.

LE BANQUET DES GARDES.

Au moment où la reine parut avec le roi et son fils, sur le plancher de l'Opéra, une immense acclamation, pareille à l'explosion d'une mine, se fit entendre du banquet aux loges.

Les soldats enivrés, les officiers délirans, levaient leurs chapeaux et leurs épées en criant : Vive le roi ! vive la reine ! vive le dauphin !

La musique se mit à jouer : *O Richard ! ô mon roi !*

L'allusion que renfermait cet air était devenue tellement transparente, elle accompagnait si bien la pensée de tous, elle traduisait si fidèlement l'esprit de ce banquet, que tous, en même temps que commençait l'air, entonnèrent les paroles.

La reine, enthousiasmée, oubliait qu'elle se trouvait au milieu d'hommes ivres ; le roi, surpris, sentait bien, avec son bon sens habituel, que sa place n'était point là, et qu'il marchait hors de sa conscience ; mais faible, et flatté de retrouver là une popularité et un zèle qu'il n'était plus accoutumé de retrouver dans son peuple, il se laissait aller peu à peu à l'enivrement général.

Charny, qui pendant tout le repas n'avait bu que de l'eau, se leva pâlissant lorsqu'il aperçut la reine et le roi ; il avait espéré que tout se passerait hors de leur présence, et alors peu importait ; on pouvait tout désavouer, tout démentir, tandis que la présence du roi et de la reine, c'était de l'histoire.

Mais sa terreur fut bien plus grande encore quand il vit son frère Georges s'approcher de la reine, et, encouragé par un sourire, lui adresser une parole.

Il était trop loin pour entendre ; mais à ses gestes, il comprit qu'il faisait une prière.

A cette prière, la reine fit un signe de consentement, et tout à coup, détachant la cocarde qu'elle portait à son bonnet, elle la donna au jeune homme.

Charny frissonna, étendit les bras et fut près de jeter un cri.

Ce n'était pas même la cocarde blanche, la cocarde française que présentait la reine à son imprudent chevalier. C'était la cocarde noire, la cocarde autrichienne, la cocarde ennemie.

Cette fois, ce que venait de faire la reine, c'était plus qu'une imprudence, c'était une trahison.

Et cependant ils étaient si insensés, tous ces pauvres fanatiques que Dieu voulait perdre, que lorsque Georges de Charny leur présenta cette cocarde noire, ceux qui avaient la cocarde blanche la rejetèrent, ceux qui avaient la cocarde tricolore la foulèrent aux pieds.

Et alors l'enivrement devint tel que, sous peine d'être étouffés sous les baisers ou de fouler aux pieds ceux qui s'agenouillaient devant eux, les augustes hôtes du régiment de Flandre durent reprendre le chemin de leurs appartemens.

Tout cela n'eût été sans doute qu'une folie française à laquelle les Français sont toujours prêts à pardonner, si l'orgie se fût arrêtée à l'enthousiasme ; mais l'enthousiasme fut vite dépassé.

De bons royalistes ne devaient-ils pas, en caressant le roi, égratigner un peu la nation ?

Cette nation, au nom de laquelle on faisait tant de peine au roi que la musique avait le droit de jouer :

> Peut-on affliger ce qu'on aime!

Ce fut sur cet air que le roi, la reine et le dauphin sortirent.

A peine furent-ils sortis que, s'animant les uns les autres, les convives transformèrent la salle du banquet en une ville prise d'assaut.

Sur un signe donné par monsieur Perseval, aide de camp de monsieur d'Estaing, le clairon sonne la charge.

La charge contre qui? Contre l'ennemi absent.

Contre le peuple.

La charge, cette musique si douce à l'oreille française, qu'elle eut cette illusion de faire prendre la salle de spectacle de Versailles pour un champ de bataille, et les belles dames qui regardaient des loges ce spectacle si doux à leur cœur pour l'ennemi.

Le cri : A l'assaut ! retentit poussé par cent voix, et l'escalade des loges commença. Il est vrai que les assiégeans étaient dans des dispositions si peu effrayantes, que les assiégés leur tendirent les mains.

Le premier qui arriva au balcon fut un grenadier du régiment de Flandre. Monsieur de Perseval arracha une croix de sa boutonnière et le décora.

Il est vrai que c'était une croix de Limbourg, une de ces croix qui ne sont presque pas des croix.

Et tout cela se faisait sous les couleurs autrichiennes, en vociférant contre la cocarde nationale.

Çà et là quelques sourdes clameurs s'échappaient sinistrement.

Mais couvertes par les hurlemens des chanteurs, par les vivats des assiégeans, par les éclats des trompettes, ces rumeurs allèrent refluer menaçantes jusqu'aux oreilles du peuple, qui écoutait à la porte, s'étonnant d'abord, puis s'indignant.

Alors on sut au dehors, sur la place, puis dans les rues, que la cocarde noire avait été substituée à la cocarde blanche, et que la cocarde tricolore avait été foulée aux pieds.

On sut qu'un brave officier de la garde nationale, qui avait conservé malgré les menaces sa cocarde tricolore, avait été gravement mutilé dans les appartemens même du roi.

Puis on répéta vaguement qu'un seul officier, immobile, triste et debout à l'entrée de cette immense salle, convertie en cirque où se ruaient tous ces furieux, avait regardé, écouté, s'était fait voir, cœur loyal et intrépide soldat, se soumettant à la toute-puissance de la majorité, prenant pour lui la faute d'autrui, acceptant la responsabilité de tout ce qu'avait commis d'excès l'armée, représentée dans ce jour funeste par les officiers du régiment de Flandre; mais le nom de cet homme, seul sage parmi tant de fous, ne fut pas même prononcé, et, l'eût-il été, jamais on n'eût cru que le comte de Charny, le favori de la reine, fût celui-là justement qui, prêt à mourir pour elle, eût le plus douloureusement souffert de ce qu'elle avait fait.

Quant à la reine, elle était rentrée chez elle véritablement étourdie par la magie de cette scène.

Elle y fut bientôt assaillie par le flot des courtisans et des adulateurs.

— Voyez, lui disait-on, voyez quel est le véritable esprit de vos troupes; voyez, si quand on vous parle de la furie populaire pour les idées anarchiques, voyez si cette furie pourra lutter contre l'ardeur sauvage des militaires français pour les idées monarchiques.

Et comme toutes ces paroles correspondaient aux secrets désirs de la reine, elle se laissait bercer par les chimères, ne s'apercevant même pas que Charny était resté loin d'elle.

Peu à peu, cependant, les bruits cessèrent; le sommeil de l'esprit éteignit tous les feux follets, toutes les fantasmagories de l'ivresse. Le roi, d'ailleurs, vint rendre visite à la reine au moment de son coucher, et lui jeta ce mot, empreint d'une sagesse profonde :

— Il faudra voir demain.

L'imprudent! avec ce mot qui, pour tout autre que celle à qui il était adressé, était un sage conseil, il venait de raviver chez la reine une source à moitié tarie de résistance et de provocation.

— En effet, murmura-t-elle quand il fut parti, cette flamme, enfermée dans ce palais ce soir, va s'étendre dans Versailles cette nuit, et sera demain un incendie pour toute la France. Tous ces soldats, tous ces officiers, qui m'ont donné ce soir de si ardens gages de dévoûment, vont être appelés traîtres, rebelles à la nation. Meurtriers de la patrie, on appellera les chefs de ces aristocrates les subalternes des stipendiés de Pitt et Cobourg, des satellites du pouvoir, des barbares, des sauvages du Nord.

Chacune de ces têtes qui a arboré la cocarde noire va être désignée au réverbère de la Grève.

Chacune de ces poitrines d'où s'échappait si loyalement le cri de : Vive la reine! sera trouée dans les premières émeutes par les ignobles couteaux et par les piques infâmes.

Et c'est encore moi, moi, toujours moi, qui aurai causé tout cela. C'est moi qui condamnerai à mort tant de braves serviteurs, moi, l'inviolable souveraine, qu'autour de moi l'on ménagera par hypocrisie, que loin de moi l'on insultera par haine.

Oh! non, plutôt que d'être à ce point ingrate envers mes seuls, envers mes derniers amis,—plutôt qu'être à ce point lâche et sans cœur, je prendrai sur moi la faute.—C'est pour moi que tout s'est fait, c'est moi qui endosserai les colères.
— Nous verrons jusqu'où viendra la haine, nous verrons jusqu'à quel degré de mon trône le flot impur osera monter.

Et la reine ainsi animée par cette insomnie chargée de sombres conseils, le résultat de la journée du lendemain n'était pas douteux.

Le lendemain arriva tout assombri de regrets, tout gros de murmures.

Le lendemain, la garde nationale, à qui la reine venait de distribuer ses drapeaux ; le lendemain, la garde nationale vint, la tête basse, les yeux obliques, remercier Sa Majesté.

Il était facile de deviner dans l'attitude de ces hommes qu'ils n'approuvaient rien, mais qu'ils eussent désapprouvé, au contraire, s'ils eussent osé.

Ils avaient fait partie du cortége ; ils étaient allés à la rencontre du régiment de Flandre ; ils avaient reçu pour le banquet des invitations et les avaient acceptées. Seulement, plus citoyens que soldats, c'étaient eux qui, pendant l'orgie, avaient risqué ces sourdes observations qui n'avaient pas été écoutées.

Ces observations, le lendemain, c'était un reproche, c'était un blâme.

Lorsqu'ils vinrent au palais remercier la reine, une grande foule les escortait.

C'est que, vu la gravité des circonstances, la cérémonie devenait imposante.

On allait voir de part et d'autre à qui l'on avait affaire.

De leur côté, tous ces soldats, tous ces officiers, compromis la veille, voulant savoir jusqu'à quel point ils seraient soutenus par la reine dans leur imprudente démonstration, avaient pris place en face de ce peuple scandalisé, insulté la veille, pour entendre les premières paroles officielles qui sortiraient du château.

Le poids de toute la contre-révolution était dès lors suspendu sur la seule tête de la reine.

Il était cependant encore en son pouvoir de décliner une pareille responsabilité, de conjurer un pareil malheur.

Mais elle, fière comme les plus fiers de sa race, promenant son regard clair, limpide, assuré, sur ceux qui l'entouraient, amis et ennemis, et s'adressant d'une voix sonore aux officiers de la garde nationale :

— Messieurs, dit-elle, je suis fort aise de vous avoir donné des drapeaux. La nation et l'armée doivent aimer le roi comme nous aimons la nation et l'armée.

J'ai été enchantée de la journée d'hier.

A ces mots, qu'elle accentua de sa plus ferme voix, un murmure partit de la foule, un bruyant applaudissement éclata dans les rangs des militaires.

— Nous sommes soutenus, dirent ceux-ci.

— Nous sommes trahis, dirent ceux-là.

Ainsi, pauvre reine, cette fatale soirée du 1er octobre, ce n'était point une surprise. Ainsi, malheureuse femme, vous ne regrettez pas la journée d'hier, vous ne vous en repentez pas !

Bien loin de vous en repentir, vous en êtes enchantée!

Charny, placé dans un groupe, entendit avec un profond soupir de douleur cette justification, mieux que cela, cette glorification de l'orgie des gardes du corps.

La reine, en détournant les yeux de dessus la foule, rencontra les yeux du jeune homme, et elle arrêta son regard sur la physionomie de son amant, afin d'y lire l'impression qu'elle avait faite.

— N'est-ce pas que je suis brave ? voulait-elle dire.

— Hélas ! madame, vous êtes plus folle que brave, répondit le visage douloureusement assombri du comte.

XIX.

LES FEMMES S'EN MÊLENT.

A Versailles, la cour faisait de l'héroïsme contre le peuple.

A Paris, on faisait de la chevalerie contre la cour; seulement, la chevalerie courait les rues.

Ces chevaliers du peuple erraient en haillons, la main sur la poignée d'un sabre ou la crosse d'un pistolet, interrogeant leurs poches vides et leurs estomacs creux.

Tandis qu'à Versailles on buvait trop, hélas ! à Paris, l'on ne mangeait point assez.

Trop de vin sur les nappes de Versailles.

Pas assez de farine chez les boulangers de Paris.

Etrange chose ! Sombre aveuglement qui, aujourd'hui

que nous sommes faits à toutes ces chutes de trônes, arrachera un sourire de pitié aux hommes politiques.

Faire de la contre-révolution et provoquer à la bataille des gens affamés !

Hélas ! dira l'histoire obligée de se faire philosophe matérialiste, jamais peuple ne se bat plus cruellement que lorsqu'il n'a pas dîné.

Il était bien facile cependant de donner du pain au peuple, et alors, bien certainement, le pain de Versailles lui eût paru moins amer.

Mais les farines de Corbeil n'arrivaient plus. C'est si loin de Versailles, Corbeil ! qui donc, près du roi ou de la reine, eût songé à Corbeil ?

Malheureusement, à cet oubli de la cour, la famine, ce spectre qui s'endort avec tant de peine et qui s'éveille si facilement, la famine était descendue, pâle et inquiète, dans les rues de Paris. Elle écoute à tous les coins de rue, elle recrute son cortége de vagabonds et de malfaiteurs ; elle va coller son visage sinistre aux vitres des riches et des fonctionnaires.

Les hommes se souviennent des émeutes qui coûtent tant de sang ; ils se rappellent la Bastille ; ils se rappellent Foulon, Berthier, Flesselles ; ils craignent d'être appelés encore une fois assassins, et ils attendent.

Mais les femmes, qui n'ont encore rien fait que souffrir, les femmes qui souffrent, triple souffrance, pour l'enfant qui pleure et qui est injuste parce qu'il n'a pas la conscience de la cause, pour l'enfant qui dit à sa mère : Pourquoi ne me donnes-tu pas de pain ? pour le mari qui, sombre et taciturne, quitte la maison le matin pour revenir le soir plus sombre et plus taciturne encore ! enfin pour elle, écho douloureux des souffrances conjugales et maternelles ; les femmes brûlent de prendre leur revanche, elles veulent servir la patrie à leur façon.

D'ailleurs, n'étaient-ce pas les femmes qui avaient fait le 1er octobre, à Versailles ?

C'était au tour des femmes de faire le 5 octobre, à Paris.

Gilbert et Billot étaient au Palais-Royal, au café de Foy. C'était au café de Foy que se faisaient les motions. Tout à coup, la porte du café s'ouvre, une femme entre tout effarée. Elle dénonce les cocardes blanches et noires qui de Versailles sont passées à Paris ; elle proclame le danger public.

On se rappelle ce qu'avait dit Charny à la reine.

— Madame, il y aura véritablement à craindre quand les femmes s'en mêleront.

C'était aussi l'avis de Gilbert.

Aussi, voyant que les femmes s'en mêlaient, il se retourna vers Billot et ne prononça que ces quatre mots :

— A l'Hôtel-de-Ville !

Depuis la conversation qui avait eu lieu entre Billot, Gilbert et Pitou, et à la suite de laquelle Pitou était retourné à Villers-Cotterets avec le petit Sébastien Gilbert, Billot obéissait à Gilbert sur un mot, sur un geste, sur un signe, car il avait compris que s'il était la force, Gilbert, lui, était l'intelligence.

Tous deux s'élancèrent hors du café, coupèrent diagonalement le jardin du Palais-Royal, traversèrent la cour des Fontaines, et atteignirent la rue Saint-Honoré.

A la hauteur de la Halle, ils rencontrèrent une jeune fille qui sortait de la rue des Bourdonnais, en battant le tambour.

Gilbert s'arrêta étonné.

— Qu'est-ce que cela ? demanda-t-il.

— Dame ! vous voyez, docteur, répondit Billot, une jolie fille qui bat le tambour, et pas trop mal, ma foi !

— Elle aura perdu quelque chose, dit un passant.

— Elle est bien pâle, reprit Billot.

— Demandez-lui ce qu'elle veut, fit Gilbert.

— Eh ! la jolie fille ! fit Billot, qu'avez-vous à battre ainsi la caisse ?

— J'ai faim ! répondit la jolie fille, d'une voix grêle et stridente.

Et elle continua sa marche et ses roulements de tambour.

Gilbert avait entendu.

— Oh ! oh ! voilà qui devient terrible, dit-il.

Et il regarda plus attentivement ces femmes qui suivaient la jeune fille au tambour.

Elles étaient hâves, chancelantes, désespérées.

Parmi ces femmes, il y en avait qui n'avaient pas mangé depuis trente heures.

Du milieu de ces femmes, partaient de temps en temps un cri menaçant par sa faiblesse même, car on sentait que ce cri sortait de bouches affamées.

— A Versailles! criaient-elles ; à Versailles!

Et, sur leur chemin, elles faisaient signe à toutes les femmes qu'elles apercevaient dans les maisons, et appelaient toutes les femmes qu'elles voyaient aux fenêtres.

Une voiture passa, *deux dames* étaient dans cette voiture ; elles passèrent leurs têtes aux portières et se mirent à rire.

L'escorte de la tambourineuse s'arrêta. Une vingtaine de femmes se précipitèrent aux portières, firent descendre les deux dames et les adjoignirent au groupe, malgré leurs récriminations et une résistance que deux ou trois horions vigoureux éteignirent sur-le-champ.

Derrière ces femmes, qui s'avançaient lentement, vu la besogne de recrutement qu'elles faisaient tout le long de la route, marchait un homme les deux mains dans ses poches.

Cet homme, au visage maigre et pâle, à la taille longue et mince, était vêtu d'un habit gris-de-fer, veste et culotte noires ; il portait un petit tricorne râpé, placé obliquement sur son front.

Une longue épée battait ses jambes maigres mais nerveuses.

Il suivait, regardant, écoutant, dévorant tout de son œil perçant qui roulait sous ses sourcils noirs.

— Eh! mais, dit Billot, je connais cette figure, je l'ai vue dans toutes les émeutes.

— C'est l'huissier Maillard, dit Gilbert.

— Ah! oui, c'est cela, celui qui passa après moi sur la planche de la Bastille ; il a été plus adroit que moi, lui, il n'est pas tombé dans les fossés.

Maillard disparut avec les femmes, au tournant de la rue.

Billot avait bien envie de faire comme Maillard, mais Gilbert l'entraîna avec lui à l'Hôtel-de-Ville.

Il était bien certain que c'était toujours là que l'émeute revenait, que ce fût une émeute d'hommes ou une émeute de femmes. Au lieu de suivre le cours du fleuve, il allait droit à son embouchure.

On savait à l'Hôtel-de-Ville ce qui se passait dans Paris. Mais à peine s'en occupait-on. Qu'importait, en effet, au flegmatique Bailly et à l'aristocrate Lafayette que l'idée fût venue à une femme de battre le tambour! C'était une anticipation sur le carnaval, et voilà tout.

Mais quand, à la suite de cette femme battant le tambour, on vit arriver deux ou trois mille femmes ; quand sur les flancs de cette troupe, qui, de minute en minute allait s'augmentant, on vit s'avancer une troupe non moins considérable d'hommes souriant d'une façon sinistre et tenant au repos leurs armes hideuses ; quand on comprit que ces hommes souriaient d'avance au mal que les femmes allaient faire, mal d'autant plus irrémédiable qu'on savait bien que la force publique ne sévirait pas avant le mal et que la force légale ne punirait point après, l'on commença de comprendre toute la gravité de la situation.

Ces hommes souriaient parce que le mal qu'ils n'avaient point osé faire, ils étaient bien aises de le voir faire à la plus inoffensive moitié du genre humain.

Au bout d'une demi-heure, il y avait dix mille femmes réunies sur la place de Grève.

Ces dames, se voyant en nombre suffisant, commencèrent à délibérer le poing sur la hanche.

La délibération ne fut point calme ; celles qui délibéraient étaient pour la plupart des portières, des femmes de la Halle, des filles publiques. Beaucoup de ces femmes étaient royalistes, et, au lieu d'avoir l'idée de faire du mal au roi et à la reine, elles se seraient fait tuer pour eux. On eût entendu les éclats de cette discussion étrange par-delà la rivière, aux tours silencieuses de Notre-Dame, qui, après avoir vu tant de choses, se préparaient à en voir de plus curieuses encore.

Le résultat de la délibération fut celui-ci :

» Allons un peu brûler l'Hôtel-de-Ville, où il se fabrique tant de paperasses pour nous empêcher de manger tous les jours. »

Justement on s'occupait, à l'Hôtel-de-Ville, de juger un boulanger qui avait vendu du pain à faux poids.

On comprend que plus le pain est cher, meilleure est une opération de ce genre ; seulement, plus elle est lucrative, plus elle est dangereuse.

En conséquence, les habitués du réverbère attendaient le boulanger avec une corde neuve.

La garde de l'Hôtel-de-Ville voulait sauver le malheureux, et s'y employait de toutes ses forces. Mais depuis quelque temps, on l'a vu, le résultat secondait mal ses philanthropiques dispositions.

Les femmes se ruèrent sur cette garde, la rompirent, firent irruption dans l'Hôtel-de-Ville, et le sac commença.

Elles voulaient jeter à la Seine tout ce qu'elle trouveraient, et brûler sur place tout ce qu'elles ne pourraient transporter.

Donc, les hommes à l'eau, les murailles au feu.

C'était une grande besogne.

Il y avait un peu de tout dnns l'Hôtel-de-Ville.

Il y avait d'abord 300 électeurs.

Il y avait les adjoints.

Il y avait les maires.

— Ce sera bien long de jeter tous ces gens-là à l'eau, dit une femme de sens, une femme pressée.

— Ce n'est pas qu'ils le méritent peu, dit une autre.

— Oui, mais le temps manque.

— Eh bien ! brûlons tout ! dit une voix, c'est plus simple.

On chercha des torches, on demanda du feu ; puis, provisoirement, pour ne pas perdre de temps, on s'amusa à pendre un abbé, l'abbé Lefèvre d'Ormesson.

Heureusement l'homme à l'habit gris était là. Il coupe la corde, l'abbé tombe de dix-sept pieds de haut, se foule un pied, et s'en va en boitant au milieu des rires de toutes ces mégères.

Ce qui faisait que l'abbé s'en allait si tranquillement, c'est que les torches étaient allumées, c'est que les incendiaires avaient déjà les torches aux mains, c'est qu'elles les approchaient des archives, c'est que dix minutes encore et tout allait être en feu.

Tout à coup l'homme à l'habit gris se précipite et arrache tisons et flambeaux des mains des femmes ; les femmes résistent, l'homme les fustige à coups de torche, et, tandis que le feu prend aux jupes, il éteint celui qui prenait déjà aux papiers.

Qu'est-ce donc que cet homme qui s'oppose ainsi à la volonté terrible de dix mille créatures furieuses ?

Pourquoi donc se laissait-on gouverner par cet homme ? On a pendu l'abbé Lefèvre à moitié ; on pendra bien cet homme tout à fait, attendu qu'il ne sera plus là pour empêcher qu'on le pende.

Sur ce raisonnement un chœur frénétique s'élève, qui le menace de mort ; à la menace se joint l'effet.

Les femmes entourent l'homme à l'habit gris et lui jettent une corde au cou.

Mais Billot est accouru. Billot va rendre à Maillard le service que Maillard a rendu à l'abbé.

Il se cramponne à la corde, qu'il coupe en deux ou trois endroits, avec un couteau bien acéré et bien tranchant, qui sert en ce moment à son propriétaire à couper les cordes, mais qui pourrait, dans un moment extrême, emmanché qu'il est d'un bras vigoureux, lui servir à autre chose.

Et tout en coupant la corde en autant de morceaux qu'il peut, Billot s'écrie :

— Mais, malheureuses ! vous ne reconnaissez donc pas l'un des vainqueurs de la Bastille ! celui qui a passé sur la planche pour aller chercher la capitulation, tandis que moi je barbottais dans les fossés ? Vous ne reconnaissez donc pas monsieur Maillard ?

A ce nom si connu et si redouté, toutes ces femmes s'arrêtent. On se regarde, on s'essuie le front.

La besogne avait été rude, et quoiqu'on fût au mois d'octobre, il était permis de suer en l'accomplissant.

— Un vainqueur de la Bastille ! et monsieur Maillard encore, monsieur Maillard l'huissier au Châtelet ! vive monsieur Maillard !

Les menaces se changent en caresses ; on embrasse Maillard, on crie : Vive Maillard !

Maillard échange une poignée de main et un regard avec Billot.

La poignée de main veut dire : Nous sommes amis !

Le regard veut dire : Si vous avez jamais besoin de moi, comptez sur moi.

Maillard a repris sur toutes ces femmes une influence d'autant plus grande qu'elles comprennent que Maillard a quelques petits torts à leur pardonner.

Mais Maillard est un vieux matelot populaire, il connaît cette mer des faubourgs qui se soulève d'un souffle et se calme d'un mot.

Il sait comment on parle à tous ces flots humains, lorsqu'ils vous donnent le temps de parler.

D'ailleurs, le moment est bon pour se faire entendre, on fait silence autour de Maillard.

Maillard ne veut pas que les parisiennes détruisent la Commune, c'est-à-dire le seul pouvoir qui les protége ; il ne veut pas qu'elles anéantissent l'État civil qui prouve que leurs enfans ne sont pas tous des bâtards.

La parole de Maillard, inusitée, stridente, railleuse, fait son effet.

Personne ne sera tué, rien ne sera brûlé.

Mais on veut aller à Versailles.

C'est là qu'est le mal, c'est là qu'on passe les nuits en orgie, tandis que Paris a faim. C'est Versailles qui dévore tout. Paris manque de blé et de farine, parce que les farines, au lieu de s'arrêter à Paris, vont directement de Corbeil à Versailles.

Il n'en serait pas ainsi si le *boulanger*, la *boulangère* et le *petit mitron* étaient à Paris.

C'est sous ces sobriquets qu'on désigne le Roi, la Reine et le Dauphin, ces distributeurs naturels du pain du peuple

On ira à Versailles.

Puisque les femmes sont organisées en troupes, puisqu'elles ont des fusils, des canons, de la poudre, que celles qui n'ont ni fusils, ni poudre, ont des piques et des fourches, elles auront un général.

Pourquoi pas ? la garde nationale en a bien un.
Lafayette est le général des hommes.
Maillard sera le général des femmes.
Monsieur Lafayette commande à ces fainéans de grenadiers qui semblent une armée de réserve, tant ils fon peu quand il y a tant à faire.
Maillard commandera l'armée active.
Sans sourire, sans sourciller, Maillard accepte.
Maillard est général commandant les femmes de Paris.
La campagne ne sera pas longue, mais elle sera décisive.

XX.

MAILLARD GÉNÉRAL.

C'était bien une armée que celle à laquelle commandait Maillard.

Elle avait des canons, dépourvus d'affûts et de roues, c'est vrai, mais on les avait placés dans des charrettes.

Elle avait des fusils, beaucoup manquaient de chien ou de batterie, c'est vrai, mais aucun ne manquait de baïonnette.

Elle avait une foule d'autres armes, bien embarrassantes, il est vrai ; mais enfin c'étaient des armes.

Elle avait de la poudre dans des mouchoirs, dans les bonnets, dans les poches, et au milieu de ces gibernes vivantes se promenaient les artilleurs avec leurs mèches allumées.

Si toute l'armée n'a pas sauté en l'air pendant cet étrange voyage, il y a bien certainement eu miracle.

Maillard d'un coup d'œil a apprécié les dispositions de son armée. Il voit que tout ce qu'il peut faire, c'est non pas de la contenir sur la place, non pas de l'enchaîner à Paris, mais de la conduire à Versailles, et, arrivé là, d'empêcher le mal qu'elle pourrait y faire.

Cette tâche difficile, cette tâche héroïque, Maillard la remplira.

En conséquence, Maillard descend, il prend le tambour suspendu au cou de la jeune fille.

Mourante de faim, la jeune fille n'a plus la force de le porter. Elle abandonne le tambour, glisse le long du mur, et tombe la tête sur une borne,

Sombre oreiller... oreiller de la faim...

Maillard lui demande son nom. On l'appelle Madeleine Chambry. Elle sculptait en bois pour les églises. Mais qui pense maintenant à doter les églises de ces beaux meubles en bois, de ces belles statues, de ces beaux bas-reliefs, chefs-d'œuvre du quinzième siècle?

Mourante de faim, elle s'est faite bouquetière au Palais-Royal.

Mais qui songe à acheter des fleurs, quand l'argent manque pour acheter du pain ? Les fleurs, ces étoiles qui brillent au ciel de la paix et de l'abondance, les fleurs se fanent au vent des orages et des révolutions.

Ne pouvant plus sculpter ses fruits de chêne, ne pouvant plus vendre ses roses, ses jasmins et ses lis, Madeleine Chambry a pris un tambour et elle a battu ce terrible rappel de la faim.

Elle viendra à Versailles, celle qui a rassemblé toute cette triste députation ; seulement, comme elle est trop faible pour marcher, elle ira en charette.

Arrivée à Versailles, on demandera qu'elle soit introduite au palais, avec douze autres femmes ; elle sera l'orateur; affamée, elle plaidera près du roi la cause des affamés.

On applaudit à cette idée de Maillard.

Ainsi voilà Maillard qui, d'un mot, a déjà changé toutes les dispositions hostiles.

On ne savait pas pourquoi on allait à Versailles, on ne savait pas ce qu'on y allait faire.

Maintenant, on le sait : on va à Versailles pour qu'une députation de douze femmes, Madeleine Chambry en tête, aille supplier le roi, *au nom de la faim*, de prendre pitié de son peuple.

Sept mille femmes à peu près sont réunies.

Elles se mettent en marche, elles suivent les quais.

Seulement, arrivées aux Tuileries, de grands cris se font entendre.

Maillard monte sur une borne afin de dominer toute son armée.

— Que voulez-vous ? demande-t-il.

— Nous voulons traverser les Tuileries.

— Impossible, répond Maillard.

— Et pourquoi impossible ? crient sept mille voix.

— Parce que les Tuileries, c'est la maison du roi, et le jardin du roi ; parce que les traverser sans la permission du roi, c'est insulter le roi, c'est plus que cela, c'est attenter dans la personne du roi à la liberté de tous.

— Eh bien ! soit, dirent les femmes, demandez la permission au suisse.

Maillard s'approcha du suisse, et, son tricorne à la main :

— Mon ami, dit-il, voulez-vous que ces dames traversent les Tuileries ? On ne passera que sous la voûte, et il ne sera fait aucun dommage aux plantes ni aux arbres du jardin.

Pour toute réponse, le suisse tire sa longue épée et fond sur Maillard.

Maillard tire la sienne d'un pied plus courte, et croise le fer. Pendant ce temps, une femme s'approche du suisse, et, d'un coup de manche à balai sur la tête, l'étend aux pieds de Maillard.

Maillard rengaîne son épée, prend celle du suisse sous un bras, prend le fusil de la femme sous l'autre, ramasse son tricorne tombé pendant la lutte, le replace sur sa tête, et continue son chemin à travers les Tuileries, où, selon la promesse par lui faite, aucun dégât n'est commis.

Laissons-leur continuer leur chemin à travers le Cours-la-Reine, et s'acheminer vers Sèvres, où elles se séparent en deux bandes, et voyons un peu ce qui se passait à Paris.

Ces sept mille femmes n'avaient pas failli noyer les électeurs, pendre l'abbé Lefèvre et Maillard, et brûler l'Hôtel-de-Ville, sans faire un certain bruit.

A ce bruit, qui avait eu son retentissement jusque dans

les quartiers les plus éloignés de la capitale, Lafayette était accouru.

Il passait une espèce de revue au Champ-de-Mars. Depuis huit heures du matin il était à cheval ; il arriva sur la place de l'Hôtel-de-Ville comme sonnait midi.

Les caricatures du temps réprésentaient Lafayette en centaure. Le corps était celui du fameux cheval blanc devenu proverbial.

La tête était celle du commandant de la garde nationale.

Depuis le commencement de la révolution, Lafayette parlait à cheval, Lafayette mangeait à cheval, Lafayette commandait à cheval.

Il lui arrivait souvent même de dormir à cheval.

Aussi, quand il lui arrivait par chance de dormir dans son lit, Lafayette dormait bien.

Quand Lafayette arriva sur le quai Pelletier, il fut arrêté par un homme qui partait au grand galop d'un excellent cheval de course.

Cet homme était Gilbert. Il partait pour Versailles. Il allait prévenir le roi de ce dont il était menacé, et se mettre à sa disposition.

En deux mots, il raconta tout à Lafayette.

Puis chacun continua son chemin :

Lafayette vers l'Hôtel-de-Ville,

Gilbert vers Versailles. Seulement, comme les femmes suivaient la rive droite de la Seine, lui prit la rive gauche.

La place de l'Hôtel-de-Ville, vide de femmes, s'était remplie d'hommes.

Ces hommes c'étaient des gardes nationaux soldés ou non soldés, d'anciens gardes françaises surtout, qui, passés dans les rangs du peuple, avaient perdu leurs priviléges de gardes du roi, privilége dont avaient hérité les gardes du corps et les suisses,

Au bruit que faisaient les femmes avaient succédé le bruit du tocsin et la générale.

Lafayette traversa toute cette foule, mit pied à terre au bas des degrés, et sans s'inquiéter des applaudissemens mêlés de menaces qu'excitait sa présence, il se mit à dicter une lettre au roi sur l'insurrection qui avait eu lieu le matin.

Il en était à la sixième ligne de sa lettre, lorsque la porte du secrétariat s'ouvrit violemment.

Lafayette leva les yeux. Une députation de grenadiers demandait à être reçue par le général.

Lafayette fit signe à la députation qu'elle pouvait entrer. Elle entra.

Le grenadier chargé de porter la parole s'avança jusqu'à la table.

— Mon général, dit-il d'une voix ferme, nous sommes députés par dix compagnies de grenadiers ; nous ne vous croyons pas un traître, mais nous croyons que le gouvernement nous trahit. Il est temps que tout cela finisse ; nous ne pouvons pas tourner nos baïonnettes contre des femmes qui nous demandent du pain. Le comité des subsistances malverse ou est incapable ; dans l'un ou l'autre cas, il faut le changer. Le peuple est malheureux, la source du mal est à Versailles. Il faut aller chercher le roi et l'amener à Paris ; il faut exterminer le régiment de Flandre et les gardes du corps, qui ont osé fouler aux pieds la cocarde nationale. Si le roi est trop faible pour porter la couronne, qu'il la dépose. Nous couronnerons son fils. On nommera un conseil de régence, et tout ira au mieux.

Lafayette étonné regarde l'orateur. Il a vu des émeutes, il a pleuré des assassinats, mais c'est la première fois que le souffle révolutionnaire lui frappe en réalité le visage.

Cette possibilité que voit le peuple de se passer du roi l'étonne, fait plus que de l'étonner, le confond.

— Eh ! quoi, s'écrie-t-il, avez-vous donc le projet de faire la guerre au roi et de le forcer à nous abandonner?

— Mon général, répond l'orateur, nous aimons et nous respectons le roi ; nous serions bien fâchés qu'il nous quittât, car nous l'aimons beaucoup. Mais enfin, s'il nous quittait, nous avons le dauphin.

— Messieurs, messieurs, dit Lafayette, prenez garde à ce que vous faites ; vous touchez à la couronne, et il est de mon devoir de ne pas le souffrir.

— Mon général, répliqua le garde national en s'inclinant, nous donnerions pour vous jusqu'à la dernière goutte de notre sang. Mais le peuple est malheureux, la source du mal est à Versailles, il faut aller chercher le roi et l'amener à Paris, le peuple le veut.

Lafayette voit qu'il lui faut payer de sa personne. C'est une nécessité devant laquelle il n'a jamais reculé.

Il descend au milieu de la place de l'Hôtel-de-Ville, et veut haranguer le peuple, mais les cris : *A Versailles ! à Versailles !* couvrent sa voix.

Tout à coup une grande rumeur se fait entendre du côté de la rue de la Vannerie. C'est Bailly qui se rend à l'Hôtel-de-Ville à son tour.

A la vue de Bailly, les cris : Du pain ! du pain ! — A Versailles ! à Versailles ! éclatent de tous côtés.

Lafayette, à pied, perdu dans la foule, sent que le flot monte de plus en plus et va l'engloutir.

Il fend la foule pour arriver à son cheval, avec une ardeur pareille à celle du naufragé qui fend la vague pour arriver à un rocher.

Il l'atteint, s'élance en selle, et le pousse du côté du perron ; mais le chemin est complétement fermé entre lui et l'Hôtel-de-Ville ; des murailles d'hommes ont poussé.

— Morbleu ! mon général, crient ces hommes, vous resterez avec nous.

En même temps, toutes les les voix crient : A Versailles ! à Versailles !

Lafayette flotte, hésitant. Oui, sans doute, en se rendant à Versailles, il peut être très utile au roi ; mais sera-t-il le maître de toute cette foule qui le pousse à Versailles ? Maîtrisera-t-il ces vagues qui lui ont fait perdre la terre du pied, et contre lesquelles il sent qu'il lutte lui-même pour son propre salut ?

Tout à coup un homme descend les degrés du perron, fend la foule, une lettre à la main, fait si bien des pieds et des mains, et surtout des coudes, qu'il arrive jusqu'à Lafayette.

Cet homme, c'est l'infatigable Billot.

— Tenez, général, dit-il, voilà de la part des **Trois-Cents**.

C'est ainsi qu'on appelait les électeurs.

Lafayette rompit le cachet et essaye de lire la lettre tout bas ; mais vingt mille voix crient ensemble :

— La lettre ! la lettre !

Force est donc à Lafayette de lire la lettre tout haut. Il fait un signe pour demander qu'on se taise. Au même instant, comme par miracle, le silence succède à cet immense tumulte, et sans qu'on en perde un seul mot, Lafayette lit la lettre suivante :

» Vu les circonstances et le désir du peuple, et sur la *représentation* de monsieur le commandant général qu'il était impossible de s'y refuser, elle autorise monsieur le commandant général, et même lui ordonne de se tranporter à Versailles.

» Quatre commissaires de la Commune l'accompagneront. »

Le pauvre Lafayette n'avait absolument *rien représenté* à messieurs les électeurs, qui n'étaient point fâchés de lui laisser une portion de la responsabilité des événemens qui allaient se passer. Mais le peuple, lui, crut qu'il avait *représenté* réellement, et le peuple, avec le vœu duquel cette représentation de son commandant général était en harmonie, le peuple cria : Vive Lafayette !

Alors Lafayette, pâlissant, répéta à son tour : — A Versailles !

Quinze mille hommes le suivirent avec un enthousiasme plus silencieux, mais plus terrible en même temps que celui des femmes parties en avant-garde.

Tout ce monde devait se rejoindre à Versailles, pour demander au roi les miettes de pain tombées de la table des gardes du corps pendant l'orgie du 1er au 2 octobre.

XXI.

VERSAILLES.

Comme toujours, on ignorait complétement à Versailles ce qui se passait à Paris.

Après les scènes que nous avons décrites, et dont la reine, le lendemain, s'était félicitée tout haut, la reine se reposait.

Elle avait une armée, elle avait des séides, elle avait compté ses ennemis, elle désirait engager la lutte.

N'avait-elle pas la défaite du 14 juillet à venger? N'avait-elle pas ce voyage du roi à Paris, voyage dont il était revenu avec la cocarde tricolore au chapeau, à faire oublier à sa cour et à oublier elle-même?

Pauvre femme! elle ne s'attendait guère au voyage qu'elle allait être forcée de faire elle-même.

Depuis son altercation avec Charny, elle ne lui avait plus parlé. Elle affectait de traiter Andrée avec cette ancienne amitié un instant assombrie dans son cœur à elle, — à jamais éteinte dans celui de sa rivale.

Quant à Charny, elle ne se tournait et ne regardait de son côté que lorsqu'elle était forcée de lui adresser la parole pour son service ou de lui donner un ordre.

Ce n'était pas une disgrâce de famille, car le matin même du jour où les Parisiens devaient quitter Paris pour venir à Versailles, on vit la reine causer affectueusement avec le jeune Georges de Charny, le second des trois frères, celui-là même qui, contrairement à Olivier, avait donné de si belliqueux conseils à la reine à la nouvelle de la prise de la Bastille.

En effet, vers neuf heures du matin, ce jeune officier traversait la galerie, pour annoncer au veneur que le roi allait chasser, quand Marie-Antoinette, qui venait d'entendre la messe à la chapelle, l'aperçut et l'appela.

— Où courez-vous ainsi, monsieur? dit-elle.

— Je ne courais plus, dès que j'avais aperçu Votre Majesté, répondit Georges ; je m'étais arrêté, au contraire, et j'attendais humblement l'honneur qu'elle me fait en m'adressant la parole.

— Cela ne vous empêche pas, monsieur, de me répondre et de me dire où vous alliez?

— Madame, répondit Georges, je suis d'escorte ; Sa Majesté chasse, et je vais prendre les ordres du veneur pour les rendez-vous.

— Ah! le roi chasse encore aujourd'hui, dit la reine en regardant les nuages qui roulaient gros et noirs venant de Paris ; il a tort. On dirait que le temps menace, n'est-ce pas, Andrée?

— Oui, madame, répondit distraitement la jeune femme.

— N'êtes-vous pas de cet avis, monsieur?

— Si fait, madame ; mais le roi le veut.

— Que la volonté du roi soit faite, dans les bois et sur les routes, répondit la reine avec cette gaîté qui lui était naturelle, et que ni les chagrins du cœur, ni les événemens politiques combinés ensemble ne parvenaient à lui faire perdre.

Puis, se retournant vers Andrée :

— C'est bien le moins qu'il ait cela, dit-elle en baissant la voix.

Et tout haut à Georges :

— Pouvez-vous, monsieur, me dire où chasse le roi? ajouta-t-elle.

— Dans les bois de Meudon, madame.

— Allons, accompagnez-le donc, et veillez sur lui.

En ce moment le comte de Charny était entré. Il sourit doucement à Andrée, et, secouant la tête, il se hasarda à dire à la reine :

— C'est une recommandation dont mon fr`re se souviendra, madame, non pas au milieu des plaisirs du roi, mais au milieu de ses dangers.

Au son de cette voix qui venait de frapper son oreille, sans que sa vue l'eût avertie de la présence de Charny, Marie-Antoinette tressaillit, et, se retournant :

— J'eusse été bien étonnée, dit-elle avec une rudesse dédaigneuse, si le propos ne fût pas venu de monsieur le comte Olivier de Charny.

— Pourquoi cela, madame ? demanda respectueusement le comte.

— Parce que c'est une prophétie de malheur, monsieur.

Andrée pâlit en voyant pâlir le comte.

Il s'inclina sans répondre.

Puis, sur un regard de sa femme, qui semblait s'étonner de le trouver si patient :

— Je suis vraiment bien malheureux, dit-il, de ne savoir *plus* comment on parle à la reine sans l'offenser.

Ce *plus* était accentué comme au théâtre un habile acteur accentue les syllabes importantes.

La reine avait l'oreille trop exercée pour ne pas saisir au passage l'intention que Charny avait donnée à ce mot.

— *Plus*, dit-elle vivement, *plus*, que signifie *plus* ?

— J'ai encore mal dit, à ce qu'il paraît, fit simplement monsieur de Charny.

Et il échangea avec Andrée un regard que cette fois la reine intercepta.

Elle pâlit à son tour, puis les dents serrées par la colère :

— La parole est mauvaise, s'écria-t-elle, quand mauvaise est l'intention.

— L'oreille est hostile, dit Charny, quand hostile est la pensée.

Et, sur cette riposte plus juste que respecteuse, il se tut.

— J'attendrai pour répondre, dit la reine, que monsieur de Charny ait plus de bonheur dans ses attaques.

— Et moi, répondit de Charny, j'attendrai pour attaquer que la reine soit plus heureuse qu'elle ne l'est depuis quelque temps en serviteurs.

Andrée saisit vivement la main de son mari et s'apprêta à sortir avec lui.

Un coup d'œil de la reine la retint. Elle avait vu le mouvement.

— Mais enfin, qu'avait-il à me dire, *votre mari* ? fit la reine.

— Il voulait dire à Votre Majesté qu'envoyé hier à Paris

par le roi, il avait trouvé Paris dans une fermentation étrange.

— Encore ! dit la reine, et à quel propos ? Les Parisiens ont pris la Bastille et sont en train de la démolir. Que veulent-ils de plus ? répondez, monsieur de Charny.

— C'est vrai, madame, répondit le comte ; mais, comme ils ne peuvent pas manger des pierres, ils disent qu'ils ont faim.

— Qu'ils ont faim ! qu'ils ont faim ! s'écria la reine. Que veulent-ils que nous fassions à cela ?

— Il y a eu un temps, madame, dit Charny, où la reine était la première à compatir aux douleurs publiques et à les soulager. Il fut un temps où elle montait jusqu'aux mansardes des pauvres, et où les prières des pauvres montaient des mansardes à Dieu.

— Oui, répondit amèrement la reine, et j'ai été bien récompensée, n'est-ce pas, de cette pitié pour les misères d'autrui. Un de mes plus grands malheurs m'est venu d'être montée dans une de ces mansardes.

— Parce que Votre Majesté s'est trompée une fois, dit Charny ; parce qu'elle a répandu ses grâces et ses faveurs sur une créature misérable, doit-elle mesurer l'humanité tout entière au niveau d'une infâme ? Ah ! madame, madame, comme vous étiez aimée à cette époque.

La reine lança un regard de flamme à Charny.

— Enfin, dit-elle, que se passait-il hier à Paris ? Ne me dites que des choses que vous avez vues, monsieur ; je veux être sûre de la vérité de vos paroles.

— Ce que j'ai vu, madame ! j'ai vu une partie de la population entassée sur les quais, attendant inutilement l'arrivage des farines. J'ai vu l'autre, faisant queue à la porte des boulangers et attendant inutilement du pain. Ce que j'ai vu ! c'est un peuple affamé ; des maris regardant tristement leurs femmes, des mères regardant tristement leurs enfans. Ce que j'ai vu ! ce sont des poings crispés et menaçans tournés du côté de Versailles. Ah ! madame, madame, ces périls dont je vous parlais, cette occasion de mourir pour Votre Majesté, bonheur que mon frère et moi réclamons des premiers, j'ai bien peur qu'elle ne tarde pas longtemps à nous être offerte.

La reine tourna le dos à Charny avec un mouvement d'impatience, et alla appuyer son front brûlant, quoique pâle, à la vitre d'une fenêtre donnant sur la Cour de marbre.

A peine avait-elle fait ce mouvement, qu'on la vit tressaillir.

— Andrée, dit-elle, venez donc voir quel est ce cavalier qui nous arrive, il semble porteur de nouvelles bien pressées.

Andrée s'approcha de la fenêtre ; mais presque aussitôt elle fit en pâlissant un pas en arrière.

— Ah ! madame ! dit-elle d'un ton de reproche.

Charny s'approcha vivement de la fenêtre, il n'avait rien perdu de ce qui venait de se passer.

— Ce cavalier, dit-il, en regardant successivement la reine et Andrée, c'est le docteur Gilbert.

— Ah ! c'est vrai, dit la reine, de manière qu'il fut impossible même à Andrée de juger si la reine l'avait attirée à la fenêtre dans un de ces accès de vengeance féminine auxquels la pauvre Marie-Antoinette se livrait parfois, ou parce que ses yeux affaiblis par les veilles et par les larmes ne reconnaissaient plus à une certaine distance ceux-là même qu'elle avait intérêt à reconnaître.

Un silence glacé s'étendit à l'instant même sur les trois acteurs principaux de cette scène, dont les regards seuls continuèrent d'interroger ou de répondre.

C'était en effet Gilbert qui arrivait, apportant ces sinistres nouvelles qu'avait prévues Charny.

Cependant, quoiqu'il eût descendu précipitamment de cheval, quoiqu'il eût monté rapidement l'escalier, quoique les trois têtes inquiètes de la reine, d'Andrée et de Charny se fussent tournées vers la porte correspondant à cet escalier, et par laquelle le docteur eût dû entrer, cette porte ne s'ouvrit point.

Il y eut alors, de la part des trois personnages, une attente anxieuse de quelques minutes.

Tout à coup, du côté opposé la porte s'ouvrit, et un officier s'avançant :

— Madame, dit-il, le docteur Gilbert, qui venait pour entretenir le roi d'affaires importantes et pressées, demande l'honneur d'être reçu par Votre Majesté, le roi étant parti depuis une heure pour Meudon.

— Qu'il entre ! dit la reine, fixant sur la porte un regard ferme jusqu'à la dureté ; tandis qu'Andrée, comme si elle eût naturellement dû trouver un soutien dans son mari, allait, en reculant, s'appuyer au bras du comte.

Gilbert parut sur le seuil de la porte.

XXII.

LA JOURNÉE DU 5 OCTOBRE.

Gilbert jeta un coup d'œil sur les différens personnages que nous venons de mettre en scène, et s'avançant respectueusement vers Marie-Antoinette :

— La reine, dit-il, me permettra-t-elle, en l'absence de son auguste époux, de lui faire part des nouvelles que j'apporte ?

— Parlez, monsieur, dit Marie. En vous voyant venir si rapidement, j'ai appelé toute ma force à mon secours, car je me suis bien douté que vous m'apportiez quelque rude nouvelle.

— La reine eût-elle préféré que je l'eusse laissée surprendre ? Avertie, la reine, avec cet esprit sain, ce jugement sûr qui la caractérisent, la reine ira au-devant du danger, et peut-être alors le danger reculera-t-il devant elle.

— Voyons, monsieur, ce danger, quel est-il ?

— Madame, sept ou huit mille femmes sont parties de Paris, et viennent, armées, à Versailles.

— Sept ou huit mille femmes! dit la reine d'un air de mépris.

— Oui, mais elles se seront arrêtées en route, et peut-être seront-elles quinze ou vingt mille en arrivant ici.

— Et que viennent-elles faire?

— Elles ont faim, madame, et elles viennent demander du pain au roi.

La reine se retourna vers Charny.

— Hélas! madame, dit le comte, ce que j'avais prévu est arrivé.

— Que faire? demanda Marie-Antoinette.

— Prévenir le roi d'abord, dit Gilbert.

La reine se retourna vivement.

— Le roi! Oh! non, s'écria-t-elle. L'exposer, à quoi bon?

Ce cri jaillit du cœur de Marie-Antoinette plutôt qu'il n'en sortit. Il était tout le manifeste de cette bravoure de la reine, de sa conscience d'une force toute personnelle, et de la conscience en même temps d'une faiblesse qu'elle n'eût dû ni trouver chez son mari, ni révéler à des étrangers.

Mais Charny, était-ce un étranger? mais Gilbert, était-ce un étranger?

Non, ces deux hommes, au contraire, ne semblaient-ils pas élus par la Providence, l'un pour sauvegarder la reine, l'autre pour sauvegarder le roi?

Charny répondit à la fois à la reine et à Gilbert; il reprenait tout son empire, car il avait fait le sacrifice de son orgueil.

— Madame, dit-il, monsieur Gilbert a raison, il faut prévenir le roi. Le roi est aimé encore, le roi se présentera aux femmes, il les haranguera, il les désarmera.

— Mais, demanda la reine, qui se chargera d'aller prévenir le roi? la route est déjà coupée, bien certainement, et c'est une entreprise dangereuse.

— Le roi est aux bois de Meudon?

— Oui, et si, comme c'est probable, les routes...

— Que Votre Majesté daigne ne voir en moi qu'un homme de guerre, interrompit simplement Charny. Un soldat est fait pour être tué.

10.

Et ces paroles prononcées, il n'attendit pas la réponse, il n'écouta pas le soupir ; il descendit rapidement, sauta sur un cheval des gardes, et courut vers Meudon, avec deux cavaliers.

A peine avait-il disparu, répondant par un dernier signe à l'adieu qu'Andrée lui envoyait par la fenêtre, qu'un bruit lointain, qui ressemblait au mugissement des flots dans un jour d'orage, fit dresser l'oreille à la reine. Ce bruit semblait m nter des arbres les plus éloignés de la route de Paris, que, de l'appartement où l'on était, on voyait se dérouler dans le brouillard jusqu'aux dernières maisons de Versailles.

Bientôt l'horizon devin: menaçant à la vue comme il l'était à l'oreille ; une pluie blanche et piquante commença de rayer la brume grise.

Et cependant, malgré ces menaces du ciel, Versailles s'emplissait de monde.

Les émissaires se succédaient au château. Chaque émissaire signalait une nombreuse colonne venant de Paris, et chacun, songeant aux joies et aux triomphes faciles des ours précédens, se sentait au cœur, les uns comme un remords, les autres comme une terreur.

Les soldats, inquiets et se regardant les uns les autres, prenaient lentement leurs armes. Pareils à des gens ivres qui essaient de secouer le vin, les officiers, démoralisés par le trouble visible des soldats et les murmures de la foule, respiraient péniblement cette atmosphère toute chargée de malheurs qu'on allait leur attribuer.

De leur côté, les gardes du corps, trois cents hommes à peu près, montaient à cheval froidement, et avec cette hésitation qui prend l'homme d'épée lorsqu'il comprend qu'il aura affaire à des ennemis dont l'attaque est inconnue.

Que faire contre des femmes qui sont parties menaçantes et avec des armes, mais qui arrivent désarmées et ne pouvant même plus lever les bras, tant elles sont lasses, tant elles ont faim!

Cependant, à tout hasard, ils prennent leurs rangs, tirent leurs sabres et attendent.

Enfin, les femmes paraissaient ; elles arrivaient par deux routes. A moitié chemin, elles s'étaient séparées ; les unes avaient pris par Saint-Cloud, les autres par Sèvres.

Avant de se séparer, on avait partagé huit pains : c'était tout ce qu'on avait trouvé à Sèvres.

Trente-deux livres de pain pour sept mille personnes !

En arrivant à Versailles, à peine pouvaient-elles se traîner ; plus des trois quarts avaient semé leurs armes sur la route. Comme nous l'avons dit, Maillard avait obtenu du dernier quart qu'il laissât les siennes aux premières maisons de la ville.

Puis, en entrant dans la ville : Allons, dit-il, pour qu'on ne doute pas que nous soyons des amis de la royauté, chantons : Vive Henri IV !

Et, d'une voix mourante et qui avait à peine la force de demander du pain, elles entonnèrent le chant royal.

Aussi l'étonnement fut grand au palais, lorsqu'au lieu de cris et de menaces on entendit des chants, lorsqu'on vit surtout les chanteuses chancelantes, la faim ressemble à l'ivresse, venir coller leurs visages hâves, pâles, livides, souillés, dégouttant d'eau et de sueur, des milliers de figures effrayantes, superposées, doublant à l'œil étonné le nombre des visages par le nombre des mains qui se crispent et s'agitent le long des barreaux dorés.

Puis, de temps en temps en temps, du sein de ces groupes fantastiques s'échappaient de lugubres hurlemens ; du milieu de ces figures agonisantes jaillissaient des éclairs.

De temps en temps encore, toutes ces mains abandonnent le barreau qui les soutenait, et, à travers les intervalles, s'allongent du côté du château.

Les unes, ouvertes et tremblantes, celles-là demandent ;

Les autres, crispées et tendues, celles-là menacent.

Oh ! le tableau était sombre.

La pluie et la boue, voilà pour le ciel et la terre.

La faim et la menace, voilà pour les assiégeans.

La pitié et le doute, voilà pour les défenseurs.

En attendant Louis XVI, la reine, pleine de fièvre et de résolution, fait ordonner la défense ; peu à peu les courtisans, les officiers, les hauts fonctionnaires, se sont groupés autour d'elle.

Au milieu d'eux, elle aperçut monsieur de Saint-Priest, ministre de Paris.

— Allez voir décidément ce que veulent ces gens, monsieur, dit-elle.

Monsieur de Saint-Priest descend, traverse la cour et s'approche de la grille.

— Que voulez-vous? demanda-t-il aux femmes.

— Du pain! du pain! du pain! répondirent à la fois mille voix.

— Du pain! répond monsieur de Saint-Priest avec impatience ; quand vous n'aviez qu'un maître, vous n'en manquiez pas de pain. A présent que vous en avez douze cents, vous voyez où vous en êtes.

Et monsieur de Saint-Priest se retire, au milieu des cris de ces affamées, en ordonnant de tenir la grille fermée.

Mais une députation s'avance, et devant laquelle il faudra bien que la grille s'ouvre.

Maillard s'est présenté à l'Assemblée, au nom des femmes ; il a obtenu que le président, avec une députation de douze femmes, viendra faire des représentations au roi.

Au moment même où la députation, Mounier en tête, sort de l'Assemblée, le roi entre au galop par les communs.

Charny l'a rejoint dans le bois de Meudon.

— Ah ! c'est vous, monsieur, lui demanda le roi. Est-ce à moi que vous en avez ?

— Oui, sire.

— Que se passe-t-il donc, vous avez été grand train.

— Sire, dix mille femmes sont à Versailles à cette heure, arrivant de Paris, et demandant du pain.

Le roi haussa les épaules, mais bien plutôt avec un sentiment de pitié que de dédain.

— Hélas ! dit-il, si j'en avais, du pain, je n'attendrais pas qu'elles vinssent à Versailles pour m'en demander.

Et cependant, sans faire d'autres observations, en jetant un regard douloureux du côté par où s'éloignait la chasse qu'il était forcée d'interrompre :

— Allons donc à Versailles, monsieur, dit-il.

Et il était parti pour Versailles.

Il venait d'arriver comme nous avons dit, lorsque de grands cris retentirent sur la place d'Armes.

— Qu'est-ce que cela? dit le roi.

— Sire, s'écria Gilbert en entrant, pâle comme la mort, ce sont vos gardes, qui, conduits par monsieur Georges de Charny, chargent le président de l'Assemblée nationale et la députation qu'il conduit vers vous.

— Impossible ! s'écrie le roi.

— Ecoutez les cris de ceux qu'on assassine. Voyez, voyez tout le monde qui fuit.

— Faites ouvrir les portes ! s'écrie le roi. Je recevrai la députation.

— Mais, sire ! s'écria la reine.

— Faites ouvrir, dit Louis XVI. Les palais des rois sont lieu d'asile.

— Hélas ! dit la reine, excepté peut-être pour les rois !

XXIII.

LA SOIRÉE DU 5 AU 6 OCTOBRE.

Charny et Gilbert se précipitent par les degrés.

— Au nom du roi ! crie l'un.

— Au nom de la reine ! crie l'autre.

Et tous deux ajoutent :

— Ouvrez les portes.

Mais cet ordre n'est pas si vite exécuté que le président de l'Assemblée nationale n'ait été renversé dans la cour et foulé aux pieds.

A côté de lui deux des femmes de la députation ont été blessées.

Gilbert et Charny se précipitent; ces deux hommes, partis l'un du haut de la société, l'autre d'en bas, se sont rencontrés dans le même milieu.

L'un veut sauver la reine par amour pour la reine, l'autre veut sauver le roi par amour de la royauté.

Les grilles ouvertes, les femmes se sont précipitées dans la cour ; elles se sont jetées dans les rangs des gardes, dans ceux des soldats du régiment de Flandre ; elles menacent, elles prient, elles caressent. Le moyen de résister à des femmes qui implorent des hommes au nom de leurs mères et de leurs sœurs !

— Place, messieurs, place à la députation ! crie Gilbert.

Et tous les rangs s'ouvrent pour laisser passer Mounier et les malheureuses femmes qu'il va présenter au roi.

Le roi, prévenu par Charny, qui a pris les devans, attend la députation dans la chambre voisine de la chapelle.

C'est Mounier qui parlera au nom de l'Assemblée.

C'est Louison Chambry, cette bouquetière qui a battu le rappel, qui parlera au nom des femmes.

Mounier dit quelques mots au roi et lui présente la jeune bouquetière.

Celle-ci fait un pas en avant, veut parler, mais ne peut prononcer que ces mots :

— Sire, du pain !

Et elle tombe évanouie.

— Au secours ! crie le roi, au secours !

Andrée s'élance et présente son flacon au roi.

— Ah ! madame, dit Charny à la reine, avec le ton du reproche.

La reine pâlit et se retire dans son appartement.

— Préparez les équipages, dit-elle, le roi et moi nous partons pour Rambouillet.

Pendant ce temps, la pauvre enfant revenait à elle ; en se voyant entre les bras du roi qui lui faisait respirer des sels, elle poussa un cri de honte, et voulut lui baiser la main.

Mais le roi l'arrêta.

— Ma belle enfant, lui dit-il, laissez-moi vous embrasser, vous en valez bien la peine.

— Oh ! sire, sire, puisque vous êtes si bon, dit la jeune fille, donnez donc l'ordre !

— Quel ordre ? demanda le roi.

— L'ordre de faire venir les blés, afin que la famine cesse.

— Mon enfant, dit le roi, je veux bien signer l'ordre que vous demandez, mais, en vérité ! j'ai bien peur qu'il ne vous serve pas à grand'chose.

Le roi se mit à une table, et commençait à écrire, lorsque tout à coup un coup de feu isolé se fait entendre, suivi d'une fusillade assez vive.

— Ah ! mon Dieu ! mon Dieu ! s'écrie le roi, qu'y a-t-il encore ? Voyez cela, monsieur Gilbert.

Une seconde charge a eu lieu sur un autre groupe de femmes, et c'est cette charge qui a amené le coup de fusil isolé et la fusillade.

Le coup de fusil isolé a été tiré par un homme du peuple et a cassé le bras à monsieur Savonnières, lieutenant des gardes, au moment où ce bras était levé pour frapper un jeune soldat réfugié contre une baraque, qui, les deux bras étendus et désarmés, protégeait une femme à genoux derrière lui.

A ce coup de fusil ont répondu, de la part des gardes, cinq ou six coups de carabine.

Deux balles ont porté : une femme est tombée morte.

On en emporte une autre grièvement blessée.

Le peuple riposte, et à leur tour deux gardes du corps tombent de leurs chevaux.

Au même instant, les cris de : Place ! place ! se font entendre. Ce sont les hommes du faubourg Saint-Antoine qui arrivent, traînant trois pièces de canon, qu'ils mettent en batterie en face de la grille.

Heureusement, la pluie tombe par torrent, la mèche est inutilement approchée de la lumière, la poudre détrempée par l'eau refuse de prendre.

En ce moment, une voix glisse tout bas ces paroles à l'oreille de Gilbert :

— Monsieur de Lafayette arrive et n'est plus qu'à une demi-lieue d'ici.

Gilbert cherche en vain qui lui a donné l'avis ; mais, de quelque part qu'il vienne, l'avis est bon.

Il regarde autour de lui, voit un cheval sans maître, c'est celui de l'un des deux gardes qui vient d'être tué.

Il saute dessus, et part au galop dans la direction de Paris.

Le second cheval sans cavalier veut le suivre ; mais à peine a-t-il fait vingt pas sur la place, qu'il est arrêté par la bride. Gilbert croit qu'on devine son intention et qu'on veut le poursuivre. Il jette un regard derrière lui tout en s'éloignant.

On ne pense point à cela, on a faim. On pense à manger, et l'on égorge le cheval à coups de couteau.

Le cheval tombe, et en un instant est dépecé en vingt morceaux.

Pendant ce temps, comme à Gilbert, on est venu dire au roi : Monsieur de Lafayette arrive.

Il venait de signer à Mounier l'acceptation des Droits de l'Homme.

Il venait de signer à Louison Chambry l'ordre de laisser venir les grains.

Munis de ce décret et de cet ordre, qui, pensait-on, devaient calmer tous les esprits, Maillard, Louison Chambry et un millier de femmes reprirent le chemin de Paris.

Aux premières maisons de la ville, elles rencontrèrent Lafayette, qui, pressé par Gilbert, arrivait au pas de course, conduisant la garde nationale.

— Vive le roi ! crièrent Maillard et les femmes levant leurs décrets au-dessus de leurs têtes.

— Que parliez-vous donc des dangers que court Sa Majesté ? dit Lafayette étonné.

— Venez, venez, général, s'écria Gilbert, continuant de le presser. Vous en jugerez vous-même.

Et Lafayette se hâte.

La garde nationale entre dans Versailles tambour battant.

Aux premiers battemens de tambour qui pénètrent dans Versailles, le roi sent qu'on le touche respectueusement au bras.

Il se retourne : c'est Andrée.

— Ah ! c'est vous, madame de Charny ! dit-il. Que fait la reine ?

— Sire ? la reine vous fait supplier de partir, de ne pas

attendre les Parisiens. A la tête de vos gardes et des soldats du régiment de Flandre, vous passerez partout.

— Est-ce votre avis, monsieur de Charny? demanda le roi.

— Oui, sire, si du même coup vous traversez la frontière, sinon.....

— Sinon?

— Mieux vaut rester.

Le roi secoua la tête.

Il reste, non point parce qu'il a le courage de rester, mais parce qu'il n'a pas la force de partir.

Tout bas, il murmure :

— Un roi fugitif! un roi fugitif!

Puis se retournant vers Andrée :

— Allez dire à la reine de partir seule.

Andrée sortit pour s'acquitter de la commission.

Cinq minutes après, la reine entra et vint se ranger près du roi.

— Que venez-vous faire ici, madame? demanda Louis XVI.

— Mourir avec vous, monsieur, répondit la reine.

— Ah! murmura Charny, voilà où elle est vraiment belle.

La reine tressaillit, elle avait entendu.

— Je crois, en effet, que je ferais mieux de mourir que de vivre, dit-elle en le regardant.

En ce moment, la marche de la garde nationale battait sous les fenêtres mêmes du palais.

Gilbert entra vivement.

— Sire, dit-il au roi, Votre Majesté n'a plus rien à craindre, monsieur de Lafayette est en bas.

Le roi n'aimait pas monsieur de Lafayette, mais se contentait de ne pas l'aimer.

Du côté de la reine, c'était autre chose; elle le haïssait franchement, et ne cachait pas sa haine.

Il en résulta qu'à cette nouvelle qu'il croyait une des plus heureuses qu'il pût annoncer en ce moment, Gilbert ne reçut pas de réponse.

Mais Gilbert n'était pas homme à se laisser intimider par le silence royal.

— Votre Majesté a entendu? dit-il au roi d'un ton ferme. Monsieur de Lafayette est en bas, et se met aux ordres de Votre Majesté.

La reine continua de rester muette.

Le roi fit un effort sur lui-même.

— Qu'on aille lui dire que je le remercie, et qu'on l'invite de ma part à monter.

Un officier s'inclina et sortit.

La reine fit trois pas en arrière.

Mais d'un geste presque impératif le roi l'arrêta.

Les courtisans se formèrent en deux groupes.

Charny et Gilbert demeurèrent près du roi.

Tous les autres reculèrent comme la reine, et allèrent se ranger derrière elle.

On entendit le pas d'un seul homme, et monsieur de Lafayette parut dans l'encadrement de la porte.

Au milieu du silence qui se fit à sa vue, une voix appartenant au groupe de la reine prononça ces deux mots:

— Voilà Cromwell.

Lafayette sourit.

— Cromwell ne fût pas venu seul chez Charles I*er*, dit-il.

Louis XVI se retourna vers ces terribles amis qui lui faisaient un ennemi de l'homme qui accourait à son secours.

Puis, à monsieur de Charny:

— Comte, dit il, je reste. Du moment où monsieur de Lafayette est ici, je n'ai plus rien à craindre. Dites aux troupes de se retirer sur Rambouillet. La garde nationale prendra les postes extérieurs, les gardes du corps ceux du château.

Puis, se retournant vers Lafayette:

— Venez, général, j'ai à causer avec vous.

Et comme Gilbert faisait un pas pour se retirer:

— Vous n'êtes pas de trop, docteur, dit-il; venez.

Et montrant le chemin à Lafayette et à Gilbert, il entra dans un cabinet où tous deux le suivirent.

La reine les suivit, et quand la porte fut refermée:

— Ah! dit-elle, c'était aujourd'hui qu'il fallait fuir. Aujourd'hui, il était encore temps. Demain, peut-être, sera-t-il trop tard !

Et elle sortit à son tour pour rentrer dans ses appartemens.

Et cependant une grande lueur, pareille à celle d'un incendie, frappait les vitres du palais.

C'était un immense foyer, où l'on faisait rôtir les quartiers du cheval mort.

XXIV.

LA NUIT DU 5 AU 6 OCTOBRE.

La nuit fut assez tranquille, l'Assemblée demeura en séance jusqu'à trois heures du matin.

A trois heures, avant que les membres se séparassent, elle envoya deux de ses huissiers qui parcoururent Versailles, visitèrent les abords du château, et firent le tour du parc.

Tout était ou tout paraissait être tranquille.

La reine avait voulu sortir vers minuit par la grille de Trianon, mais la garde nationale avait refusé de la laisser passer.

Elle avait allégué des craintes, et on lui avait répondu qu'elle était plus en sûreté à Versailles que partout ailleurs.

En conséquence, elle s'était retirée dans ses petits appartemens, et, en effet, elle s'était rassurée en les voyant protégés par ses gardes les plus fidèles.

A sa porte, elle avait trouvé Georges de Charny. Il était armé, appuyé sur le fusil court que les gardes portaient comme les dragons. C'était contre les habitudes : les gardes, à l'intérieur, ne faisaient faction qu'avec leurs sabres.

Alors elle s'était approchée de lui.

— Ah ! c'est vous, baron, avait-elle dit.

— Oui, madame.

— Toujours fidèle !

— Ne suis-je pas à mon poste ?

— Qui vous y a mis ?

— Mon frère, madame.

— Et où est votre frère ?

— Près du roi.

— Pourquoi, près du roi ?

— Parce qu'il est le chef de la famille, a-t-il dit, et qu'en cette qualité il a le droit de mourir pour le roi, qui est le chef de l'Etat.

— Oui, dit Marie-Antoinette avec une certaine amertume tandis que vous n'avez le droit de mourir que pour la reine.

— Ce sera un grand honneur pour moi, madame, dit le jeune homme en s'inclinant, si Dieu permet que j'accomplisse jamais ce devoir.

La reine fit un pas pour se retirer, mais un soupçon la mordit au cœur.

Elle s'arrêta, et, tournant à demi la tête :

— Et... la comtesse, demanda-t-elle, qu'est-elle devenue ?

— La comtesse, madame, vient de rentrer il y a dix minutes, et s'est fait dresser un lit dans l'antichambre de Votre Majesté.

La reine se mordit les lèvres.

Il suffisait qu'on touchât en quelque point à cette famille de Charny pour qu'on ne fût jamais pris hors de son devoir.

— Merci, monsieur, dit la reine avec un charmant signe de la tête et de la main à la fois, merci de ce que vous veillez si bien sur la reine. Vous remercierez de ma part votre frère de ce qu'il veille si bien sur le roi.

Et à ces mots elle rentra. Dans l'antichambre elle trouva Andrée, non pas couchée, mais debout, respectueuse, et attendant.

Elle ne put s'empêcher de lui tendre la main.

— Je viens de remercier votre beau-frère Georges, comtesse, dit-elle. Je l'ai chargé de remercier votre mari, et je vous remercie à votre tour.

Andrée fit la révérence et se rangea pour laisser passer la reine, qui regagna sa chambre à coucher.

La reine ne lui dit pas de la suivre ; ce dévoûment, dont on sentait que l'affection s'était retirée, et qui cependant, tout glacé qu'il était, s'offrait jusqu'à la mort, la mettait mal à son aise.

Donc, à trois heures du matin, comme nous avons dit, tout était tranquille.

Gilbert était sorti du château avec monsieur de Lafayette, qui était resté douze heures à cheval et qui tombait de fatigue : à la porte, il avait rencontré Billot, venu avec la garde nationale ; il avait vu partir Gilbert ; il pensait que Gilbert pouvait avoir besoin de lui là-bas. et il était venu le rejoindre comme le chien vient rejoindre son maître parti sans lui.

A trois heures, comme nous avons dit, tout était tranquille. L'Assemblée elle-même, rassurée par le rapport de ses huissiers, s'était retirée.

On espérait bien que cette tranquillité ne serait pas troublée.

On comptait mal.

Dans presque tous les mouvemens populaires qui préparent les grandes révolutions, il y a un temps d'arrêt pendant lequel on croit que tout est fini et que l'on peut dormir tranquille.

On se trompe.

Derrière les hommes qui font les premiers mouvemens, il y a ceux qui attendent que ce premier mouvement soit fait et que, fatigués ou satisfaits, dans l'un ou l'autre cas ne voulant pas aller plus loin, ceux qui ont accompli ce premier mouvement se reposent.

C'est alors qu'à leur tour, ces hommes inconnus, mystérieux agens des passions fatales, se glissent dans les ténèbres, reprennent le mouvement où il a été abandonné, et, le poussant jusqu'à ses dernières limites, épouvantent à leur réveil ceux qui leur ont ouvert le chemin et qui s'étaient couchés à la moitié de la route, croyant à route faite, croyant le but atteint.

Il y eut impulsion bien différente pendant cette nuit terrible, donnée par deux troupes arrivées à Versailles, l'une le soir, l'autre pendant la nuit.

La première venait parce qu'elle avait faim, et elle demandait du pain.

La seconde venait par haine, et elle demandait vengeance.

Nous savons qui conduisait la première troupe, Maillard et Lafayette.

Maintenant, qui conduisait la seconde ? l'histoire ne nomme personne. Mais, à défaut de l'histoire, la tradition nomme :

Marat !

Nous le connaissons, nous l'avons vu, lors des fêtes du mariage de Marie-Antoinette, coupant des jambes sur la place Louis XV. Nous l'avons vu sur la place de l'Hôtel-de-Ville, poussant les citoyens vers la place de la Bastille.

Enfin, nous le voyons se glissant dans la nuit, comme ces loups qui rampent autour des parcs de moutons, attendant que le berger soit endormi pour risquer leur œuvre sanglante.

Verrière !

Celui-là, nous le nommons pour la première fois. C'était un nain difforme, un bossu hideux, monté sur des jambes démesurées. A chaque orage qui troublait le fond de la société, on voyait le gnome sanglant monter avec l'écume et s'agiter à sa surface ; deux ou trois fois, aux époques terribles, on le vit passer dans Paris, accroupi sur un cheval noir, pareil à une figure de l'Apocalypse ou à un de ces diables impossibles nés sous le crayon de Callot pour tenter saint Antoine.

Un jour, dans un club, et monté sur une table, il attaqua, il menaça, il accusa Danton. C'était à l'époque où commençait à chanceler la popularité de l'homme du 2 septembre. Sous cette venimeuse attaque, Danton se sentit perdu, perdu comme le lion qui aperçoit à deux doigts de ses lèvres la tête hideuse du serpent. Il regarda autour de lui, cherchant soit une arme, soit un soutien. Il aperçut par bonheur un autre bossu. Il le prit aussitôt sous les épaules, et, le soulevant, il le posa sur la table en face de son confrère.

— Mon ami, dit-il, répondez à monsieur, je vous passe la parole.

On éclata de rire, et Danton fut sauvé.

Pour cette fois là du moins.

Il y avait donc, la tradition le dit ; il y avait Marat, Verrière, et puis encore.

Le duc d'Aiguillon.

Le duc d'Aiguillon, c'est à dire un des ennemis modèles de la reine.

Le duc d'Aiguillon déguisé en femme.

Qui dit cela ? Tout le monde.

L'abbé Delille et l'abbé Maury, ces deux abbés qui se ressemblent si peu.

On a attribué au premier ce fameux vers :

En homme, c'est un lâche; en femme, un assassin.

Quant à l'abbé Maury, c'est autre chose.

Quinze jours après les événemens que nous racontons, le duc d'Aiguillon le rencontra sur la terrasse des Feuillans et voulut l'accoster.

— Passe ton chemin, salope, dit l'abbé Maury.

Et il s'éloigna majesteueusement du duc.

Or, on dit donc que ces trois hommes arrivèrent à Versailles vers quatre heures du matin.

Ils conduisaient cette seconde troupe dont nous avons parlé.

Elle se composait de ceux qui viennent après ceux qui combattent pour vaincre.

Ils viennent, eux, pour piller et pour assassiner.

Or, on avait bien assassiné un peu à la Bastille, mais on n'avait pas pillé du tout.

Versailles offrait une belle revanche à prendre.

Vers cinq heures et demie du matin, le château tressaillit au milieu de son sommeil.

Un coup de fusil venait d'être tiré de la Cour de marbre.

Cinq ou six cents hommes s'étaient tout à coup présentés à la grille, et s'excitant, s'animant, se poussant, ils avaient d'un seul effort, les uns escaladé, les autres forcé cette grille.

C'est alors que le coup de fusil de la sentinelle avait donné l'alarme.

Un des assaillans était tombé mort, son cadavre s'alongeait sur le pavé.

Ce coup de feu a fendu ce groupe de pillards, qui visent, les uns à l'argenterie du château ; les autres, qui sait ! peut-être à la couronne du roi.

Séparé comme par un immense coup de hache, le flot se divise en deux groupes.

L'un des groupes va battre l'appartement de la reine, l'autre monte vers la chapelle, c'est à dire vers l'appartement du roi.

Suivons d'abord celui qui monte vers l'appartement du roi.

Vous avez vu monter le flot dans les grandes marées, n'est-ce pas ? Eh bien ! le flot populaire est pareil, avec cette différence qu'il avance toujours sans reculer.

Toute la garde du roi se compose en ce moment du factionnaire qui veille à la porte, et d'un officier qui sort précipitamment des antichambres, armé d'une hallebarde qu'il vient d'arracher au suisse effrayé.

— Qui vive ! crie le factionnaire, qui vive !

Et comme il n'y a pas de réponse, et que le flot monte toujours :

— Qui vive ! crie-t-il une troisième fois.

Et il met en joue.

L'officier comprend ce qui va résulter d'un coup de feu tiré dans les appartemens ; il relève le fusil, se précipite au-devant des assaillans, et barre avec sa hallebarde l'escalier dans toute sa largeur.

— Messieurs ! messieurs ! s'écrie-t-il, que voulez-vous ? que demandez-vous ?

— Rien, rien, disent en raillant plusieurs voix. Allons, laissez-nous passer ; nous sommes de bons amis de Sa Majesté.

— Vous êtes de bons amis de Sa Majesté, et vous lui apportez la guerre.

Cette fois, pas de réponse... Un rire sinistre, voilà tout.

Un homme saisit le manche de la hallebarde que l'officier ne veut pas lâcher. Pour le lui faire lâcher, l'homme lui mord la main.

L'officier arrache la hallebarde des mains de son adversaire, en saisit avec les siennes placées à deux pieds de distance le manche de chêne, abaisse de toute sa force ce manche sur la tête de son adversaire, et lui fend le crâne.

La violence du coup a brisé en deux la hallebarde.

Dès lors l'officier a deux armes au lieu d'une, un bâton et un poignard.

Avec le bâton il fait le moulinet, avec le poignard il darde. Pendant ce temps, le factionnaire a rouvert la porte de l'antichambre et a appelé à l'aide.

Cinq ou six gardes sont sortis.

— Messieurs, messieurs, dit la sentinelle, à l'aide de monsieur de Charny, à l'aide!

Les sabres sortent du fourreau, brillent un instant à la lueur de la lampe qui brûle au haut de l'escalier, et, à droite et à gauche de Charny, fouillent furieusement les assaillans.

Des cris de douleur se font entendre, le sang jaillit, le flot recule en roulant sur les marches qu'il découvre en se retirant, et qui apparaissent rouges et glissantes.

La porte de l'antichambre se rouvre une troisième fois, et la sentinelle crie :

— Rentrez, messieurs, le roi l'ordonne.

Les gardes profitent du moment de confusion qui s'est opéré dans la foule. Ils s'élancent vers la porte. Charny rentre le dernier. La porte se referme sur lui, les deux larges verroux glissent dans leurs gâches.

Mille coups frappent à la fois cette porte ; mais on entasse derrière elle banquettes, tables, tabourets. Elle tiendra bien dix minutes.

Dix minutes ! Pendant ces dix minutes quelque renfort arrivera.

Voyons, que se passe-t-il chez la reine ?

Le second groupe s'est élancé vers les petits appartemens ; mais là l'escalier est étroit, et à peine deux personnes peuvent-elles passer de front dans le corridor.

C'est là que veille Georges de Charny.

Au troisième : Qui vive ! resté sans réponse, il a fait feu.

11.

Au bruit du coup, la porte de la reine s'ouvre.

Andrée passa sa tête pâle, mais calme.

— Qu'y a-t-il ? demande-t-elle.

— Madame, s'écrie Georges, sauvez Sa Majesté, c'est à sa vie qu'on en veut. Je suis seul ici contre mille. Mais n'importe, je tiendrai le plus longtemps possible, hâtez-vous ! hâtez-vous !

Puis, comme les assaillans se précipitent sur lui, il tire la porte en criant :

— Fermez le verrou, fermez ! Je vivrai assez longtemps pour donner à la reine le temps de se lever et de fuir.

Et, en se retournant, il perce de sa baïonnette les deux premiers qu'il rencontre dans le corridor.

La reine a tout entendu, et quand Andrée entre dans sa chambre, elle la trouve debout.

Deux de ses femmes, madame Hogué et madame Thibault l'habillent à la hâte.

Puis, à moitié vêtue, les deux femmes la poussent chez le roi par un corridor dérobé, tandis que toujours calme, et comme indifférente à son propre danger, Andrée ferme l'une après l'autre au verrou chaque porte qu'elle franchit en marchant sur les pas de Marie-Antoinette.

XXV.

LE MATIN.

Un homme attendait la reine sur la limite des deux appartemens.

Cet homme, c'était Charny tout sanglant.

— Le roi ! s'écria Marie-Antoinette, en voyant les vêtemens rougis du jeune homme. Le roi ! monsieur, vous avez promis de sauver le roi !

— Le roi est sauvé, madame, répondit Charny.

Et, plongeant son regard à travers les portes que la reine

avait laissées ouvertes pour arriver de chez elle à l'Œil-de-Bœuf, où se trouvaient réunis en ce moment la reine, Madame Royale, le dauphin et quelques gardes, il s'apprêtait à demander où était Andrée, quand il rencontra le regard de la reine.

Ce regard arrêta la parole sur ses lèvres.

Mais le regard de la reine plongeait avant dans le cœur de Charny.

Il n'eut pas besoin de parler, Marie-Antoinette devina sa pensée.

— Elle vient, dit-elle ; soyez tranquille.

Et elle courut au dauphin, qu'elle prit dans ses bras.

En effet, Andrée fermait la dernière porte, et entrait à son tour dans la salle de l'Œil-de-Bœuf.

Andrée et Charny n'échangèrent pas un mot.

Le sourire de l'un répondit au sourire de l'autre, voilà tout.

Chose étrange ! ces deux cœurs si longtemps séparés commençaient à avoir des battemens qui répondaient l'un à l'autre.

Pendant ce temps, la reine regardait autour d'elle ; et comme si elle eût été heureuse de prendre Charny en faute :

— Le roi ? demanda-t-elle ; le roi ?

— Le roi vous cherche, madame, répondit tranquillement Charny ; il est allé chez vous par un corridor, tandis que vous êtes venue par un autre.

Au même moment, on entendit de grands cris dans la salle voisine.

C'étaient les assassins qui criaient : A bas l'Autrichienne ! à bas la Messaline ! à bas la Veto ! il faut l'étrangler, il faut la pendre !

En même temps deux coups de pistolets se font entendre, et deux balles trouent la porte à différentes hauteurs.

Une de ces deux balles passa à quelques lignes de la tête du dauphin et alla s'enfoncer dans le lambris.

— Oh ! mon Dieu ! mon Dieu ! s'écria la reine, tombant à genoux, nous mourrons tous.

Les cinq ou six gardes, sur un signe de Charny, firent

alors un rempart de leurs corps à la reine, et aux deux enfans royaux.

En ce moment, le roi apparut, les yeux pleins de larmes, le visage pâle ; il appelait la reine comme la reine avait appelé le roi.

Il l'aperçut, et se jeta dans ses bras.

— Sauvé ! sauvé ! s'écria la reine.

— Par lui, madame, répondit le roi en montrant Charny ; et vous, sauvée aussi, n'est-ce pas ?

— Par son frère ! répondit la reine.

— Monsieur, dit Louis XVI au comte, nous devons beaucoup à votre famille, trop pour que nous puissions jamais nous acquitter.

La reine rencontra le regard d'Andrée et détourna la tête en rougissant.

Les coups des assaillans commençaient à retentir dans la porte.

— Allons, messieurs, dit Charny, il faut tenir ici une heure. Nous sommes sept, on mettra bien une heure à nous tuer, si nous nous défendons bien. D'ici à une heure, il est impossible qu'on ne vienne pas au secours de Leurs Majestés.

Et à ces mots Charny saisit une immense armoire qui garnissait l'angle de la chambre royale.

L'exemple fut suivi, et bientôt ce fut un amas de meubles amoncelés, à travers lesquels les gardes se ménagèrent des meurtrières pour tirer.

La reine prit ses deux enfans dans ses bras, et, élevant ses mains au-dessus de leur têtes, elle pria.

Les enfans étouffèrent leurs gémissemens et leur larmes.

Le roi rentra dans le cabinet attenant à l'Œil-de-Bœuf, afin de brûler quelques papiers précieux qu'il voulait dérober aux assaillans.

Ceux-ci s'acharnaient sur la porte. A chaque instant, on en voyait sauter quelque lambeau sous le tranchant d'une hache ou sous la morsure d'une pince.

Par les ouvertures pratiquées, les piques à la langue rougie, les baïonnettes au triangle ensanglanté, passaient, essayant de darder la mort.

En même temps, les balles trouaient le châssis au-dessus de la barricade et allaient sillonner le plâtre du plafond doré.

Enfin une banquette croula du haut de l'armoire. L'armoire s'entama ; tout un panneau de la porte que recouvrait cette armoire s'ouvrit béant comme un gouffre, et l'on vit, par l'ouverture élargie, à la place des baïonnettes et des piques, passer des bras sanglans qui se cramponnaient aux ouvertures qui allaient sans cesse s'élargissant.

Les gardes avaient brûlé jusqu'à leur dernière cartouche, et ce n'était pas inutilement, car à travers cette ouverture grandissante on pouvait voir le parquet de la galerie jonché de blessés et de morts.

Aux cris des femmes qui, par cette ouverture, croyaient déjà voir entrer la mort, le roi revint.

— Sire, dit Charny, enfermez-vous avec la reine dans le cabinet le plus éloigné ; fermez sur vous toutes les portes ; mettez deux de nous derrière les portes. Je demande à être le dernier et à garder la dernière. Je réponds de deux heures ; ils ont été plus de quarante minutes à enfoncer celle-ci.

Le roi hésitait ; il lui paraissait humiliant de fuir ainsi de chambre en chambre, de se retrancher ainsi derrière chaque cloison.

S'il n'avait pas eu la reine, il n'eût pas reculé d'un pas.

Si la reine n'avait pas eu ses enfans, elle serait restée aussi ferme que le roi.

Mais hélas ! pauvres humains ! Rois ou sujets, nous avons toujours au cœur une ouverture secrète, par laquelle fuit l'audace et entre la terreur.

Le roi allait donc donner l'ordre de fuir dans le cabinet le plus reculé, lorsque tout à coup les bras se retirèrent, les piques et les baïonnettes disparurent, les cris et les menaces s'éteignirent.

Il y eut un moment de silence où chacun resta la bouche ouverte, l'oreille tendue, l'haleine muette.

Puis on entendit le pas cadencé d'une troupe régulière.

— C'est la garde nationale ! s'écria Charny.

— Monsieur de Charny ! monsieur de Charny ! cria une voix.

Et en même temps la figure bien connue de Billot apparut à l'ouverture.

— Billot ! s'écria Charny ; c'est, vous mon ami ?
— Oui, c'est moi. Le roi et la reine, où sont-ils ?
— Ils sont là.
— Sains et saufs ?
— Sains et saufs.
— Dieu soit loué ! monsieur Gilbert ! monsieur Gilbert ! par ici !

A ce nom de Gilbert, deux cœurs de femme tressaillirent d'une façon bien différente.

Le cœur de la reine, le cœur d'Andrée.

Charny se retourna instinctivement, il vit Andrée et la reine pâlir à ce nom.

Il secoua la tête et soupira.

— Ouvrez les portes, messieurs, dit le roi.

Les gardes du corps se précipitèrent, dispersant les débris de la barricade.

Pendant ce temps, on entendait la voix de Lafayette qui criait :

— Messieurs de la garde nationale parisienne, j'ai donné hier soir ma parole au roi qu'il ne serait fait aucun tort à tout ce qui appartient à Sa Majesté. Si vous laissez égorger les gardes, vous me ferez manquer à ma parole d'honneur, et je ne serai plus digne d'être votre chef.

Lorsque la porte s'ouvrit, les deux personnes que l'on aperçut étaient le général Lafayette et Gilbert ; un peu à gauche, se tenait Billot, tout joyeux de la part qu'il venait de prendre à la délivrance du roi.

C'était Billot qui avait été réveiller Lafayette.

Derrière Lafayette, Gilbert et Billot, se tenait le capitaine Gondran, commandant la compagnie du centre de Saint-Philippe-du-Roule.

Madame Adélaïde fut la première qui s'élança au devant de Lafayette, et, lui jetant les bras au cou avec la reconnaissance de la terreur :

— Ah! monsieur, s'écria-t-elle, c'est vous qui nous avez sauvés.

Lafayette s'avança respectueusement pour franchir le seuil de l'Œil-de-Bœuf; mais un officier l'arrêta.

— Pardon, monsieur, demanda-t-il, mais avez-vous vos grandes entrées?

— S'il ne les a pas, dit le roi en tendant la main à Lafayette, je les lui donne.

— Vive le roi! vive la reine! cria Billot.

Le roi se retourna.

— Voilà une voix que je connais, dit-il en souriant.

— Vous êtes bien bon, sire, répondit le brave fermier. Oui, oui, c'est la voix du voyage à Paris. Ah! si vous y étiez resté, au lieu de revenir ici, à Paris!

La reine fronça le sourcil.

— Oui, dit-elle, avec cela qu'ils sont aimables, les Parisiens!

— Eh bien! monsieur? demanda le roi à monsieur de Lafayette, en homme qui veut dire : A votre avis, que faut-il faire?

— Sire, répondit respectueusement monsieur de Lafayette, je crois qu'il serait bon que Votre Majesté se montrât au balcon.

Le roi interrogea Gilbert, mais de l'œil seulement.

Le roi alla droit à la fenêtre, l'ouvrit sans hésitation et parut sur le balcon.

Un grand cri, un cri unanime retentit.

— Vive le roi!

Puis un second cri suivit le premier.

— Le roi à Paris!

Puis, entre ces deux cris, les couvrant parfois, des voix formidables criaient :

— La reine! la reine!

A ce cri, tout le monde frissonna; le roi pâlit, Charny pâlit, Gilbert lui-même pâlit.

La reine releva la tête.

Pâle, elle aussi, les lèvres serrées, les sourcils froncés elle se tenait près de la fenêtre. Madame Royale était appuyée à elle. Devant elle était le dauphin, et sur la tête blonde de l'enfant se crispait sa main blanche comme un marbre.

— La reine ! la reine ! continuèrent les voix devenant de plus en plus formidables.

— Le peuple désire vous voir, madame, dit Lafayette.

— Oh ! n'y allez pas, ma mère ! dit madame Royale tout éplorée, jetant son bras autour du cou de la reine.

La reine regarda Lafayette.

— Ne craignez rien, madame, lui dit-il.

— Eh quoi ! toute seule ! fit la reine.

Lafayette sourit, et respectueusement, avec ces manières charmantes qu'il avait conservées jusque dans sa vieillesse ; il détacha les deux enfans de leur mère, et les poussa les premiers sur le balcon.

Puis, offrant la main à la reine :

— Que Votre Majesté daigne se fier à moi, dit-il, et je réponds de tout.

Et il conduisit à son tour la reine au balcon.

C'était un terrible spectacle et propre à donner le vertige que cette Cour de marbre, transformée en une mer humaine, pleine de vagues hurlantes.

A la vue de la reine, un cri immense s'élança de toute cette foule, et l'on n'eût pu dire si c'était un cri de menace ou un cri de joie.

Lafayette baisa la main de la reine ; alors les applaudissemens éclatèrent.

C'est que dans cette noble nation française, jusque dans les veines les plus roturières, il y a du sang de chevalier.

La reine respira.

— Etrange peuple ! dit-elle.

Puis tressaillant tout à coup.

— Et mes gardes, monsieur, et mes gardes qui m'ont sauvé la vie, ne pouvez-vous rien pour eux ?

— Donnez-m'en un, madame, dit Lafayette.

— Monsieur de Charny ! monsieur de Charny ! s'écria la reine.

Mais Charny fit un pas en arrière, il avait compris ce dont il s'agissait.

Il ne voulait pas faire amende honorable pour la soirée du 1er octobre.

N'étant pas coupable, il n'avait pas besoin d'amnistie.

Andrée, de son côté, avait senti la même impression ; elle avait étendu la main vers Charny afin de l'arrêter.

Sa main rencontra la main du comte ; ces deux mains se serrèrent l'une dans l'autre.

La reine le vit, elle qui cependant avait tant de choses à voir dans ce moment-là.

Son œil flamboya, et, la poitrine haletante, la voix saccadée :

— Monsieur, dit-elle à un autre garde, monsieur, venez, je vous l'ordonne.

Le garde obéit.

Il n'avait pas d'ailleurs les même motifs d'hésitation que Charny.

Monsieur de Lafayette attira le garde sur le balcon, mit au chapeau du garde sa propre cocarde tricolore, et l'embrassa.

— Vive Lafayette ! vivent les gardes du corps ! crièrent cinquante mille voix.

Quelques voix voulurent faire entendre ce grondement sourd, dernière menace de l'orage qui s'enfuit.

Mais elles furent couvertes par l'acclamation universelle.

— Allons, dit Lafayette, tout est fini, et voilà le beau temps revenu.

Puis, rentrant :

— Mais pour qu'il ne soit pas troublé de nouveau, sire, il reste un dernier sacrifice à faire.

— Oui, dit le roi pensif, quitter Versailles, n'est-ce pas ?

— Venir à Paris, oui, sire.

— Monsieur, dit le roi, vous pouvez annoncer au peuple qu'à une heure nous partirons pour Paris, la reine, moi et mes enfans.

Puis à la reine :

— Madame, dit-il, passez dans votre appartement, et préparez-vous.

Cet ordre du roi parut rappeler à Charny quelque chose comme un événement d'importance qu'il avait oublié.

Il s'élança, précédant la reine.

— Qu'allez-vous faire chez moi, monsieur, dit durement la reine ; vous n'y avez pas besoin.

— Je le désire bien vivement, madame, dit Charny, et, soyez tranquille, si je n'y ai pas réellement besoin, je n'y resterai pas assez longtemps pour que ma présence déplaise à Votre Majesté.

La reine le suivit, des traces de sang maculaient le parquet, la reine les vit. La reine ferma les yeux, et, cherchant un bras pour la guider, elle prit celui de Charny, et marcha ainsi pendant quelques pas en aveugle.

Tout à coup elle sentit Charny frissonner de tout son corps.

— Qu'y a-t-il, monsieur ? demanda-t-elle en rouvrant les yeux.

Puis tout à coup :

— Un cadavre ! un cadavre ! s'écria-t-elle.

— Votre Majesté m'excusera de lui quitter le bras, dit-il. J'ai trouvé ce que je venais chercher chez elle : le cadavre de mon frère Georges.

C'était en effet celui du malheureux jeune homme à qui son frère avait ordonné de se faire tuer pour la reine.

Il avait ponctuellement obéi.

XXVI.

GEORGES DE CHARNY.

Le récit que nous venons de faire a déjà été fait de cent manières différentes, car c'est bien certainement un des plus intéressans de cette grande période écoulée de 1789 à 1795, et qu'on appelle la révolution française.

Il sera fait de cent autres manières encore : mais, nous l'affirmons d'avance, personne ne l'aura fait avec plus d'impartialité que nous.

Mais après tous ces récits, le nôtre compris, il en restera encore autant à faire, car l'histoire n'est jamais complète. Cent mille témoins ont chacun leur version ; cent mille détails différens ont chacun leur intérêt et leur poésie, par cela même qu'ils sont différens.

Mais à quoi serviront tous les récits, si véridiques qu'ils soient ? Jamais leçon politique a-t-elle instruit un homme politique ?

Les larmes, les récits, et le sang des rois ont-ils jamais eu la puissance de la simple goutte d'eau qui creuse les pierres.

Non, les reines ont pleuré ; non, les rois ont été égorgés, et cela sans que leurs successeurs aient jamais profité de la cruelle instruction donnée par la fortune.

Les hommes dévoués ont prodigué leur dévouement sans que ceux-là en aient profité que la fatalité avait destinés au malheur.

Hélas ! nous avons vu la reine trébucher presque au cadavre d'un de ces hommes que les rois qui s'en vont laissent tout sanglans sur le chemin qu'ils ont parcouru dans leur chute.

Quelques heures après le cri d'effroi qu'avait poussé la reine, et au moment où, avec le roi et ses enfans, elle quittait Versailles, où elle ne devait plus rentrer, voilà ce qui se passait dans une petite cour intérieure, humide de la pluie qu'un âcre vent d'automne commençait à sécher :

Un homme vêtu de noir était penché sur un cadavre.

Un homme vêtu de l'uniforme des gardes s'agenouillait de l'autre côté de ce cadavre.

A trois pas d'eux, se tenait debout, les mains crispées, les yeux fixes, un troisième compagnon.

Le mort, lui, c'était un jeune homme de vingt-deux à vingt-trois ans, dont tout le sang paraissait s'être écoulé par de larges blessures reçues à la tête et la poitrine.

Sa poitrine, toute sillonnée et devenue d'un blanc livide, semblait encore se soulever sous le souffle dédaigneux de la défense sans espoir.

Sa bouche entr'ouverte, sa tête renversée en arrière avec

une expression de douleur et de colère, rappelait à l'esprit cette belle image du peuple romain:

« Et la vie avec un long gémissement s'enfuit vers la demeure des ombres. »

L'homme vêtu de noir, c'était Gilbert.
L'officier à genoux, c'était le comte.
L'homme debout, c'était Billot.

Le cadavre, c'était celui du baron Georges de Charny. Gilbert, penché sur le cadavre, regardait avec cette sublime fixité qui, chez le mourant, arrête la vie prête à fuir, et qui, chez le mort, rappelle presque l'âme envolée.

— Froid, raide ; il est mort, bien mort, dit-il enfin.

Le comte de Charny poussa un rauque gémissement, et, serrant dans ses bras ce corps insensible, éclata en des sanglots si déchirans que le médecin tressaillit et que Billot alla se cacher la tête dans l'angle de la petite cour.

Puis tout à coup le comte releva le cadavre, l'adossa au mur, et se retira lentement, regardant toujours si son frère mort n'allait pas se ranimer et le suivre.

Gilbert demeura sur un genou, la tête appuyée sur sa main, pensif, épouvanté, immobile.

Billot alors quitta son coin sombre, et vint à Gilbert. Il n'entendait plus les cris du comte qui lui avaient déchiré le cœur.

— Hélas ! hélas ! monsieur Gilbert, dit-il, voilà donc décidément ce que c'est que la guerre civile, et ce que vous m'aviez prédit arrive ; seulement la chose arrive plus vite que je ne croyais, et que vous ne croyiez vous-même. J'ai vu ces *scélérats* égorger de malhonnêtes gens. Voilà que je vois ces *scélérats* égorger d'honnêtes gens. J'ai vu massacrer Flesselles, j'ai vu massacrer monsieur de Launay, j'ai vu massacrer Foulon, j'ai vu massacrer Berthier. J'ai frémi de tous mes membres, et j'ai eu horreur des autres !

Et pourtant les hommes qu'on tuait là n'étaient que des misérables.

C'est alors, monsieur Gilbert que vous m'avez prédit qu'un jour viendrait où l'on tuerait les honnêtes gens.

On a tué monsieur le baron de Charny. Je ne frémis

plus, je pleure ; je n'ai plus horreur des autres, j'ai peur de moi-même.

— Billot, fit Gilbert.

Mais sans écouter, Billot continua :

— Voilà un pauvre jeune homme qu'on a assassiné, monsieur Gilbert ; c'était un soldat, il a combattu ; lui n'assassinait pas, mais il a été assassiné.

Billot poussa un soupir qui semblait sortir du plus profond de ses entrailles.

— Ah ! dit-il, ce malheureux, je le connaissais enfant, je le voyais passer allant de Boursonne à Villers-Cotterets sur son petit cheval gris, il apportait du pain aux pauvres de la part de sa mère.

C'était un bel enfant au teint blanc et rose, avec de grands yeux bleus ; il riait toujours.

Eh bien ! c'est étrange ; depuis que je l'ai vu là, étendu, sanglant, défiguré, ce n'est plus un cadavre que je revois, c'est toujours l'enfant souriant, qui tient au bras gauche un panier, et sa bourse de la main droite.

Ah ! monsieur Gilbert, en vérité, je crois que c'est assez comme cela, et je n'ai plus envie d'en voir davantage, car vous me l'avez prédit, nous en arriverons à ce que je vous voie aussi mourir, vous, et alors...

Gilbert secoua doucement la tête.

— Billot, dit-il, sois calme, mon heure n'est pas encore venue.

— Soit ; mais la mienne est arrivée, docteur. J'ai là-bas des moissons qui ont pourri, des terres qui restent en friche ; une famille que j'aime, que j'aime dix fois plus encore en voyant ce cadavre que pleure sa famille.

— Que voulez-vous dire, mon cher Billot ? Supposez-vous par hasard que je vais m'apitoyer sur vous ?

— Oh ! non, répondit naïvement Billot ; mais comme je souffre, je me plains, et comme se plaindre ne mène à rien, je compte m'aider et me soulager à ma façon.

— C'est-à-dire que... ?

— C'est-à-dire que j'ai envie de retourner à la ferme, monsieur Gilbert.

— Encore, Billot ?

— Ah! monsieur Gilbert, voyez-vous, il y a une voix là-bas qui m'appelle.

— Prenez garde, Billot, cette voix vous conseille la désertion.

— Je ne suis pas un soldat pour déserter, monsieur Gilbert.

— Ce que vous ferez, Billot, sera une désertion bien autrement coupable que celle du soldat.

— Expliquez-moi cela, docteur.

— Comment! vous serez venu démolir à Paris, et vous vous sauverez à la chute de l'édifice?

— Pour ne pas écraser mes amis, oui.

— Ou plutôt pour ne pas être écrasé vous-même.

— Eh! eh! fit Billot, il n'est pas défendu de penser un peu à soi.

— Ah! voilà un beau calcul! Comme si les pierres ne roulaient pas! comme si en roulant elles n'écrasaient pas, même à distance, les peureux qui s'enfuient!

— Ah! vous savez bien que je ne suis pas un peureux, monsieur Gilbert.

— Alors, vous resterez, Billot, car j'ai encore besoin de vous ici.

— Ma famille aussi a besoin de moi là-bas.

— Billot, Billot, je croyais que vous étiez convenu avec moi qu'il n'y avait pas de famille pour un homme qui aime sa patrie.

— Je voudrais savoir si vous répéteriez ce que vous venez de dire, en supposant que votre fils Sébastien soit là où est ce jeune homme?

Et il montrait le cadavre.

— Billot, répondit stoïquement Gilbert, un jour viendra où mon fils Sébastien me verra comme je vois ce cadavre.

— Tant pis pour lui, docteur, si ce jour-là il est aussi froid que vous l'êtes.

— J'espère qu'il vaudra mieux que moi, Billot, et qu'il sera plus ferme encore, précisément parce que je lui aurai donné l'exemple de la fermeté.

— Alors vous voulez que l'enfant s'accoutume à voir couler le sang; qu'il prenne, à l'âge tendre, l'habitude des incendies, des potences, des émeutes, des attaques de nuit ; qu'il voie insulter des reines, menacer des rois ; et lorsqu'il sera dur comme une épée, froid comme elle, vous voulez qu'il vous aime, qu'il vous respecte ?

— Non je ne veux pas qu'il voie tout cela, Billot ; voilà pourquoi je l'ai renvoyé à Villers-Cotterets, ce que je regrette presque aujourd'hui.

— Comment, ce que vous regrettez aujourd'hui ?

— Oui.

— Et pourquoi aujourd'hui ?

— Parce qu'aujourd'hui il eût vu mettre en pratique cet axiome du Lion et du Rat, qui, pour lui, n'est qu'une fable.

— Que voulez-vous dire, monsieur Gilbert ?

— Je dis qu'il eût vu un pauvre fermier que le hasard a amené à Paris, un brave et honnête homme qui ne sait ni lire ni écrire ; qui n'eût jamais cru que sa vie pût avoir une influence bonne ou mauvaise sur ces hautes destinées, qu'il osait à peine mesurer de l'œil ; je dis qu'il eût vu cet homme, qui déjà voulait, à une époque, quitter Paris, comme il le veut encore ; je dis qu'il eût vu cet homme contribuer efficacement à sauver aujourd'hui un roi, une reine et deux enfans royaux.

Billot regardait Gilbert avec deux yeux étonnés.

— Comment cela, monsieur Gilbert ? dit-il.

— Comment cela, sublime ignorant ? je vais te le dire : en s'éveillant au premier bruit, en devinant que ce bruit c'était une tempête prête à s'abattre sur Versailles, en courant réveiller monsieur Lafayette, car il dormait, monsieur Lafayette.

— Dame ! c'était bien naturel ; il y avait douze heures qu'il était à cheval ; il y avait vingt-quatre heures qu'il ne s'était couché.

— En le conduisant au château, continua Gilbert, et en le jetant au milieu des assassins, en criant : « Arrière, misérables, voici le vengeur ! »

— Tiens, c'est vrai, dit Billot, j'ai fait tout cela.

— Eh bien ! Billot, tu vois que c'est une grande compensation, mon ami ; si tu n'as pas empêché ce jeune homme d'être assassiné, peut-être as-tu empêché qu'on assassinât le roi, la reine et les deux enfans ! Ingrat, qui demandes à quitter le service de la patrie au moment où la patrie te récompense.

— Mais qui saura jamais ce que j'ai fait, puisque je ne m'en doutais pas moi-même ?

— Toi et moi, Billot; n'est-ce point assez ?

Billot réfléchit un instant; puis tendant sa rude main au docteur :

— Tenez, vous avez raison, monsieur Gilbert, dit-il; mais, vous le savez, l'homme est une créature faible, égoïste, inconstante; il n'y a que vous, monsieur Gilbert, qui soyez fort, généreux et constant. Qui vous a rendu comme cela ?

— Le malheur! dit Gilbert avec un sourire dans lequel il y avait plus de tristesse que dans un sanglot.

— C'est singulier, dit Billot, je croyais que le malheur rendait méchant.

— Les faibles, oui.

— Et si j'allais être malheureux et devenir méchant ?

— Peut-être seras-tu malheureux, mais tu ne deviendras jamais méchant, Billot.

— Vous êtes sûr ?

— Je réponds de toi.

— Alors, dit Billot en soupirant.

— Alors ? répéta Gilbert.

— Alors, je reste; mais plus d'une fois encore, je le sais, je faiblirai ainsi.

— Et à chaque fois, Billot, je serai là pour te soutenir.

— Ainsi soit-il fait, soupira le fermier.

Puis, jetant un dernier regard sur le cadavre du baron de Charny que les domestiques s'apprêtaient à enlever avec une civière :

— C'est égal, dit-il, c'était un bien bel enfant que ce petit Georges de Charny, sur son petit cheval gris, avec son panier au bras gauche et sa bourse à la main droite.

XXVII.

DÉPART, VOYAGE ET ARRIVÉE DE PITOU ET DE SÉBASTIEN GILBERT.

Nous avons vu dans quelles circonstances, bien antérieurement à celles où nous nous trouvons, le départ de Pitou et de Gilbert avait été résolu.

Notre intention étant d'abandonner momentanément les principaux personnages de notre histoire pour suivre les deux jeunes voyageurs, nous espérons que nos lecteurs vont nous permettre d'entrer dans quelques détails relatifs à leur départ, au chemin qu'ils suivirent, et à leur arrivée à Villers-Cotterets, où Pitou ne doutait point que leur double départ eût laissé un grand vide.

Gilbert chargea Pitou d'aller lui chercher Sébastien et de le lui amener. A cet effet on fit monter Pitou dans un fiacre, et, comme on avait confié Sébastien à Pitou, on confia Pitou au cocher.

Au bout d'une heure le fiacre ramena Pitou, Pitou ramenait Sébastien.

Gilbert et Billot attendaient dans un appartement qu'ils avaient loué rue Saint-Honoré, un peu au-dessus de l'Assomption.

Gilbert expliqua alors à son fils qu'il partait le même soir avec Pitou, et lui demanda s'il était bien aise de retrouver ses grands bois qu'il aimait tant.

— Oui, mon père, répondit l'enfant, pourvu que vous veniez me voir à Villers-Cotterets, ou que je vienne vous voir à Paris.

— Sois tranquille, mon enfant, dit Gilbert en embrassant son fils au front. Tu sais bien que maintenant je ne pourrais plus me passer de te voir.

Quant à Pitou, il rougit de plaisir à l'idée de partir le soir même.

Il pâlit de bonheur quand Gilbert lui mit dans une main les deux mains de Sébastien, et dans l'autre une dizaine de louis de quarante-huit livres chaque.

Une longue série de recommandations, presque toutes hygiéniques, faites par le docteur, fut écoutée religieusement.

Sébastien baissait ses grands yeux humides.

Pitou pesait et faisait tinter ses louis dans son immense poche.

Gilbert donna une lettre à Pitou revêtu des fonctions de gouverneur.

Cette lettre était pour l'abbé Fortier.

La harangue du docteur terminée, Billot parla à son tour.

— Monsieur Gilbert, dit-il, t'a confié le moral de Sébastien, moi, je t'en confie le physique. Tu as des poings ; à l'occasion, sache t'en servir.

— Oui, dit Pitou, et j'ai aussi un sabre.

— N'en abuse pas, continua Billot.

— Je serai clément, dit Pitou, *clemens ero*.

— Héros, si tu veux, répéta Billot, qui n'y entendait pas malice.

— Maintenant, dit Gilbert, il me reste à vous indiquer la façon dont vous voyagerez, Sébastien et toi.

— Oh ! s'écria Pitou, il n'y a que dix-huit lieues de Paris à Villers-Cotterets ; nous causerons tout le long de la route, Sébastien et moi.

Sébastien regarda son père comme pour lui demander si ce serait bien amusant de causer pendant dix-huit lieues avec Pitou.

Pitou intercepta ce regard.

— Nous parlerons latin, dit-il, et l'on nous prendra pour des savans.

C'était là son rêve, l'innocente créature !

Combien d'autres, avec dix doubles louis dans leur main, eussent dit :

— Nous achèterons du pain d'épice.

Gilbert eut un moment de doute.

Il regarda Pitou, puis Billot.

— J'entends, dit ce dernier. Vous vous demandez si Pitou est un guide, et vous hésitez à lui confier votre enfant.

— Oh ! dit Gilbert, ce n'est pas à lui que je le confie.

— A qui donc ?

Gilbert regarda en haut ; il était trop voltairien encore pour oser répondre :

— A Dieu !

Et tout fut dit. On résolut en conséquence que, sans rien changer au plan de Pitou, qui promettait sans trop de fatigue un voyage plein de distractions au jeune Gilbert, on se mettrait en route le lendemain matin.

Gilbert aurait pu envoyer son fils à Villers-Cotterets dans une des voitures publiques qui faisaient dès cette époque le service de Paris à la frontière, ou même dans sa propre voiture ; mais on sait combien il craignait pour le jeune Sébastien l'isolement de la pensée, et rien n'isole les rêveurs comme le roulement et le bruit de la voiture.

Il se contenta donc de conduire les deux enfans jusqu'au Bourget, et là, leur montrant la route ouverte sous un beau soleil, avec sa double rangée d'arbres, il ouvrit les deux bras et leur dit :

— Allez !

Pitou partit donc, emmenant Sébastien, qui se retourna bien des fois pour envoyer des baisers à Gilbert, qui se tenait debout, les bras croisés, à l'endroit où il avait quitté son fils, le suivant des yeux comme il eût suivi un rêve.

Pitou se redressait de toute la hauteur de sa grande taille. Pitou était bien fier de la confiance qui lui avait été témoignée par un personnage de l'importance de monsieur Gilbert, médecin du roi par quartiers.

Pitou se préparait à accomplir scrupuleusement sa tâche, qui tenait à la fois du gouverneur et de la gouvernante.

Au reste, c'était plein de confiance en lui-même qu'il emmenait le petit Sébastien ; il voyageait tranquillement, traversant les villages pleins de mouvement et d'effroi depuis les événemens de Paris, dont, on se le rappelle, on était fort proche encore, car, quoique nous ayons mené, nous, les événemens jusqu'au 5 et 6 octobre, on se rappelle que c'était vers la fin de juillet ou le commencement d'août que Pitou et Sébastien avaient quitté Paris.

Pitou, d'ailleurs, avait conservé pour coiffure son casque et pour arme son grand sabre. C'était tout ce qu'il avait gagné aux événemens du 13 et du 14 juillet ; mais ce double trophée suffisait à son ambition, et en lui donnant un air formidable, suffisait en même temps à sa sûreté.

D'ailleurs, cet air formidable, auquel concourait indubitablement ce casque et ce sabre de dragon, Pitou l'avait conquis indépendamment d'eux. On n'a pas assisté à la prise de la Bastille, on n'y a pas concouru même sans avoir conservé quelque chose d'héroïque.

Pitou était en outre devenu un peu avocat.

On n'a pas entendu les motions de l'Hôtel-de-Ville, les discours de monsieur Bailly, les harangues de monsieur de Lafayette, sans devenir quelque peu orateur, surtout si l'on a déjà étudié les *Conciones* latins, dont l'éloquence française à la fin du dix-huitième siècle était une copie assez pâle, mais cependant assez exacte.

Muni de ces deux forces puissantes, qu'il savait adjoindre à deux poings vigoureux, à une rare aménité de sourire, et à un appétit des plus intéressans, Pitou voyageait donc agréablement sur la route de Villers-Cotterets.

Pour les curieux de politique, il avait des nouvelles ; d'ailleurs, il les faisait au besoin, ayant habité Paris où, dès cette époque, la fabrication en était remarquable.

Il contait comment monsieur Berthier avait laissé d'immenses trésors enfouis, que la Commune déterrerait quelque jour. Comment monsieur de Lafayette, le parangon de toute gloire, l'orgueil de la France provinciale, n'était déjà plus à Paris qu'un mannequin à moitié usé, dont le cheval blanc défrayait les faiseurs de calembourgs. Comment monsieur Bailly, que Lafayette honorait de sa profonde amitié, ainsi que les autres personnes de sa famille, était un aristocrate, et les mauvaises langues disaient autre chose encore.

Lorsqu'il contait tout cela, Pitou soulevait des orages de colère, mais il possédait le *quos ego* de toutes ces tempêtes; il racontait des anecdotes inédites sur l'Autrichienne.

Cette verve intarissable lui procura une série non interrompue d'excellens repas jusqu'à Vauciennes, dernier village sur la route avant d'arriver à Villers-Cotterets.

Comme Sébastien, tout au contraire, mangeait peu ou point, comme il ne parlait pas du tout, comme c'était un enfant maladif et pâle, chacun, s'intéressant à Sébastien, admirait la vigilante paternité de Pitou, qui caressait, dorlottait, soignait l'enfant, et par-dessus le marché lui mangeait sa part, sans paraître chercher autre chose que l'occasion de lui être agréable.

Arrivé à Vauciennes, Pitou parut hésiter; il regarda Sébastien, Sébastien regarda Pitou.

Pitou se gratta la tête. C'était sa façon d'exprimer son embarras.

Sébastien connaissait assez Pitou pour ne pas ignorer ce détail.

— Eh bien! qu'y a-t-il, Pitou? demanda Sébastien.

— Il y a, dit Pitou, que, si cela t'était égal et si tu n'étais pas trop fatigué, au lieu de continuer notre route tout droit, nous reviendrions à Villers-Cotterets par Haramont.

Et Pitou, l'honnête garçon, rougit en exprimant ce désir, comme Catherine eût rougi en exprimant un désir moins innocent.

Gilbert comprit.

— Ah! oui, dit-il, c'est là que notre pauvre maman Pitou est morte.

— Viens, mon frère, viens.

Pitou serra Sébastien sur son cœur, de façon à l'étouffer, et, prenant la main de l'enfant, il se mit à courir par le chemin de traverse, longeant la vallée de Wuala, si rapidement qu'au bout de cent pas le pauvre Sébastien haletant fut obligé de lui dire :

— Trop vite, Pitou, trop vite.

Pitou s'arrêta ; il ne s'était aperçu de rien, ayant marché son pas ordinaire.

Il vit Sébastien pâle et essoufflé.

Il le prit dans ses bras comme saint Christophe avait pris Jésus, et il l'emporta.

De cette façon Pitou put marcher aussi vite qu'il voulait.

Comme ce n'était point la première fois que Pitou portait Sébastien, Sébastien se laissa faire.

On arriva ainsi à Largny. A Largny, Sébastien, sentant haleter la poitrine de Pitou, déclara qu'il était assez reposé, et qu'il se tenait prêt à marcher du train que voudrait Pitou.

Pitou plein de magnanimité modéra son pas.

Une demi-heure après, Pitou était à l'entrée du village d'Haramont, le joli lieu de sa naissance, comme dit la romance d'un grand poëte, romance dont la musique vaut bien certainement mieux que les paroles.

Arrivés là, les deux enfans jetèrent un regard autour d'eux pour se reconnaître.

La première chose qu'ils aperçurent fut le crucifix que la piété populaire place d'habitude à l'entrée des villages.

Hélas! même à Haramont, on se ressentait de cette étrange progression que Paris faisait vers l'athéisme. Les clous qui retenaient à la croix le bras droit et les pieds du Christ s'étaient brisés, rongés par la rouille. Le Christ pendait, retenu seulement par le bras gauche, et nul n'avait eu la pieuse idée de remettre le symbole de cette liberté, de cette égalité et de cette fraternité, qu'on prêchait si fort, à la place où l'ont mis les Juifs.

Pitou n'était pas dévot, mais il avait ses traditions d'enfance. Ce Christ oublié lui serra le cœur. Il chercha dans une haie une de ces lianes minces et tenaces comme un fil de fer, déposa sur l'herbe son casque et son sabre, monta le long de la croix, rattacha le bras droit du divin martyr à sa traverse, lui baisa les pieds et descendit.

Pendant ce temps, Sébastien priait à genoux au bas de la croix. Pour qui priait-il? Qui sait!

Peut-être pour cette vision de son enfance, qu'il espérait bien retrouver sous les grands arbres de la forêt, pour cette mère inconnue qui n'est jamais inconnue. Car si elle ne nous a pas nourri neuf mois de son lait, elle nous a toujours nourri neuf mois de son sang.

Cette sainte action achevée, Pitou remit son casque sur sa tête et boucla son sabre à sa ceinture.

Sa prière achevée, Sébastien fit le signe de la croix et reprit la main de Pitou.

Tous deux entrèrent alors dans le village et s'avancèrent vers la chaumière où Pitou était né, où Sébastien avait été nourri.

Pitou connaissait bien Haramont, Dieu merci ! mais cependant il ne pouvait retrouver sa chaumière. Il fut obligé de s'informer ; on lui montra une maisonnette en pierre avec un toit d'ardoises.

Le jardin de cette maisonnette était fermé par un mur.

La tante Angélique avait vendu la maison de sa sœur, et le nouveau propriétaire, c'était son droit, avait tout abattu : les vieilles murailles recrépies en terre, la vieille porte avec son ouverture pour laisser passer le chat, les vieilles fenêtres avec leurs carreaux moitié de vitre moitié de papier, sur lesquelles s'alongeait, en bâtons, l'écriture inexpérimentée de Pitou, le toit de chaume avec sa mousse verdâtre et les plantes grasses qui poussent et fleurissent au sommet.

Le nouveau propriétaire avait tout abattu, tout !

La porte était fermée, et il y avait sur le seuil extérieur de cette porte un gros chien noir qui montra les dents à Pitou.

— Viens, dit Pitou les larmes aux yeux ; viens, Sébastien ; viens à un endroit où je suis sûr au moins qu'il n'y a rien de changé.

Et Pitou entraîna Sébastien vers le cimetière où était enterrée sa mère.

Il avait raison, le pauvre enfant ! là rien n'était changé ; seulement l'herbe avait poussé, et l'herbe pousse si bien dans les cimetières qu'il y avait chance qu'il ne reconnût point la tombe de sa mère.

Heureusement, en même temps que l'herbe, avait poussé une branche de saule pleureur ; la branche, en trois ou quatre ans, était devenue un arbre. Il alla droit à cet arbre et baisa la terre qu'il ombrageait avec la même piété instinctive qu'il avait baisé les pieds du Christ.

En se relevant, il sentit les branches du saule qui, agitées par le vent, flottaient autour de lui.

Alors il tendit les bras, réunit les branches, et les serra sur sa poitrine.

C'était quelque chose comme les cheveux de sa mère qu'il embrassait une dernière fois.

La station des deux enfans fut longue ; cependant la journée s'avançait.

Il fallut quitter cette tombe, la seule chose qui eût paru se souvenir du pauvre Pitou.

En la quittant, Pitou eut un instant l'idée de briser une branche de ce saule et de la mettre à son casque ; mais, au moment de la briser, il s'arrêta.

Il lui semblait qu'il y aurait une douleur pour sa pauvre mère à ce qu'il brisât la branche d'un arbre dont les racines enveloppaient peut-être la bière de sapin disjointe où reposait son cadavre.

Il baisa encore une fois la terre, reprit la main de Sébastien et s'éloigna.

Tout le monde était aux champs ou au bois, peu de personnes avaient donc vu Pitou ; et déguisé qu'il était par son casque et par son grand sabre, parmi ces personnes aucune ne l'avait reconnu.

Il prit donc la route de Villers-Cotterets, route charmante qui traverse la forêt dans la longueur de trois quarts de lieue, sans qu'aucun objet vivant ou animé songeât à le distraire de sa douleur.

Sébastien le suivait pensif et muet comme lui.

On arriva à Villers-Cotterets vers cinq heures du soir.

XXVIII.

COMMENT PITOU, QUI AVAIT ÉTÉ MAUDIT ET CHASSÉ PAR SA TANTE A PROPOS D'UN BARBARISME ET DE TROIS SOLÉCISMES, FUT REMAUDIT ET RECHASSÉ PAR ELLE A PROPOS D'UNE VOLAILLE AU RIZ.

Pitou arriva naturellement à Villers-Cotterets par cette partie du parc qu'on appelle la Faisanderie ; il traversa la salle de danse, déserte pendant la semaine, et à laquelle il avait conduit trois semaines auparavant Catherine.

Que de choses s'étaient passées pour Pitou et pour la France pendant ces trois semaines.

Puis, ayant suivi la longue allée de marronniers, il gagna la place du château, et s'en vint frapper à la porte de derrière du collége de l'abbé Fortier.

Il y avait trois ans que Pitou avait quitté Haramont, tandis qu'il n'y avait que trois semaines qu'il avait quitté Villers-Cotterets ; il était donc tout simple qu'on ne l'eût point reconnu à Haramont et qu'on le reconnût à Villers-Cotterets.

En un instant, le bruit se répandit par la ville que Pitou venait d'arriver avec Sébastien Gilbert, que tous deux étaient entrés par la porte de derrière de l'abbé Fortier, que Sébastien était à peu près comme lors de son départ, mais que Pitou avait un casque et un grand sabre.

Il en résulta qu'une foule s'amassa vers la grande porte, car on pensa bien que si Pitou s'était introduit chez l'abbé Fortier par la petite porte du château, il en sortirait par la grande porte de la rue de Soissons.

C'était son chemin pour aller au Pleux.

En effet, Pitou ne s'arrêta chez l'abbé Fortier que le temps de déposer entre les mains de sa sœur la lettre du docteur,

Sébastien Gilbert et cinq doubles louis destinés à payer sa pension.

La sœur de l'abbé Fortier eut grand'peur d'abord, quand elle vit s'introduire par la porte du jardin ce formidable soldat; mais bientôt, sous le casque du dragon, elle reconnut la figure placide et honnête, ce qui la tranquillisa un peu.

Enfin la vue des cinq doubles louis la rassura tout à fait.

Cette crainte de la pauvre vieille fille était d'autant plus facile à expliquer, que l'abbé Fortier était sorti pour conduire ses élèves en promenade, et qu'elle se trouvait absolument seule à la maison.

Pitou, après avoir remis la lettre et les cinq doubles louis, embrassa Sébastien et sortit, en enfonçant avec une crânerie toute militaire son casque sur sa tête.

Sébastien avait versé quelques larmes en se séparant de Pitou, quoique la séparation ne dût pas être longue, et que sa société ne fût pas récréative ; mais son hilarité, sa mansuétude, son éternelle complaisance avaient touché le cœur du jeune Gilbert. Pitou était de la nature de ces gros bons chiens de Terre-Neuve, qui vous fatiguent bien parfois, mais qui finissent par désarmer votre colère en vous léchant.

Une chose adoucit le chagrin de Sébastien, c'est que Pitou lui promit de le revenir voir souvent. Une chose adoucit le chagrin de Pitou, c'est que Sébastien l'en remercia.

Maintenant, suivons un peu notre héros, de la maison de l'abbé Fortier à celle de sa tante Angélique, située, comme on sait, à l'extrémité du Pleux.

En sortant de chez l'abbé Fortier, Pitou trouva une vingtaine de personnes qui l'attendaient. Son étrange accoutrement, dont la description avait déjà couru par toute la ville, était en partie connu du rassemblement. En le voyant ainsi revenir de Paris, où l'on se battait, on présumait que Pitou s'était battu, et l'on voulait avoir des nouvelles.

Ces nouvelles, Pitou les donna avec sa majesté ordinaire ; il raconta la prise de la Bastille, les exploits de Billot et de monsieur Maillard, de monsieur Hélie, de monsieur Hulin ; comment Billot était tombé dans les fossés de la forteresse, et comment lui, Pitou, l'avait tiré de là ; enfin, comment on avait sauvé monsieur Gilbert, qui, depuis huit ou dix jours, faisait partie des prisonniers.

Les auditeurs savaient déjà à peu près tout ce que leur racontait Pitou, mais ils avaient lu ces détails sur les gazettes du temps, et, si intéressant que soit un gazetier dans ce qu'il écrit, il l'est toujours moins qu'un témoin oculaire qui raconte, que l'on peut interroger et qui répond.

Or, Pitou reprenait, répondait, donnait tous les détails, mettant à toutes les interruptions une grande complaisance, à toutes les réponses une grande aménité.

Il en résulta qu'après une heure à peu près de détails donnés à la porte de l'abbé Fortier, dans la rue de Soissons, encombrée d'auditeurs, un des assistans, voyant quelques signes d'inquiétude se manifester sur le visage de Pitou, eut l'idée de dire :

— Mais il est fatigué, ce pauvre Pitou, et nous le tenons là sur ses jambes, au lieu de le laisser rentrer chez sa tante Angélique. Pauvre vieille chère fille ! elle sera si heureuse de le revoir.

— Ce n'est pas que je sois fatigué, dit Pitou, c'est que j'ai faim. Jamais je ne suis fatigué, mais j'ai faim toujours.

Alors, et devant cette naïve déclaration, la foule, qui respectait les besoins de l'estomac de Pitou, s'ouvrit respectueusement, et Pitou, suivi de quelques curieux plus acharnés que les autres, put prendre le chemin du Pleux, c'est-à-dire de la maison de la tante Angélique.

La tante Angélique était absente, en train de voisiner sans doute, et la porte était fermée.

Plusieurs personnes offrirent alors à Pitou de venir prendre chez elles la nourriture dont il avait besoin, mais Pitou refusa fièrement.

— Mais, lui dit-on, tu vois bien, mon cher Pitou, que la porte de ta tante est fermée.

— La porte d'une tante ne saurait rester fermée devant un neveu soumis et affamé, dit sentencieusement Pitou.

Et, tirant son grand sabre dont la vue fit reculer les femmes et les enfans, il en introduisit l'extrémité entre le pêne et la gâche de la serrure, pesa vigoureusement, et la porte s'ouvrit à la grande admiration des assistans, qui ne révoquèrent plus les exploits de Pitou, dès lors qu'ils le virent si témérairement s'exposer à la colère de la vieille fille.

L'intérieur de la maison était exactement le même que du temps de Pitou : le fameux fauteuil de cuir tenait royasement le milieu de la chambre; deux ou trois autres chaises ou tabourets estropiés formaient la cour boiteuse du grand fauteuil ; au fond était la huche, à droite le buffet, à gauche la cheminée.

Pitou entra dans la maison avec un doux sourire ; il n'avait rien contre tous ces pauvres meubles; au contraire, c'étaient des amis d'enfance. Ils étaient donc, il est vrai, presqu'aussi durs que la tante Angélique, mais quand on les ouvrait, du moins trouvait-on quelque chose de bon en eux, tandis que si on eût ouvert la tante Angélique, on eût bien certainement trouvé le dedans encore plus sec et plus mauvais que le dehors.

Pitou donna à l'instant même une preuve de ce que nous avançons aux personnes qui l'avaient suivi, et qui, voyant ce qui se passait, regardaient du dehors, curieux de savoir ce qui allait se passer au retour de la tante Angélique.

Il était facile de voir, d'ailleurs, que ces quelques personnes étaient pleines de sympathie pour Pitou.

Nous avons dit que Pitou avait faim, faim au point qu'on avait pu s'en apercevoir à l'altération de son visage.

Aussi ne perdit-il point de temps ; il alla droit à la huche et au buffet.

Autrefois, — nous disons autrefois, quoique trois semaines se soient écoulées à peine depuis le départ de Pitou, car, à notre avis, le temps se mesure, non point par la durée, mais par les événemens écoulés ; — autrefois, Pitou, à moins d'être poussé par le mauvais esprit ou par une faim irrésistible, puissances infernales toutes deux et qui se ressemblent beaucoup, — autrefois, Pitou se fût assis sur le seuil de la porte fermée, eût humblement attendu le retour de la tante Angélique; quand elle fût revenue, l'eût saluée avec un doux sourire ; puis, se dérangeant, lui eût fait place pour la laisser passer; elle entrée, fût entré après elle, et entré à son tour, fût allé chercher le pain et le couteau pour se faire mesurer sa part; puis, sa part de pain coupée, il eût jeté un œil de convoitise, un simple regard humide et magnétique, — il le croyait, du moins, — magnétique au point d'apppeler le fromage ou la friandise placés sur la planche du buffet.

Electricité qui rarement réussissait, mais qui réussissait quelquefois cependant.

Mais aujourd'hui, Pitou fait homme n'en agissait plus ainsi : il ouvrit tranquillement la huche, tira de sa poche son large eustache, prit le pain et en coupa angulairement un morceau qui pouvait peser un bon kilogramme, comme on dit élégamment depuis l'adoption des nouvelles mesures.

Puis il laissa retomber le pain dans la huche et le couvercle sur le pain.

Après quoi, sans rien perdre de sa tranquillité, il alla ouvrir le buffet.

Il sembla bien un instant à Pitou qu'il entendait le grondement de la tante Angélique ; mais le buffet criait sur ses charnières, et ce bruit, qui avait toute la puissance de la réalité, étouffa l'autre, qui n'avait que l'influence de l'imagination.

Du temps que Pitou faisait partie de la maison, l'avare tante se retranchait derrière des provisions de résistance ; c'était le fromage de Marolles, ou le mince morceau de lard entouré des feuilles verdoyantes d'un énorme chou; mais depuis que ce fabuleux mangeur avait quitté le pays, la tante, malgré son avarice, se confectionnait certains plats qui duraient une semaine, et qui ne manquaient pas d'une certaine valeur.

C'était tantôt un bœuf à la mode, entouré de carottes et d'oignons confits dans la graisse de la veille; tantôt un haricot de mouton aux savoureuses pommes de terre, grosses comme des têtes d'enfant ou longues comme des citrouilles ; tantôt un pied de veau, que l'on épiçait avec quelques échalottes vinaigrées; tantôt c'était une omelette gigantesque faite dans la grande poêle et couperosée de civette et de persil, ou émaillée de tranches de lard dont une seule suffisait au repas de la vieille, même en ses jours d'appétit.

Pendant toute la semaine, la tante Angélique caressait ce mets avec discrétion, ne faisant brèche au précieux morceau que juste selon les exigences du moment.

Tous les jours elle se réjouissait d'être seule à consommer de si bonnes choses, et, pendant cette bienheureuse semaine, elle pensait autant de fois à son neveu Ange Pitou qu'elle mettait de fois la main au plat et qu'elle portait de fois la bouchée à ses lèvres.

Pitou eut de la chance.

Il tombait sur un jour, c'était le lundi, où la tante Angélique avait fait cuire dans du riz un vieux coq, lequel avait tant bouilli, tout entouré qu'il était de sa moelleuse cloison de pâte, que les os avaient quitté la chair, et que la chair était devenue presque tendre.

Le plat était formidable; il se présentait dans une écuelle profonde, noire à l'extérieure, mais reluisante et pleine d'attraits pour l'œil.

Les viandes surmontaient le riz, comme les flots d'un vaste lac, et la crête du coq se dressait entre les pitons multiples, comme la crête de Ceuta sur le détroit de Gibraltar.

Pitou n'eut pas même la courtoisie de pousser un hélas d'admiration en voyant cette merveille.

Gâté par la cuisine, il oubliait, l'ingrat! que jamais pareille magnificence n'avait habité le buffet de la tante Angélique.

Il tenait son coupon de pain de la main droite.

Il saisit le vaste plat de la main gauche, et le tint en équilibre par la pression de son pouce carré, qui plongea jusqu'à la première phalange dans une graisse compacte et d'un excellent fumet.

En ce moment, il sembla à Pitou qu'une ombre s'interposait entre le jour de la porte et lui.

Il se retourna souriant, car Pitou était une de ces natures

naïves chez lesquelles la satisfaction du cœur se peint sur le visage.

Cette ombre, c'était le corps de la tante Angélique.

De la tante Angélique, plus avare, plus revêche, plus desséchée que jamais.

Autrefois, nous sommes forcés de revenir sans cesse à la même figure, c'est-à-dire à la comparaison, attendu que la comparaison seule peut exprimer notre pensée ; autrefois, à la vue de la tante Angélique, Pitou eût laissé tomber le plat, et tandis que la tante Angélique se fût penchée, désespérée, pour recueillir les débris de son coq et les parcelles de son riz, il eût sauté par-dessus sa tête et se fût enfui son pain sous son bras.

Mais Pitou n'était plus le même, son casque et son sabre le changeaient moins au physique que la fréquentation des grands philosophes de l'époque ne l'avait changé au moral.

Au lieu de fuir épouvanté devant sa tante, il s'approcha d'elle avec un gracieux sourire, étendit les bras, et, quoiqu'elle essayât de fuir devant l'étreinte, l'embrassa de ses deux antennes qu'on appelait ses bras, serrant la vieille fille contre sa poitrine, tandis que ses mains, l'une chargée du pain et de l'eustache, l'autre du plat et du coq au riz, se croisaient derrière son dos.

Puis, quand il eut accompli cet acte de népotisme, qu'il considérait comme une tâche imposée à sa condition, et qu'il lui fallait remplir, il respira de toute la plénitude de ses poumons en disant :

— Eh bien ! oui, tante Angélique, c'est ce pauvre Pitou.

A cette étreinte peu accoutumée, la vieille fille s'était figuré que, surpris en flagrant délit par elle, Pitou avait voulu l'étouffer, comme jadis Hercule avait étouffé Antée.

Elle respira donc de son côté quand elle se vit débarrassée de cette dangereuse étreinte.

Seulement la tante avait pu remarquer que Pitou n'avait pas même manifesté son admiration à la vue du coq.

Pitou était non seulement un ingrat, mais encore il était un malappris.

Mais une chose suffoqua bien autrement la tante Angélique, c'est que Pitou, qui autrefois, quand elle trônait dans son fauteuil de cuir, n'osait pas même s'asseoir sur une des chaises tronquées ou sur un des escabeaux boiteux qui l'entouraient, c'est que Pitou s'était, après l'avoir embrassée, aisément établi sur le fauteuil, avait posé son plat entre ses jambes et avait commencé de l'entamer.

De sa droite puissante, comme dit l'Ecriture, il tenait le couteau déjà mentionné, eustache à large lame, véritable spatule à l'aide de laquelle Polyphème eût mangé son potage.

De l'autre main, il tenait une bouchée de pain large comme trois doigts, longue de six pouces, véritable balai avec lequel il poussait sur le riz du plat, tandis que, de son côté, le couteau, dans sa reconnaissance, poussait la viande sur le pain.

Savante et impitoyable manœuvre, qui eut pour résultat, au bout de quelques minutes, de faire apparaître la fayence bleue et blanche de l'intérieur du plat, comme apparaissent au reflux les anneaux et les pierres des môles dont l'eau s'est retirée.

Dire l'effroyable perplexité de la tante Angélique, dire son désespoir, il y faut renoncer.

Cependant, elle crut un instant pouvoir crier.

Elle ne le put.

Pitou souriait d'un air tellement fascinateur que le cri expira sur les lèvres de la tante Angélique.

Alors, elle essaya de sourire à son tour, espérant conjurer cet animal féroce qu'on appelle la faim, et qui habitait alors dans les entrailles de son neveu.

Mais le proverbe a raison, les entrailles affamées de Pitou restèrent muettes et sourdes.

La tante, à bout de sourire, pleura.

Cela gêna un peu Pitou, mais ne l'empêcha aucunement de manger.

— Oh! oh! dit-il, ma tante, que vous êtes donc bonne de pleurer de joie comme cela pour mon arrivée. Merci, ma bonne tante, merci.

Et il continua.

Evidemment, la révolution française avait complétement dénaturé cet homme.

Il dévora les trois quarts du coq et laissa un peu de riz au fond du plat, en disant :

— Ma bonne tante, vous aimez mieux le riz, n'est-ce pas? C'est plus doux pour vos dents; je vous laisse le riz.

A cette attention, qu'elle prit sans doute pour une raillerie, la tante Angélique faillit suffoquer. Elle s'avança résolument vers le jeune Pitou, et lui arracha le plat des mains, en proférant un blasphème que, vingt ans plus tard, eût admirablement complété un grenadier de la vieille garde.

Pitou poussa un soupir.

— Oh! ma tante, dit-il, vous regrettez votre coq, n'est-ce pas?

— Le scélérat! dit la tante Angélique, je crois qu'il me *gouaille*.

Gouailler est un verbe véritablement français, et l'on parle le plus pur français dans l'Ile-de-France.

Pitou se leva.

— Ma tante, dit-il majestueusement, je n'ai point l'intention de ne point payer ; j'ai de l'argent. Je me mettrai, si vous voulez, en pension chez vous, seulement je me réserve le droit de faire la carte.

— Coquin ! s'écria la tante Angélique.

— Voyons, — mettons la portion à quatre sous ; — voilà un repas que je vous dois, — quatre sous de riz et deux sous de pain. Six sous.

— Six sous ! s'écria la tante. — Six sous ! mais il y a pour huit sous de riz et six sous de pain seulement.

— Aussi, dit Pitou, n'ai-je point compté le coq, ma bonne tante, attendu qu'il est de votre basse-cour. C'est une vieille connaissance à moi, je l'ai reconnu tout de suite à sa crête.

— Il vaut son prix, cependant.

— Il a neuf ans. C'est moi qui l'ai volé pour vous, sous le ventre de sa mère ; il n'était pas plus gros que le poing, et même que vous m'avez battu parce qu'en même temps que lui je ne vous apportais pas de grains pour le nourrir le lendemain. Mademoiselle Catherine m'a donné le grain.

C'était mon bien, j'ai mangé mon bien ; j'en avais bien le droit.

La tante, ivre de colère, pulvérisa ce révolutionnaire du regard.

Elle n'avait plus de voix.

— Sors d'ici ! murmura-t-elle.

— Tout de suite, comme cela, après avoir dîné, sans me donner le temps de faire ma digestion. Ah ! ce n'est pas poli, ma tante.

— Sors !

Pitou, qui s'était rassis, se releva ; il remarqua, non sans une vive satisfaction, que son estomac n'eût pu tenir un grain de riz de plus.

— Ma tante, dit-il majestueusement, vous êtes une mauvaise parente. Je veux vous montrer que vous avez avec moi les mêmes torts qu'autrefois, toujours aussi dure, toujours aussi avare. Eh bien ! moi, je ne veux pas que vous alliez dire partout que je suis un mangeur de tout bien.

Il se posa sur le seuil de la porte, et, d'une voix de Stentor qui put être entendue, non seulement des curieux qui avaient accompagné Pitou, et qui avaient assisté à cette scène, mais encore des indifférens qui passaient à cinq cents pas de distance :

— Je prends ces braves gens à témoin, dit-il, que j'arrive de Paris à pied, après avoir pris la Bastille ; que j'étais fatigué, que j'avais faim, que je me suis assis, que j'ai mangé chez ma parente, et que l'on m'a reproché si durement ma nourriture, que l'on m'a chassé si impitoyablement, que je me vois forcé de m'en aller.

Et Pitou mit assez de pathétique dans cet exorde pour que les voisins commençassent à murmurer contre la vieille.

— Un pauvre voyageur, continua Pitou, qui a fait dix-neuf lieues à pied ; un garçon honnête, honoré de la confiance de monsieur Billot et de monsieur Gilbert, qui a reconduit Sébastien Gilbert chez l'abbé Fortier ; un vainqueur de la Bastille, un ami de monsieur Bailly et du général Lafayette ! Je vous prends à témoin que l'on m'a chassé.

Les murmures grossirent.

— Et, poursuivit-il, comme je ne suis pas un mendiant, comme quand on me reproche mon pain je le paie, voici un petit écu que je dépose comme paiement de ce que j'ai mangé chez ma tante.

Et ce disant, Pitou tira superbement un écu de sa poche et le jeta sur la table, d'où, aux yeux de tous, il rebondit dans le plat et s'enfouit à moitié dans le riz.

Ce dernier trait acheva la vieille ; elle baissa la tête sous la réprobation universelle, traduite par un long murmure ; vingt bras s'allongèrent vers Pitou, qui sortit de la cabane en secouant ses souliers sur le seuil, et qui disparut escorté d'une foule de gens qui lui offraient table et gîte, heureux d'héberger gratis un vainqueur de la Bastille, un ami de monsieur Bailly et du général Lafayette.

La tante ramassa l'écu, l'essuya et le mit dans la sébille, où il devait attendre, en compagnie de plusieurs autres, sa permutation en un vieux louis.

Mais en mettant cet écu venu chez elle d'une si singulière façon, elle soupira et réfléchit que peut-être Pitou avait le droit de manger tout, puisqu'il payait si bien.

XXIX.

PITOU RÉVOLUTIONNAIRE.

Pitou voulut, après avoir satisfait aux premiers devoirs de l'obéissance, satisfaire les premiers besoins de son cœur.

C'est une bien douce chose que d'obéir, lorsque l'ordre du maître réalise toutes les secrètes sympathies de celui qui obéit.

Il prit donc ses jambes à son cou, et, suivant la petite ruelle qui va du Pleux à la rue de Lonnet, faisant comme une ceinture verte de ses deux haies à ce côté de la ville, il se jeta à travers champs pour arriver plus vite à la ferme de Pisseleux.

Mais bientôt sa course se calma ; chaque pas lui rappelait un souvenir.

Quand on rentre dans la ville ou dans le village où l'on est né, on marche sur la jeunesse, on marche sur ses jours passés, qui s'étendent, comme dit le poëte anglais, ainsi qu'un tapis sous les pieds pour faire honneur au voyageur qui revient.

On retrouve à chaque pas un souvenir dans un battement de son cœur.

Ici l'on a souffert, là on a été heureux ; ici on a sangloté de douleur, là on a pleuré de joie.

Pitou, qui n'était pas un analyste, fut bien forcé d'être un homme ; il amassa du passé tout le long de la route, et il arriva l'âme pleine de sensations à la ferme de la mère Billot.

Quand il aperçut à cent pas de lui la longue arête des toits, quand il mesura des yeux les ormes séculaires qui se tordent pour regarder d'en haut fumer les cheminées moussues, quand il entendit le bruit lointain des bestiaux qui vivent et parlent, des chiens qui grognent, des charriots qui roulent, il redressa son casque sur sa tête, affermit à son côté son sabre de dragon, et tâcha de se donner une brave tournure, telle qu'il convient à un amoureux et à un militaire.

Personne ne le reconnut d'abord, preuve qu'il réussit assez bien.

Un valet faisait boire les chevaux à la mare ; il entendit du bruit, se retourna, et, à travers la tête ébouriffée d'un saule, il aperçut Pitou, ou plutôt un casque et un sabre.

Le valet demeura frappé de stupeur.

Pitou, en passant près de lui, appela.

— Eh! Barnaut! bonjour, Barnaut! dit-il.

Le valet, saisi de voir que ce casque et ce sabre savaient son nom, ôta son petit chapeau et lâcha la longe de ses chevaux.

Pitou passa en souriant.

Mais le valet ne fut pas rassuré ; le sourire bienveillant de Pitou était resté enseveli sous son casque.

En même temps la mère Billot, par la vitre de sa salle à manger, aperçut ce militaire.

Elle se leva.

On était alors en alerte dans les campagnes. Il se répandait des bruits effrayans ; on parlait de brigands qui abattaient les forêts et coupaient les récoltes vertes encore.

Que signifiait l'arrivée de ce soldat? était-ce attaque, était-ce secours ?

La mère Billot avait embrassé d'un coup d'œil Pitou dans tout son ensemble, elle se demandait pourquoi des chausses si villageoises avec un casque si brillant, et, faut-il le dire, elle penchait, dans ses suppositions, autant du côté du soupçon que du côté de l'espoir.

Le soldat, quel qu'il fût, entra dans la cuisine.

La mère Billot fit deux pas vers le nouveau venu. Pitou, de son côté, pour ne pas être en arrière de politesse, ôta son casque.

— Ange Pitou ! fit-elle, Ange ici !

— Bonjour, m'ame Billot, répondit Pitou.

— Ange ! Oh ! mon Dieu ! Mais qui donc aurait deviné; tu t'es donc engagé ?

— Oh ! engagé ! fit Pitou.

Et il sourit avec supériorité.

Puis il regarda autour de lui, cherchant ce qu'il ne voyait pas.

La mère Billot sourit; elle devina le but des regards de Pitou.

Puis avec simplicité :

— Tu cherches Catherine ? dit-elle.

— Pour lui rendre mes devoirs, répliqua Pitou, oui, madame Billot.

— Elle fait sécher le linge. Voyons, assieds-toi, regarde-moi, parle-moi.

— Je veux bien, dit Pitou. Bonjour, bonjour, bonjour, madame Billot.

Et Pitou prit une chaise.

Autour de lui se groupèrent, aux portes et sur les de-

13.

grés des escaliers, toutes les servantes et les métayers, attirés par le récit du valet d'écurie.

Et à chaque nouvelle arrivée on entendait chuchoter
— C'est Pitou?
— Oui, c'est lui.
— Bah !

Pitou promena son regard bienveillant sur tous ses anciens camarades. Son sourire fut une caresse pour la plupart.

— Et tu viens de Paris, Ange? continua la maîtresse de la maison.
— Tout droit, madame Billot.
— Comment va votre maître?
— Très bien, madame Billot.
— Comment va Paris?
— Très mal, madame Billot.
— Ah !

Et le cercle des auditeurs se rétrécit.
— Le roi? demanda la fermière.

Pitou secoua la tête et fit entendre un clappement de langue fort humiliant pour la monarchie.
— La reine ?

Pitou cette fois ne répondit absolument rien.
— Oh ! fit madame Billot.
— Oh! répéta le reste de l'assemblée.
— Voyons, continue, Pitou, dit la fermière.
— Dame ! interrogez-moi, répondit Pitou, qui tenait à ne pas dire en l'absence de Catherine tout ce qu'il rapportait d'intéressant.
— Pourquoi as-tu un casque? demanda madame Billot.
— C'est un trophée, dit Pitou.
— Qu'est-ce qu'un trophée, mon ami? demanda la bonne femme.
— Ah ! c'est vrai, madame Billot, fit Pitou avec un sourire protecteur, vous ne pouvez pas savoir ce que c'est qu'un trophée, vous. Un trophée, c'est quand on a vaincu un ennemi, madame Billot.
— Tu as donc vaincu un ennemi, Pitou?
— Un ! dit dédaigneusement Pitou. Ah! ma bonne ma-

dame Billot, vous ne savez donc pas que nous avons pris la Bastille à nous deux, monsieur Billot et moi.

Ce mot magique électrisa l'auditoire. Pitou sentit les souffles des assistans sur sa chevelure et leurs mains sur le dossier de sa chaise.

— Raconte, raconte un peu ce que notre homme a fait, dit madame Billot toute fière et toute tremblante à la fois.

Pitou regarda encore si Catherine arrivait; elle n'arrivait pas.

Il lui parut offensant que, pour des nouvelles fraîches apportées par un courrier pareil, mademoiselle Billot ne quittât point son linge.

Pitou secoua la tête; il commençait à être mécontent.

— C'est que c'est bien long à raconter, dit-il.

— Et tu as faim? demanda madame Billot.

— Peut-être bien.

— Soif?

— Je ne dis pas non.

Aussitôt, valets et servantes de s'empresser, de sorte que Pitou rencontra sous ses mains gobelet, pain, viande et fruits de toutes sortes, avant d'avoir réfléchi à la portée de sa demande.

Pitou avait les foies chauds, comme on dit à la campagne, c'est-à-dire qu'il digérait vite; mais, si vite qu'il digérât, il n'en pouvait encore avoir fini avec le coq de tante Angélique, dont la dernière bouchée n'était pas absorbée depuis plus d'une demi-heure.

Ce qu'il avait demandé ne lui fit donc pas gagner tout le temps qu'il espérait, tant il fut servi rapidement.

Il vit qu'il fallait faire un effort supérieur, et se mit à manger.

Mais quelle que fût sa bonne volonté de continuer, au bout d'un instant force lui fut de s'arrêter.

— Qu'as-tu? demanda madame Billot.

— Dame! j'ai que...

— À boire pour Pitou.

— J'ai du cidre, m'ame Billot.

— Mais peut-être aimes-tu mieux l'eau-de-vie?

— L'eau-de-vie ?

— Oui, es-tu accoutumé d'en boire à Paris ?

La brave femme supposait que pendant ses douze jours d'absence Pitou avait eu le temps de se corrompre.

Pitou repoussa fièrement la supposition.

— De l'eau-de-vie ! dit-il, moi, jamais.

— Alors, parle.

— Si je parle, dit Pitou, il faudra que je recommence pour mademoiselle Catherine, et c'est long.

Deux ou trois personnes se précipitèrent vers la buanderie, pour aller chercher mademoiselle Catherine.

Mais, tandis que tout le monde courait du même côté, Pitou machinalement tourna les yeux vers l'escalier qui conduisait au premier étage, et le vent d'en bas ayant fait courant d'air avec le haut, il aperçut par une porte ouverte Catherine qui regardait à une fenêtre.

Catherine regardait du côté de la forêt, c'est à dire du côté de Boursonne.

Catherine était tellement absorbée dans sa contemplation que rien de tout ce mouvement ne l'avait frappée, que rien de l'intérieur n'avait appelé son attention, tout à ce qui se passait dehors.

— Ah ! ah ! dit-il en soupirant, du côté de la forêt, du côté de Boursonne, du côté de monsieur Isidor de Charny, oui, c'est cela.

Et il poussa un second soupir, plus lamentable encore que le premier.

En ce moment les messagers revenaient, non seulement de la buanderie, mais de tous les endroits où pouvait être Catherine.

— Eh bien ! demanda madame Billot.

— Nous n'avons pas vu mademoiselle.

— Catherine ! Catherine ! cria madame Billot.

La jeune fille n'entendait rien.

Pitou alors se hasarda à parler.

— Madame Billot, dit-il, je sais bien pourquoi on n'a pas trouvé mademoiselle Catherine à la buanderie, moi.

— Pourquoi ne l'y a-t-on pas trouvée ?

— Dame ! c'est qu'elle n'y est pas.

— Tu sais donc où elle est, toi?
— Oui.
— Où est-elle?
— Elle est là-haut.

Et, prenant la fermière par la main, il lui fit monter les trois ou quatre premières marches de l'escalier, et lui montra Catherine assise sur le rebord de la fenêtre, dans l'encadrement des volubilis et des lierres.

— Elle se coiffe, dit la bonne femme.

— Hélas! non, elle est toute coiffée, répondit mélancoliquement Pitou.

La fermière ne fit point attention à la mélancolie de Pitou, et d'une voix forte elle appela :

— Catherine! Catherine!

La jeune fille tressaillit, surprise, ferma rapidement sa fenêtre, et dit :

— Qu'y a-t-il?

— Mais viens donc, Catherine, s'écria la mère Billot ne doutant point de l'effet qu'allaient produire ses paroles. C'est Ange qui arrive de Paris.

Pitou écouta avec anxiété la réponse qu'allait faire Catherine.

— Ah! fit Catherine froidement.

Si froidement que le cœur manqua au pauvre Pitou.

Et elle descendit l'escalier avec le flegme qu'ont les Flamandes dans les tableaux de Van Ostade ou de Brauwer.

— Tiens! dit-elle en touchant le plancher, c'est lui.

Pitou s'inclina rouge et frissonnant.

— Il a un casque, dit une servante à l'oreille de la jeune maîtresse.

Pitou entendit le mot et en étudia l'effet sur le visage de Catherine.

Charmant visage, un peu pâli peut-être, mais encore plein et velouté.

Mais Catherine ne montra aucune admiration pour le casque de Pitou.

— Ah! il a un casque, dit-elle; pourquoi faire?

Cette fois l'indignation l'emporta dans le cœur de l'honnête garçon.

— J'ai un casque et un sabre, dit-il avec fierté, parce que je me suis battu et que j'ai tué des dragons et des Suisses; et si vous en doutez, mademoiselle Catherine, vous demanderez à votre père; voilà tout.

Catherine était si préoccupée qu'elle ne parut entendre que la dernière partie de la réponse de Pitou.

— Comment va mon père? demanda-t-elle, et pourquoi ne revient-il pas avec vous? Est-ce que les nouvelles de Paris sont mauvaises?

— Très mauvaises, dit Pitou.

— Je croyais que tout s'était arrangé, objecta Catherine.

— Oui, c'est vrai; mais tout s'est dérangé, répondit Pitou.

— Est-ce qu'il n'y a pas eu l'accord du peuple et du roi, le rappel de monsieur Necker?

— Il s'agit bien de monsieur Necker, dit Pitou avec suffisance.

— Cela pourtant a satisfait le peuple, n'est-ce pas?

— Si bien satisfait, que le peuple est en train de se faire justice et de tuer tous ses ennemis.

— Tous ses ennemis! s'écria Catherine étonnée. Et quels sont donc les ennemis du peuple?

— Les aristocrates, donc, fit Pitou.

Catherine pâlit.

— Mais qu'appelle-t-on les aristocrates? demanda-t-elle.

— Mais dame! ceux qui ont de grosses terres, — ceux qui ont de beaux châteaux, — ceux qui affament la nation, — ceux qui ont tout quand nous n'avons rien.

— Encore, fit impatiemment Catherine.

— Les gens qui ont les beaux chevaux et les belles voitures, quand nous allons, nous, à pied.

— Mon Dieu! s'écria la jeune fille pâlissant de manière à devenir livide.

Pitou remarqua cette altération dans ses traits.

— J'appelle aristocrates des personnes de votre connaissance.

— De ma connaissance?

— De notre connaissance? dit la mère Billot.

— Mais qui donc cela? insista Catherine.

— Monsieur Berthier de Sauvigny, par exemple.

— Monsieur Berthier de Sauvigny ?

— Qui vous a donné les boucles d'or que vous portiez le jour où vous dansiez avec monsieur Isidor.

— Eh bien ?

— Eh bien ! j'ai vu des gens qui mangeaient son cœur, moi qui vous parle.

Un cri terrible s'échappa de toutes les poitrines. Catherine se renversa sur la chaise qu'elle avait prise.

— Tu as vu cela ? dit la mère Billot tremblante d'horreur.

— Et monsieur Billot aussi l'a vu.

— Oh ! mon Dieu !

— Oui, à l'heure qu'il est, continua Pitou, on doit avoir tué ou brûlé tous les aristocrates de Paris et de Versailles.

— C'est affreux ! murmura Catherine.

— Affreux ! et pourquoi donc ? Vous n'êtes pas une aristocrate, vous, madame Billot.

— Monsieur Pitou, dit Catherine avec une sombre énergie, il me semble que vous n'étiez pas si féroce avant de partir pour Paris.

— Et je ne le suis pas davantage, mademoiselle, dit Pitou fort ébranlé ; mais...

— Mais alors ne vous vantez pas des crimes que commettent les Parisiens, puisque vous n'êtes pas Parisien, et que vous n'avez pas commis ces crimes.

— Je les ai si peu commis, dit Pitou, que monsieur Billot et moi nous avons failli être assommés en défendant monsieur Berthier.

— Oh ! mon bon père ! mon brave père ! je le reconnais bien là ! s'écria Catherine exaltée.

— Mon digne homme ! dit la mère Billot les yeux humides. Et qu'a-t-il donc fait ?

Pitou raconta la terrible scène de la place de Grève, le désespoir de Billot, et son désir de revenir à Villers-Cotterets.

— Que n'est-il revenu, alors ? dit Catherine avec un accent qui remua profondément le cœur de Pitou, comme un de ces présages sinistres que les devins savaient faire pénétrer si profondément dans les cœurs.

La mère Billot joignit les mains.

— Monsieur Gilbert n'a pas voulu, dit Pitou.

— Monsieur Gilbert veut-il donc qu'on tue mon homme, dit madame Billot en sanglotant.

— Veut-il que la maison de mon père soit perdue ? ajouta Catherine avec le même ton de sombre mélancolie.

— Oh ! non pas ! fit Pitou. Monsieur Billot et monsieur Gilbert se sont entendus. Monsieur Billot va rester quelque temps encore à Paris, pour finir la révolution.

— A eux seuls, comme cela ? dit la mère Billot.

— Non, avec monsieur de Lafayette et monsieur Bailly.

— Ah ! fit avec admiration la fermière, du moment qu'il est avec monsieur de Lafayette et avec monsieur Bailly...

— Quand pense-t-il revenir ? demanda Catherine.

— Oh ! quant à cela, mademoiselle, je n'en sais rien.

— Et toi, Pitou, comment donc es-tu revenu alors ?

— Moi, j'ai amené à l'abbé Fortier Sébastien Gilbert, et je suis venu ici apporter les instructions de monsieur Billot.

Pitou, en achevant ces mots, se leva, non sans une certaine dignité diplomatique, qui fut comprise, sinon des serviteurs, du moins des maîtres.

La mère Billot se leva aussi et congédia son monde.

Catherine, restée assise, étudia jusqu'au fond de l'âme la pensée de Pitou avant qu'elle ne sortît de ses lèvres.

— Que va-t-il me faire dire ? se demanda-t-elle.

XXX.

MADAME BILLOT ABDIQUE.

Pour écouter les volontés de ce père honoré, les deux femmes réunirent toute leur attention. Pitou n'ignorait pas que la tâche était assez difficile : il avait vu à l'œuvre la mère Billot et Catherine ; il connaissait l'habitude du commandement chez l'une, la féroce indépendance de l'autre.

Catherine, fille si douce, si laborieuse, si bonne, avait pris, par l'effet même de toutes ses qualités, un énorme ascendant sur tout le monde dans la ferme ; et qu'est-ce que l'esprit de domination, sinon une ferme volonté de ne pas obéir.

Pitou, en exposant sa mission, savait tout le plaisir qu'il allait faire à l'une, et tout le chagrin qu'il causerait à l'autre.

La mère Billot, réduite au rôle secondaire, lui paraissait une chose anormale, absurde. Cela grandissait Catherine par rapport à Pitou, et Catherine n'avait pas besoin de cela dans les circonstances présentes.

Mais il représentait à la ferme un des hérauts d'Homère, une bouche, une mémoire, non pas une intelligence. Il s'exprima en ces termes :

— Madame Billot, le dessein de monsieur Billot est que vous vous tourmentiez le moins possible.

— Comment cela ? fit la bonne femme avec surprise.

— Que veut dire ce mot tourmenter ? dit la jeune Catherine.

— Cela veut dire, répondit Pitou, que l'administration d'une ferme comme la vôtre est un gouvernement plein de soucis et de travail, qu'il y a des marchés à faire...

— Eh bien ? fit la bonne femme.

— Des paiemens...

— Eh bien ?

— Des labours...

— Après ?

— Des récoltes...

— Qui dit le contraire ?

— Personne assurément, madame Billot ; mais, pour faire les marchés, il faut voyager.

— J'ai mon cheval.

— Pour payer, il faut se disputer.

— Oh ! j'ai bon bec.

— Pour labourer.

— N'ai-je pas l'habitude des surveillances.

— Et pour récolter ! ah ! c'est bien une autre affaire ;

il faut faire la cuisine aux ouvriers, il faut aider les charretiers,..

— Tout cela ne m'effraie pas pour le bien de mon homme, s'écria la digne femme.

— Mais, madame Billot... enfin.

— Enfin quoi?

— Tant de travail... et... un peu d'âge...

— Ah! fit la mère Billot en regardant Pitou de travers.

— Aidez-moi donc, mademoiselle Catherine, dit le pauvre garçon voyant ses forces diminuer à mesure que la situation devenait plus difficile.

— Je ne sais pas ce qu'il faut faire pour vous aider, dit Catherine.

— Eh bien! voici, répliqua Pitou. Monsieur Billot n'a pas choisi madame Billot pour se donner tant de mal.

— Qui donc? interrompit-elle en tremblant à la fois d'admiration et de respect.

— Il a choisi quelqu'un qui est plus fort et qui est lui-même et qui est vous-même. Il a choisi mademoiselle Catherine.

— Ma fille Catherine pour gouverner la maison! s'écria la vieille mère avec un accent de défiance et d'inexprimable jalousie.

— Sous vos ordres, ma mère, se hâta de dire la jeune fille rougissant.

— Non pas, non pas, insista Pitou, qui, du moment où il s'était lancé, s'était lancé tout à fait; — non pas! je fais la commission tout entière; — monsieur Billot délègue et autorise mademoiselle Catherine en son lieu et place pour tout le travail et toutes les affaires de la maison.

Chacune de ces paroles, accentuées par la vérité, pénétrait dans le cœur de la ménagère; et, si bonne était cette nature, qu'au lieu d'y verser une jalousie plus âcre et des colères plus brûlantes, la certitude de sa diminution la trouvait plus résignée, plus obéissante, plus pénétrée de l'infaillibilité de son mari.

Billot se pouvait-il tromper? Billot pouvait-il ne pas être obéi?

Voilà les deux seuls argumens que se donna la brave femme contre elle-même.

Et toute sa résistance cessa.

Elle regarda sa fille, dans les yeux de laquelle elle ne vit que modestie, confiance, bonne volonté de réussir, tendresse et respect inaltérables. Elle céda absolument.

— Monsieur Billot a raison, dit-elle ; Catherine est jeune ; elle a bonne tête, elle est têtue même.

— Oh ! oui, fit Pitou, certain qu'il flattait l'amour-propre de Catherine, en même temps qu'il lui décochait une épigramme.

— Catherine, continua la mère Billot, sera plus à l'aise que moi sur les chemins ; elle saura mieux courir des jours entiers après les laboureurs. Elle vendra mieux ; elle achètera plus sûrement. Elle saura se faire obéir, la fille !

Catherine sourit.

— Eh bien ! continua la bonne femme sans avoir même besoin d'étouffer un soupir, voilà que la Catherine va un peu courir les champs ! voilà qu'elle va tenir la bourse ! voilà qu'on va la voir toujours en route ! voilà ma fille transformée en garçon !...

Pitou, d'un air capable :

— Ne craignez rien pour mademoiselle Catherine, dit-il ; je suis là, moi, et je l'accompagnerai partout.

Cette offre gracieuse, sur laquelle Ange comptait probablement pour faire un effet, lui attira de la part de Catherine un si étrange regard, qu'il fut tout interdit.

La jeune fille rougit, non pas comme les femmes à qui l'on fait plaisir, mais de cette nuance couperosée qui, traduisant par un double symptôme la double opération de l'âme, sa cause première, accuse à la fois la colère et l'impatience, le désir de parler et le besoin de se taire.

Pitou n'était pas un homme du monde, lui ; il ne sentait pas les nuances ; mais ayant compris que la rougeur de Catherine n'était pas un acquiescement complet :

— Quoi ! dit-il avec un sourire agréable qui découvrit ses puissantes dents sous ses grosses lèvres ; quoi ! vous vous taisez, mademoiselle Catherine ?

— Vous ignorez donc, monsieur Pitou, que vous avez dit une bêtise ?

— Une bêtise ! fit l'amoureux.

— Pardi ! s'écria la mère Billot, voyez-vous ma fille Catherine avec un garde du corps !

— Mais enfin, dans les bois !... dit Pitou d'un air si naïvement consciencieux que c'eût été un crime d'en rire.

— Cela est-il aussi dans les instructions de notre homme? continua la mère Billot, qui montra ainsi certaines dispositions à l'épigramme.

— Oh ! ajouta Catherine, ce serait un métier de paresseux que mon père ne peut avoir conseillé à monsieur Pitou, et que monsieur Pitou n'aurait pas accepté de mon père.

Pitou roulait de gros yeux effarés de Catherine à la mère Billot ; tout son échafaudage croulait.

Catherine, véritable femme, comprit la douloureuse déception de Pitou.

— Monsieur Pitou, dit-elle, est-ce à Paris que vous avez vu les jeunes filles se compromettre ainsi, en traînant toujours des garçons derrière elles ?

— Mais vous n'êtes pas une jeune fille, vous, articula Pitou, puisque vous êtes la maîtresse de la maison.

— Allons ! assez causé, dit brusquement la mère Billot, la maîtresse de la maison a bien des choses à faire. Viens, Catherine, que je te remette la maison, selon les ordres de ton père.

Alors commença, aux yeux de Pitou ébahi, immobile, une cérémonie qui ne manqua ni de grandeur ni de poésie dans sa rustique simplicité.

La mère Billot tira ses clefs du trousseau, les remit l'une après l'autre à Catherine, et lui donna le compte fait du linge, des bouteilles, des meubles et des provisions. Elle conduisit sa fille au vieux secrétaire-chiffonnier en marqueterie de l'année 1738 ou 1740, dans le secret duquel le père Billot enfermait ses papiers, ses louis d'or, et tout le trésor et les archives de la famille.

Catherine se laissa gravement investir de l'omnipotence et des secrets ; elle questionna sa mère avec sagacité, réfléchit à chaque réponse, et sembla, le renseignement une fois reçu, l'avoir enfermé dans les profondeurs de sa mémoire et de sa raison, comme une arme réservée aux besoins de la lutte.

Après l'examen des objets, la mère Billot passa aux bestiaux, dont on fit le recensement avec exactitude.

Moutons valides ou malades, agneaux, chèvres, poules, pigeons, chevaux, bœufs et vaches.

Mais ce fut là une simple formalité.

La jeune fille, sur cette branche de l'exploitation, était depuis longtemps l'administrateur spécial.

Nul mieux que Catherine ne connaissait la volaille aux gloussemens rudes, les agneaux familiers avec elle au bout d'un mois, les pigeons qui la connaissaient si bien que souvent ils venaient l'enfermer en pleine cour dans les ellipses de leur vol, souvent aussi se poser sur son épaule, après l'avoir saluée à ses pieds par le mouvement étrange de va-et-vient qui caractérise l'ours en ses rêveries.

Les chevaux hennissaient quand s'approchait Catherine. Seule, elle savait faire obéir les plus fougueux. L'un d'eux, poulain élève de la ferme, et devenu un étalon inabordable, rompait tout dans l'écurie pour venir à Catherine chercher dans ses mains et ses poches la croûte de pain dur qu'il y savait toujours trouver.

Rien n'était beau et provoquant au sourire comme cette belle fille blonde, aux grands yeux bleus, au col blanc, aux bras ronds, aux mains potelées, lorsqu'elle s'approchait, son tablier plein de graines, de la place nette auprès de la mare, à l'endroit où le sol, battu et salpêtré, sonnait sous le grain qu'elle y semait à poignées.

Alors, on eût vu tous les poussins, toutes les colombes, tous les agneaux libres se précipiter du côté de la mare ; les coups de bec diapraient le sol ; la langue rose des bouquetins léchait l'avoine ou le sarrazin croquant. Cette aire, noircie par les couches de grain, devenait en deux minutes aussi blanche et aussi propre que l'assiette de faïence du moissonneur lorsqu'il a fini son repas.

Certaines créatures humaines ont dans les yeux la fascination qui séduit, ou la fascination qui épouvante ; deux sensations tellement puissantes sur l'animal qu'il ne songe jamais à y résister.

Qui de nous n'a pas vu le taureau farouche regarder mélancoliquement, durant quelques minutes, l'enfant qui lui sourit sans comprendre le danger? il a pitié.

Qui de nous n'a pas vu ce même taureau fixer un regard sournois et effaré sur un fermier robuste qui le couve de l'œil et le tient en arrêt sous une menace muette? L'animal baisse le front; il semble se préparer au combat; mais ses pieds sont enracinés au sol : il frissonne, il a le vertige, il a peur.

Catherine exerçait l'une des deux influences sur tout ce qui l'entourait; elle était à la fois si calme et si ferme, il y avait tant de mansuétude et tant de volonté en elle, si peu de défiance, si peu de peur, que l'animal en face d'elle ne sentait pas la tentation d'une mauvaise pensée.

Cette influence étrange, elle l'exerçait à plus forte raison sur les créatures pensantes. Le charme de cette vierge était irrésistible; nul homme dans la contrée n'avait jamais souri en parlant de Catherine; nul garçon n'avait contre elle une arrière-pensée; ceux qui l'aimaient la désiraient pour femme; ceux qui ne l'aimaient pas l'eussent désirée pour sœur.

Pitou, tête basse, mains pendantes, idée absente, suivait machinalement la jeune fille et sa mère dans leur excursion de recensement.

On ne lui avait pas adressé la parole. Il était là comme un garde de la tragédie, et son casque ne contribuait pas peu à lui en donner au propre la bizarre apparence.

On passa ensuite la revue des hommes et des servantes.

La mère Billot fit former un demi-cercle au centre duquel elle se plaça.

— Mes enfans, dit-elle, notre maître ne revient pas encore de Paris, mais il nous a choisi un maître à sa place.

C'est ma fille Catherine que voici, toute jeune et toute forte. Moi, je suis vieille et j'ai la tête faible. Le maître a bien fait. La patronne à présent c'est Catherine. L'argent, elle le donne et le reçoit. Ses ordres, je serai la première à les prendre et à les exécuter ; ceux de vous qui désobéiraient auraient affaire à elle.

Catherine n'ajouta pas un mot. Elle embrassa tendrement sa mère.

L'effet de ce baiser fut plus grand que toutes les phrases. La mère Billot pleura. Pitou fut attendri.

Tous les serviteurs acclamèrent la nouvelle domination.

Aussitôt Catherine entra en fonctions et distribua les services. Chacun reçut son mandat, et partit pour l'exécuter avec le bon vouloir qu'on met au début d'un règne.

Pitou, demeuré seul, finit par s'approcher de Catherine et lui dit :

— Et moi ?

— Tiens... répondit-elle, je n'ai rien à vous ordonner.

— Comment, je vais donc rester à rien faire ?

— Que voulez-vous faire ?

— Mais ce que je faisais avant de partir.

— Avant de partir, vous étiez accueilli par ma mère.

— Mais vous êtes la maîtresse, donnez-moi de l'ouvrage.

— Je n'en ai pas pour vous, monsieur Ange.

— Pourquoi ?

— Parce que vous êtes un savant, un monsieur de Paris, à qui ces travaux rustiques ne conviennent pas.

— Est-il possible ? fit Pitou.

Catherine fit un signe qui voulait dire : — C'est comme cela.

— Moi, un savant ! répéta Pitou.

— Sans doute.

— Mais voyez donc mes bras, mademoiselle Catherine.

— N'importe !

— Enfin, mademoiselle Catherine, dit le pauvre garçon désespéré, pourquoi donc, sous prétexte que je suis un savant, me forceriez-vous de mourir de faim ? Vous ignorez donc que le philosophe Epictète servait pour manger, — que le fabuliste Esope gagnait son pain à la sueur de son front ? C'étaient pourtant des gens plus savans que moi, ces deux messieurs-là.

— Que voulez-vous ! c'est comme cela.

— Mais monsieur Billot m'avait accepté pour être de la

maison ; mais il me renvoie de Paris pour en être encore.

— Soit ; car mon père pouvait vous forcer à faire des ouvrages que moi, sa fille, je n'oserais vous imposer.

— Ne me les imposez pas, mademoiselle Catherine.

— Oui, mais alors vous resterez dans l'oisiveté, et c'est ce que je ne saurais vous permettre. Mon père avait le droit de faire, comme maître, ce qui m'est défendu à moi comme mandataire. J'administre son bien, il faut que son bien rapporte.

— Mais puisque je travaillerai, je rapporterai ; vous voyez bien, mademoiselle Catherine, que vous tournez dans un cercle vicieux.

— Plaît-il ! fit Catherine, qui ne comprenait pas les grandes phrases de Pitou. Qu'est-ce qu'un cercle vicieux?

— On appelle cercle vicieux, mademoiselle, un mauvais raisonnement. Non, laissez-moi à la ferme, et donnez-moi les corvées si vous voulez. Vous verrez alors si je suis un savant et un fainéant. D'ailleurs, vous avez des livres à tenir, des registres à mettre en ordre. C'est ma spécialité, cette arithmétique.

— Ce n'est point, à mon avis, une occupation suffisante pour un homme, dit Catherine.

— Mais alors, je ne suis donc bon à rien ? s'écria Pitou.

— Vivez toujours ici, dit Catherine en se radoucissant ; je réfléchirai, et nous verrons.

— Vous demandez à réfléchir pour savoir si vous devez me garder. Mais que vous ai-je donc fait, mademoiselle Catherine ? Ah ! vous n'étiez pas comme cela autrefois.

Catherine haussa imperceptiblement les épaules.

Elle n'avait pas de bonnes raisons à donner à Pitou, et néanmoins il était évident que son insistance la fatiguait.

Aussi, rompant la conversation

— Assez comme cela, monsieur Pitou, dit-elle ; je vais à La Ferté-Milon.

— Alors, je cours seller votre cheval, mademoiselle Catherine.

— Pas du tout ; restez au contraire.

— Vous refusez que je vous accompagne ?

— Restez, dit Catherine impérieusement.

Pitou demeura cloué à sa place, baissant la tête, en renvoyant en dedans une larme qui piquait sa paupière comme si elle eût été d'huile bouillante.

Catherine laissa Pitou où il était, sortit, et donna à un valet de ferme l'ordre de seller son cheval.

— Ah! murmura Pitou, vous me trouvez changé, mademoiselle Catherine, mais c'est vous qui l'êtes, et bien autrement que moi.

XXXI.

CE QUI DÉCIDE PITOU A QUITTER LA FERME ET A RETOURNER A HARAMONT, SA SEULE ET VÉRITABLE PATRIE.

Cependant la mère Billot, résignée aux fonctions de première servante, avait repris son ouvrage sans affectation, sans aigreur, de bonne volonté. Le mouvement, interrompu un instant dans toute la hiérarchie agricole, recommençait à imiter l'intérieur de la ruche bourdonnante et travailleuse.

Pendant qu'on préparait le cheval de Catherine, Catherine rentra, jeta un coup d'œil de côté sur Pitou, dont le corps demeura immobile, mais dont la tête tourna comme une girouette, suivant le mouvement de la jeune fille jusqu'à ce que la jeune fille eût disparu dans sa chambre.

— Qu'allait faire Catherine dans sa chambre? se demanda Pitou.

Pauvre Pitou! ce qu'elle allait faire? Elle allait se coiffer, mettre un bonnet blanc, passer un bas plus fin.

Puis, quand ce supplément de toilette fut achevé, comme elle entendait son cheval qui piaffait sous la gouttière, elle rentra, embrassa sa mère, et partit.

Pitou, désœuvré, mal rassasié par ce petit coup d'œil,

moitié indifférent, moitié miséricordieux, que Catherine lui avait adressé en partant, Pitou ne put se résoudre à demeurer ainsi dans la perplexité.

Depuis que Pitou avait revu Catherine, il semblait à Pitou que la vie de Catherine lui fût absolument nécessaire.

Et puis, outre cela, au fond de cet esprit lourd et dormeur, quelque chose comme un soupçon allait et venait avec la monotone régularité d'un balancier de pendule.

C'est le propre des esprits naïfs de tout percevoir à des degrés égaux. Ces natures paresseuses ne sont pas moins sensibles que d'autres; seulement, elles éprouvent mais n'analysent pas.

L'analyse, c'est l'habitude de jouir et de souffrir. Il faut avoir pris une certaine habitude des sensations pour regarder leur bouillonnement au fond de cet abîme qu'on appelle le cœur humain.

Il n'y a pas de vieillards naïfs.

Pitou, quand il eut entendu le pas du cheval qui s'éloignait, courut vers la porte. Il aperçut alors Catherine suivant un petit chemin de traverse qui conduisait de la ferme à la grande route de La Ferté-Milon, et aboutissant au bas d'une petite montagne dont le sommet se perd dans la forêt.

Du seuil de cette porte, il envoya à la belle jeune fille un adieu plein de regrets et d'humilité.

Mais à peine cet adieu fut-il envoyé de la main et du cœur, que Pitou réfléchit à une chose.

Catherine avait bien pu lui défendre de l'accompagner, mais elle ne pouvait l'empêcher de la suivre.

Catherine pouvait bien dire à Pitou : Je ne veux pas vous voir ; mais elle ne pouvait pas dire à Pitou : Je vous défends de me regarder.

Pitou réfléchit donc que puisqu'il n'avait rien à faire, rien ne l'empêchait au monde de longer sous bois le chemin qu'allait faire Catherine. Ainsi, sans être vu, il la verrait de loin, à travers les arbres.

Il n'y avait qu'une lieue et demie de la ferme à La Ferté-Milon. Une lieue et demie pour aller, une lieue et demie pour revenir, qu'était-ce que cela pour Pitou ?

D'ailleurs Catherine rejoignait la route par une ligne faisant angle avec la forêt. En prenant la perpendiculaire, Pitou économisait un quart de lieue. Restait donc deux lieues et demie seulement pour aller à La Ferté-Millon et revenir.

Deux lieues et demie, c'était une véritable bouchée de chemin à avaler pour un homme qui semblait avoir dévalisé le Petit-Poucet, ou lui avoir pris les bottes que le même Petit-Poucet avait prises à l'Ogre.

A peine Pitou eut-il arrêté ce projet dans son esprit qu'il le mit à exécution.

Tandis que Catherine gagnait la grande route, lui, Pitou, courbé derrière les grands seigles, gagnait la forêt.

En un instant il fut à la lisière, et, une fois à la lisière, il sauta le fossé de la forêt, et s'élança sous bois, moins gracieux, mais aussi rapide qu'un chevreuil effarouché.

Il courut un quart d'heure ainsi, et, au bout d'un quart d'heure, il aperçut l'éclaircie que faisait la route.

Là, il s'arrêta, s'appuyant à un énorme chêne qui le cachait entièrement derrière son tronc rugueux. Il était bien sûr d'avoir devancé Catherine.

Et cependant il attendit dix minutes, un quart d'heure même, et ne vit personne.

Avait-elle oublié quelque chose à la ferme, et y était-elle retournée ? C'était possible.

Avec les plus grandes précautions, Pitou se rapprocha de la route, allongea sa tête derrière un gros hêtre qui poussait dans le fossé même, appartenant moitié à la route, moitié à la forêt, étendit son regard jusqu'à la plaine que la rigidité de la ligne lui permettait d'apercevoir, et ne vit rien.

Catherine avait oublié quelque chose, et était revenue à la ferme.

Pitou reprit sa course. Ou elle n'était pas encore arrivée, et il la verrait rentrer, ou elle y était arrivée, et il l'en verrait sortir.

Pitou ouvrit le compas de ses longues jambes, et se mit à arpenter l'espace qui le séparait de la plaine.

Il courait sur le revers sabloneux de la route, plus doux à ses pas, quand tout à coup il s'arrêta.

Le cheval de Catherine marchait l'amble.

Le cheval, marchant l'amble, avait quitté la grande route, et avait quitté le revers du chemin pour suivre une petite sente à l'entrée de laquelle on lisait sur un poteau :

Sente conduisant de la route de La Ferté-Milon à Boursonne.

Pitou leva les yeux, et à l'extrémité opposée de la sente, il aperçut, noyés à une grande distance dans l'horizon bleuâtre de la forêt, le cheval blanc et le casaquin rouge de Catherine.

C'était à une grande distance, nous l'avons dit, mais on sait qu'il n'y avait pas de distance pour Pitou.

— Ah ! s'écria Pitou, en s'élançant de nouveau dans la forêt, ce n'est donc pas à La Ferté-Milon qu'elle va, c'est donc à Boursonne !

Et cependant je ne me trompe pas. Elle a dit La Ferté-Milon plus de dix fois ; on lui a donné des commissions pour La Ferté-Milon. La mère Billot elle-même a parlé de La Ferté-Milon.

Et tout en disant ces paroles, Pitou courait toujours : Pitou courait de plus en plus ; Pitou courait comme un dératé.

Car Pitou, poussé par le doute, cette première moitié de la jalousie, Pitou n'était plus un simple bipède : Pitou semblait être une de ces machines ailées, comme Dédale en particulier, ou en général les grands mécaniciens de l'antiquité, les rêvèrent si bien, et les exécutèrent, hélas ! si mal.

Il ressemblait, à s'y méprendre, à ces bonshommes de paille, aux bras de chalumeaux, que le vent fait tourner aux étalages des marchands de jouets d'enfants.

Bras, jambes, têtes, tout remue, tout tourne, tout vole.

Les jambes immenses de Pitou marquaient des angles de cinq pieds de large, à leur plus grande ouverture ; ses mains, pareilles à deux battoirs emmanchés d'un bâton, poussaient l'air comme des rames. Sa tête, toute bouche, toutes narines et tout yeux, absorbait l'air qu'elle envoyait en souffles bruyans.

Aucun cheval n'eût été animé de cette rage de courir.

Aucun lion n'eût eu cette volonté féroce d'atteindre sa proie.

Pitou avait plus d'une demi-lieue à faire quand il aperçut Catherine; il ne lui laissa pas le temps de faire un quart de lieue tandis que lui absorba cette demi-lieue.

Sa course avait donc acquis le double de la rapidité de celle d'un cheval au trot.

Enfin, il arriva à atteindre une ligne parallèle à la sienne.

Ce n'était plus pour voir simplement Catherine que Pitou la suivait : c'était pour la surveiller.

Elle avait menti. Dans quel but?

N'importe ; pour reconquérir sur elle une certaine supériorité, il fallait la surprendre en flagrant délit de mensonge.

Pitou donna tête baissée dans les fougères et dans les épines, brisant les obstacles avec son casque, et employant son sabre au besoin.

Cependant, comme Catherine n'allait plus qu'au pas, de temps en temps le bruit des branches brisées arrivait jusqu'à elle, et faisait tout à la fois dresser l'oreille au cheval et à la maîtresse.

Alors Pitou, qui ne perdait pas Catherine des yeux, Pitou s'arrêtait en reprenant haleine ; il détruisait le soupçon.

Cependant cela ne pouvait pas durer ; aussi cela ne dura-t-il pas.

Pitou entendit tout à coup hennir le cheval de Catherine, et à ce hennissement un autre hennissement répondit.

On ne pouvait pas encore voir le second cheval qui hennissait.

Mais, quel qu'il fut, Catherine frappa Cadet de sa badine de houx, et Cadet, qui avait soufflé un instant, reprit le grand trot.

Au bout de cinq minutes, grâce à cette augmentation de vitesse, elle avait rejoint un cavalier, qui accourut lui-

14.

même au devant d'elle avec autant d'empressement qu'elle en avait mis à venir au devant de lui.

Le mouvement de Catherine avait été si rapide et si inattendu, que le pauvre Pitou était resté immobile, debout, à la même place, se haussant seulement sur la pointe des pieds pour voir de plus loin.

C'était bien loin pour voir.

Mais, s'il ne le vit pas, ce que Pitou sentit comme une commotion électrique, ce fut la joie et la rougeur de la jeune fille, ce fut le tressaillement qui agita tout son corps, ce fut le pétillement de ses yeux si doux, si calmes d'ordinaire, si étincelans alors.

Il ne vit pas non plus quel était ce cavalier au point de distinguer ses traits; mais, reconnaissant à sa tournure, à sa redingote de chasse de velours vert, à son chapeau à large ganse, à son port de tête libre et gracieux, qu'il devait appartenir à la classe la plus élevée de la société, son esprit se reporta à l'instant même à ce beau jeune homme, à ce beau danseur de Villers-Cotterets. Son cœur, sa bouche, toutes les fibres de ses entrailles tressaillirent à la fois, murmurèrent le nom d'Isidor de Charny.

C'était bien lui en effet.

Pitou poussa un soupir qui ressemblait à un rugissement, et, s'enfonçant de nouveau dans le fourré, il parvint jusqu'à la distance de vingt pas des deux jeunes gens, trop attentionnés alors l'un à l'autre pour s'inquiéter si le bruit qu'ils entendaient était causé par le fourragement d'un quadrupède ou d'un bipède.

Le jeune homme cependant se retourna du côté de Pitou, se haussa sur les étriers, et jeta un regard vague autour de lui.

Mais, à l'instant même, pour échapper à l'investigation, Pitou s'aplatit le ventre et la face contre terre.

Puis, comme un serpent, il se glissa pendant l'espace de dix pas encore, et, arrivé à la portée de la voix, il écouta.

— Bonjour, monsieur Isidor, disait Catherine.

— Monsieur Isidor ! murmura Pitou. Je le savais bien, moi.

Alors il sentit par toute sa personne l'immense fatigue

de tout ce travail, que le doute, la défiance et la jalousie lui avaient fait faire depuis une heure.

Les deux jeunes gens, en face l'un de l'autre, avaient chacun de son côté lâché la bride et s'étaient pris les mains; ils se tenaient debouts, et frémissans, muets et sourians, tandis que les deux chevaux, habitués sans doute l'un à l'autre, se caressaient des naseaux et jouaient avec leurs pieds sur la mousse de la route.

— Vous êtes en retard *aujourd'hui*, monsieur Isidor, fit Catherine en rompant le silence.

— Aujourd'hui ! fit Pitou ; il paraît que les autres jours il n'est pas en retard.

— Ce n'est pas ma faute, chère Catherine, répliqua le jeune homme ; mais j'ai été retenu par une lettre de mon frère qui m'est arrivée ce matin, et à laquelle j'ai dû répondre courrier par courrier. Mais ne craignez rien, demain je serai plus exact.

Catherine sourit, et Isidor serra encore un peu plus tendrement la main qu'on lui abandonnait.

Hélas ! c'étaient autant d'épines qui faisaient saigner le cœur du pauvre Pitou.

— Vous avez donc des nouvelles fraîches de Paris ? demanda-t-elle.

— Oui.

— Eh bien ! moi aussi, dit-elle en souriant. Ne m'avez-vous pas dit l'autre jour, que lorsque quelque chose de pareil arrivait à deux personnes qui s'aimaient, cela s'appelait de la sympathie ?

— Justement. Et comment avez-vous reçu des nouvelles, vous, ma belle Catherine ?

— Par Pitou.

— Qu'est-ce que cela, Pitou ? demanda le jeune noble avec un air libre et enjoué, qui changea en cramoisi le rouge déjà étendu sur les joues de Pitou.

— Mais vous savez bien, dit-elle : Pitou, c'est ce pauvre garçon que mon père avait pris à la ferme, et qui me donnait le bras un dimanche.

— Ah ! oui, dit le gentilhomme ; celui qui a des genoux comme des nœuds de serviette ?

Catherine se mit à rire. Pitou se sentit humilié, désespéré. Il regarda ses genoux, pareils à des nœuds en effet, en s'appuyant sur ses deux mains et en se soulevant, puis il retomba à plat ventre avec un soupir.

— Voyons, dit Catherine, ne me déchirez pas trop mon pauvre Pitou. Savez-vous ce qu'il me proposait tout à l'heure ?

— Non ; contez-moi un peu cela, ma toute belle.

— Eh bien ! il voulait m'accompagner à la Ferté-Milon.

— Où vous n'allez pas ?

— Non, puisque je savais que vous m'attendiez ici; tandis que c'est moi qui vous ai presque attendu.

— Ah ! mais savez-vous que vous venez de dire un mot royal, Catherine ?

— Vraiment ! je ne m'en doutais pas.

— Pourquoi n'avez-vous pas accepté l'offre de ce beau chevalier, il nous eût diverti.

— Pas toujours, peut-être, répondit en riant Catherine.

— Vous avez raison, Catherine, dit Isidor en attachant sur la belle fermière des yeux brillans d'amour.

Et il cacha la tête rougissante de la jeune fille dans ses bras qu'il ferma sur elle.

Pitou ferma les yeux pour ne pas voir, mais il avait oublié de fermer les oreilles pour ne pas entendre ; le bruit d'un baiser arriva jusqu'à lui.

Pitou se prit les cheveux avec désespoir, comme fait le pestiféré dans le premier plan du tableau de Gros représentant Bonaparte visitant les pestiférés de Jaffa.

Lorsque Pitou revint à lui, les jeunes gens avaient remis leurs chevaux au pas et s'éloignaient lentement.

Les dernières paroles que Pitou put entendre furent celles-ci :

— Oui, vous avez raison, monsieur Isidor, — promenons-nous une heure ; je rattraperai cette heure sur les jambes de mon cheval, et, ajouta-t-elle en riant, — c'est une bonne bête qui n'en dira rien.

Ce fut tout, la vision s'éteignit, l'obscurité se fit dans l'âme de Pitou, comme elle se faisait dans la nature, et, se roulant dans la bruyère, le pauvre garçon se laissa aller aux élans naïfs de sa douleur.

La fraîcheur de la nuit le rendit à lui-même.

— Je ne retournerai pas à la ferme, dit-il ; j'y serais humilié, bafoué ; j'y mangerais le pain d'une femme qui aime un autre homme, et un homme, je dois l'avouer, qui est plus beau, plus riche et plus élégant que moi. Non, ma place n'est plus à Pisseleux, mais à Haramont, — à Haramont, dans mon pays, où je trouverai peut-être des gens ui ne s'apercevront pas que j'ai les genoux faits comme des nœuds de serviette.

Cela dit, Pitou frotta ses bonnes longues jambes, et s'achemina vers Haramont, où, sans qu'il s'en doutât, sa réputation et celle de son casque et de son sabre l'avaient précédé, et où l'attendaient, sinon le bonheur, du moins de glorieuses destinées.

Mais on le sait, ce n'est point l'attribut de l'humanité d'être parfaitement heureux.

XXXII.

PITOU ORATEUR.

Cependant, en arrivant à Villers-Cotterets vers les dix heures du soir, après en être parti six heures auparavant et avoir fait dans l'intervalle l'immense tournée que nous avons essayé de décrire, Pitou comprit que, si triste qu'il fût, mieux valait s'arrêter à l'hôtel du Dauphin et coucher dans un lit que coucher à la belle étoile, sous quelque hêtre ou sous quelque chêne de la forêt.

Car, de coucher dans une maison d'Haramont, en y arrivant à dix heures et demie du soir, il n'y fallait pas songer ; il y avait une heure et demie que toutes les lumières étaient éteintes et toutes les portes fermées.

Pitou s'arrêta donc à l'hôtel du Dauphin, où, moyennant

une pièce de trente sous, il eut un excellent lit, un pain de quatre livres, un morceau de fromage et un pot de cidre.

Pitou était à la fois fatigué et amoureux, fourbu et désespéré ; il en résulta entre le physique et le moral une lutte dans laquelle le moral, vainqueur d'abord, finit par succomber.

C'est à dire que, de onze heures à deux heures du matin, Pitou gémit, soupira, se retourna dans son lit sans pouvoir dormir ; mais, à deux heures du matin, vaincu par la fatigue, il ferma les yeux, pour ne les rouvrir qu'à sept heures.

De même qu'à dix heures et demie du soir tout le monde est couché à Haramont, à sept heures du matin tout le monde est levé à Villers-Cotterets.

Pitou, en sortant de l'hôtel du Dauphin, vit donc de nouveau son casque et son sabre attirer l'attention publique.

Il se trouva donc, après avoir fait une centaine de pas, le centre d'un rassemblement.

Décidément Pitou avait conquis une énorme popularité dans le pays.

Peu de voyageurs ont une pareille chance. Le soleil, qui, dit-on, luit pour tout le monde, ne luit pas toujours avec un éclat favorable pour les gens qui reviennent dans leur patrie avec le désir d'y être prophètes.

Mais aussi, il n'arrive pas à tout le monde d'avoir une tante acariâtre et avare jusqu'à la férocité, comme était la tante Angélique ; il n'arrive pas à tout Gargantua capable d'engloutir un coq au riz de pouvoir offrir un petit écu aux ayans-cause de la victime.

Mais ce qui arrive moins encore à ces revenans, dont l'origine et les traditions remontent à l'Odyssée, c'est de revenir avec un casque sur la tête et un sabre au côté, surtout lorsque le reste de l'accoutrement n'est rien moins que militaire.

Car, disons-le, c'était surtout ce casque et ce sabre qui recommandaient Pitou à l'attention de ses concitoyens.

Sauf les chagrins amoureux qui avaient frappé Pitou à son retour, on voit que toutes sortes de bonheurs lui étaient échus en compensation.

Aussi, quelques habitans de Villers-Cotterets, qui avaient accompagné la veille Pitou, de la porte de l'abbé Fortier, rue de Soissons, à la porte de la tante Angélique, au Pleux, résolurent-ils, pour continuer l'ovation, de conduire Pitou de Villers-Cotterets à Haramont.

Ce qu'ils firent comme ils avaient résolu, et, ce que voyant les habitans d'Haramont, les susdits habitans d'Haramont commencèrent à apprécier leur compatriote à sa juste valeur.

Il est vrai de dire que déjà la terre était préparée à recevoir la semence. Le premier passage de Pitou, si rapide qu'il eût été, avait laissé une trace dans les esprits : son casque et son sabre étaient restés dans la mémoire de ceux qui l'avaient vu à l'état d'apparition lumineuse.

En conséquence, les habitans d'Haramont, se voyant favorisés par ce second retour de Pitou qu'ils n'espéraient plus, l'entourèrent avec toutes sortes de marques de considération, en le priant de déposer son attirail guerrier, et de poser sa tente sous les quatre tilleuls qui ombrageaient la place du village, comme on priait Mars en Thessalie, aux anniversaires de ses grands triomphes.

Pitou daigna d'autant plus facilement y consentir, que c'était son intention de fixer son domicile à Haramont. Il accepta donc l'abri d'une chambre, qu'un belliqueux du village lui loua toute meublée.

Meublée d'un lit de planches avec une paillasse et un matelas; meublée de deux chaises, d'une table et d'un pot à eau.

Le tout fut estimé, par le propriétaire lui-même, à six livres par an; c'est-à-dire au prix de deux plats de coq au riz.

Ce prix arrêté, Pitou prit possession du domicile en payant à boire à ceux qui l'avaient accompagné, et comme les événemens non moins que le cidre lui avaient monté la tête, il leur fit une harangue sur le seuil de sa porte.

C'était un grand événement que cette harangue de Pitou, aussi tout Haramont fit-il cercle autour de la maison.

Pitou était quelque peu clerc, il connaissait le beau dire ; il savait les huit mots avec lesquels, à cette époque, les arrangeurs de nations, c'est ainsi que les appelait Homère, faisaient mouvoir les masses populaires.

De monsieur de Lafayette à Pitou, il y avait loin sans doute; mais d'Haramont à Paris, quelle distance!

Moralement parlant, bien entendu.

Pitou débuta par un exorde dont l'abbé Fortier lui-même, si difficile qu'il fût, n'eût pas été mécontent.

— Citoyens, dit-il, concitoyens, ce mot est doux à prononcer, je l'ai déjà dit à d'autres Français, car tous les Français sont frères; mais ici, je crois le dire à des frères véritables, et je trouve toute une famille dans mes compatriotes d'Haramont.

Les femmes, il y en avait quelques unes dans l'auditoire, et ce n'était pas les mieux disposées, — Pitou ayant encore les genoux trop gros et les mollets trop petits pour prévenir du premier coup d'œil en sa faveur un auditoire féminin, — les femmes, à ce mot de *famille*, pensèrent à ce pauvre Pitou, enfant orphelin, à ce pauvre abandonné qui, depuis la mort de sa mère, n'avait jamais mangé à sa faim. Et ce mot de famille, prononcé par ce garçon qui n'en avait pas, remua chez plusieurs d'entre elles cette fibre si sensible qui ferme le réservoir des larmes.

L'exorde achevé, Pitou commença la narration, cette deuxième partie du discours.

Il dit son voyage à Paris, les émeutes des bustes, la prise de la Bastille et la vengeance du peuple ; il glissa légèrement sur la part qu'il avait prise au combat de la place du Palais-Royal et du faubourg Saint-Antoine; mais moins il se vantait, plus il grandissait aux yeux de ses compatriotes, et à la fin du récit de Pitou, son casque était grand comme le dôme des Invalides; son sabre était haut comme le clocher d'Haramont.

La narration achevée, Pitou en vint à la confirmation, cette délicate opération à laquelle Cicéron reconnaissait le véritable orateur.

Il prouva que les passions populaires avaient été justement soulevées par les accapareurs. Il dit deux mots de messieurs Pitt père et fils; il expliqua la révolution par les priviléges accordés à la noblesse et au clergé; enfin, il invita le peuple d'Haramont à faire en particulier ce que le peuple français avait fait en général, c'est à dire à se réunir contre l'ennemi commun.

Puis enfin, il passa de la confirmation à la péroraison, par un de ces mouvemens sublimes qui sont communs à tous les grands orateurs.

Il laissa tomber son sabre, et, en le relevant il le tira, par mégarde, du fourreau.

Ce qui lui donna le texte d'une motion incendiaire qui appelait aux armes les habitans de la commune par l'exemple des Parisiens révoltés.

Les Haramontois enthousiastes répondirent énergiquement.

La révolution fut proclamée et acclamée dans le village.

Ceux de Villers-Cotterets qui avaient assisté à la séance partirent le cœur gonflé de levain patriotique, chantant de la façon la plus menaçante pour les aristocrates, et avec une sauvage fureur :

> Vive Henri-quatre !
> Vive ce roi vaillant !

Rouget de l'Isle n'avait pas encore composé la *Marseillaise*, et les fédérés de 90 n'avaient pas encore réveillé le vieux *Ça ira* populaire, attendu qu'on en était encore à l'an de grâce 1789.

Pitou crut n'avoir fait qu'un discours, Pitou avait fait une révolution.

Il rentra chez lui, se régala d'un morceau de pain bis et du reste de son fromage de l'hôtel du Dauphin, reste de fromage précieusement rapporté dans son casque, puis il alla acheter du fil de laiton, se fit des collets, et, la nuit venue, il alla les tendre dans la forêt.

Cette même nuit, Pitou prit un lapin et un lapereau.

Pitou aurait bien voulu tendre au lièvre; mais il ne trouva aucune passée, ce qui lui fut expliqué par ce vieil axiome des chasseurs : Chiens et chats, lièvres et lapins, ne vivent pas ensemble.

Il eût fallu faire trois ou quatre lieues pour aller jusqu'à un canton giboyeux en lièvres, et Pitou était un peu fatigué, ses jambes avaient fait la veille tout ce qu'elles pouvaient faire dans une journée. Outre une quinzaine de lieues accomplies, elles avaient porté, pendant les quatre ou cinq dernières, un homme accablé de douleur, et rien n'est aussi lourd pour de longues jambes.

Vers une heure du matin, il rentra avec sa première récolte; il espérait bien en faire une seconde aux passées du matin.

Il se coucha, conservant en lui un reste tellement amer de cette douleur qui, la veille, avait tant fatigué ses jambes, qu'il ne put dormir que six heures de suite sur ce matelas féroce que le propriétaire lui-même appelait une galette.

Pitou dormit d'une heure à sept heures du matin. Le soleil le surprit donc, son volet ouvert, et dormant.

Par ce volet, trente ou quarante habitans d'Haramont le regardaient dormir.

Il se réveilla comme Turenne sur son affût, sourit à ses compatriotes, et leur demanda gracieusement pourquoi ils venaient à lui en si grand nombre et de si grand matin.

L'un d'eux prit la parole. Nous rapporterons fidèlement ce dialogue. C'était un bûcheron nommé Claude Tellier.

— Ange Pitou, dit-il, nous avons réfléchi toute la nuit; les citoyens doivent, en effet, comme tu nous l'as dit hier, s'armer pour la liberté.

— Je l'ai dit, fit Pitou d'un ton ferme et qui annonçait qu'il était prêt à répondre de ses paroles.

— Seulement, pour nous armer, il nous manque la chose principale.

— Laquelle? demanda Pitou avec intérêt.

— Des armes.

— Ah! c'est encore vrai, dit Pitou.

— Nous avons cependant assez réfléchi pour ne pas perdre nos réflexions, et nous nous armerons à tout prix.

— Quand je suis parti, dit Pitou, il y avait cinq fusils dans Haramont; trois fusils de munition, un fusil de chasse à un coup, et un autre fusil de chasse à deux coups.

— Il n'y en a plus que quatre, répondit l'orateur ; le fusil de chasse a crevé de vieillesse, il y a un mois.

— C'était le fusil de Désiré Maniquet, fit Pitou.

— Oui, et même il m'a emporté deux doigts en crevant, dit Désiré Maniquet en élevant au-dessus de sa tête sa main mutilée. et comme l'accident m'est arrivé dans la garenne de cet aristocrate qu'on appelle monsieur de Longpré, les aristocrates me paieront cela.

Pitou inclina la tête en signe qu'il approuvait cette juste vengeance.

— Nous avons donc quatre fusils seulement, reprit Claude Tellier.

— Eh bien ! avec quatre fusils, dit Pitou, vous avez de quoi armer déjà cinq hommes.

— Comment cela ?

— Oui, le cinquième portera une pique. C'est comme cela à Paris : par quatre hommes armés de fusils, il y a toujours un homme armé d'une pique. C'est très commode, les piques, ça sert à mettre les têtes que l'on a coupées.

— Oh ! oh ! fit une grosse voix réjouie, faut espérer que nous n'en couperons pas, de têtes.

— Non, fit gravement Pitou ; si nous savons repousser l'or de messieurs Pitt père et fils. Mais nous en étions aux fusils ; demeurons dans la question, comme dit monsieur Bailly. Combien d'hommes en état de porter les armes à Haramont? Vous êtes-vous comptés ?

— Oui.

— Et vous êtes ?

— Nous sommes trente-deux.

— C'est donc vingt-huit fusils qui manquent.

— Jamais on ne les aura, dit le gros homme au visage réjoui.

— Ah ! dit Pitou, il faut savoir, Boniface.

— Comment, il faut savoir?

— Oui, je dis qu'il faut savoir, parce que je sais.

— Que sais-tu ?

— Je sais qu'on peut s'en procurer.

— S'en procurer?

— Oui, le peuple parisien n'avait pas d'armes non plus.

Eh bien! monsieur Marat, un médecin très savant, mais très laid, a dit au peuple parisien où il y avait des armes; le peuple parisien a été où avait dit monsieur Marat, et il en a trouvé.

— Et où monsieur Marat avait-il dit d'aller? demanda Désiré Maniquet.

— Il avait dit d'aller aux Invalides.

— Oui ; mais nous n'avons pas d'Invalides, à Haramont.

— Moi, je sais un endroit où il y a plus de cent fusils, dit Pitou.

— Et où cela ?

— Dans une des salles du collége de l'abbé Fortier.

— L'abbé Fortier a cent fusils? Il veut donc armer ses enfans de chœur, ce gueux de calotin-là? dit Claude Tellier.

Pitou n'avait pas une profonde affection pour l'abbé Fortier ; cependant, cette violente sortie contre son ancien professeur le blessa profondément.

— Claude! dit-il ; Claude !

— Eh bien! après?

— Je n'ai pas dit que les fusils fussent à l'abbé Fortier.

— S'ils sont chez lui, ils sont à lui.

— Ce dilemme est faux, Claude. Je suis dans la maison de Bastien Godinet, et cependant la maison de Bastien Godinet n'est pas à moi.

— C'est vrai, dit Bastien, répondant sans que Pitou eût même eu besoin de lui faire un appel particulier.

— Les fusils ne sont donc pas à l'abbé Fortier, dit Pitou.

— A qui sont-ils donc, alors ?

— A la Commune.

— S'ils sont à la Commune, comment sont-ils chez l'abbé Fortier ?

— Ils sont chez l'abbé Fortier, parce que la maison de l'abbé Fortier est à la Commune, qui le loge parce qu'il dit la messe et qu'il instruit gratis les enfans des pauvres citoyens. Or, puisque la maison de l'abbé Fortier appartient à la Commune, la Commune a bien le droit de réserver dans la maison qui lui appartient une chambre pour mettre ses fusils; ah!

— C'est vrai ! dirent les auditeurs, la Commune a ce droit-là.

— Eh bien ! voyons, après ; comment nous procurerons-nous ces fusils ; dis ?

La question embarrassa Pitou, qui se gratta l'oreille.

— Oui, dis vite, fit une autre voix, il faut que nous allions travailler.

Pitou respira, le dernier interlocuteur venait de lui ouvrir un échappatoire.

— Travailler ! s'écria Pitou. Vous parlez de vous armer pour la défense de la patrie, et vous pensez à travailler !

Et Pitou ponctua sa phrase d'un rire tellement ironique et méprisant, que les Haramontois se regardèrent humiliés.

— Nous sacrifierions bien encore quelques journées, s'il le fallait absolument, dit un autre, pour être libres.

— Pour être libres, dit Pitou, ce n'est pas une journée qu'il faut sacrifier, c'est toutes ses journées.

— Alors, dit Boniface, quand on travaille pour la Liberté on se repose.

— Boniface, répliqua Pitou d'un air de Lafayette irrité, ceux-là ne sauront jamais être libres qui ne savent pas fouler aux pieds les préjugés.

— Moi, dit Boniface, je ne demande pas mieux que de ne pas travailler. Mais comment faire pour manger ?

— Est-ce que l'on mange ? riposta Pitou.

— A Haramont, oui, on mange encore. Est-ce qu'on ne mange plus à Paris ?

— On mange quand on a vaincu les tyrans, dit Pitou. Est-ce que l'on a mangé le 14 juillet ? Est-ce que l'on pensait à manger, ce jour-là ? Non, l'on n'avait pas le temps.

— Ah ! ah ! dirent les plus zélés, ce devait être beau, la prise de la Bastille !

— Manger ! continua dédaigneusement Pitou. Ah ! boire, je ne dis pas. Il faisait si chaud, et la poudre à canon est si âcre !

— Mais que buvait-on ?

— Ce qu'on buvait ? De l'eau, du vin, de l'eau-de-vie. C'étaient les femmes qui s'étaient chargées de ce soin.

— Les femmes ?

— Oui, des femmes superbes, qui avaient fait des drapeaux avec le devant de leurs robes.

— Vraiment ! firent les auditeurs émerveillés.

— Mais enfin, le lendemain, continua un sceptique, on a dû manger.

— Je ne dis pas non, fit Pitou.

— Alors, reprit Boniface triomphant, si l'on a mangé, on a dû travailler ?

— Monsieur Boniface, répliqua Pitou, vous parlez de ces choses-là sans les connaître. Paris n'est pas un hameau. Il ne se compose pas d'un tas de villageois coutumiers, adonnés aux habitudes du ventre : *Obedientia ventri*, comme nous disons en latin, nous autres savans. Non, Paris, comme dit monsieur de Mirabeau, c'est la tête des nations ; c'est un cerveau qui pense pour le monde entier. Un cerveau, cela ne mange jamais, monsieur.

— C'est vrai, pensèrent les auditeurs.

— Et cependant, dit Pitou, le cerveau qui ne mange pas se nourrit tout de même.

— Alors, comment se nourrit-il ? demanda Boniface.

— Invisiblement, de la nourriture du corps.

Ici, les Haramontois cessèrent de comprendre.

— Explique-nous cela, Pitou ? demanda Boniface.

— C'est bien facile, dit Pitou. Paris, c'est le cerveau, comme je l'ai dit ; les provinces, ce sont les membres ; les provinces travailleront, boiront, mangeront, et Paris pensera.

— Alors, je quitte la province et vais à Paris, dit le sceptique Boniface. Venez-vous à Paris avec moi, vous autres ?

Une partie de l'auditoire éclata de rire, et parut se rallier à Boniface.

Pitou s'aperçut qu'il allait être discrédité par ce railleur :

— Allez-y donc, à Paris ! s'écria-t-il à son tour, et si vous y trouvez une seule figure aussi ridicule que la vôtre, je vous achète des lapereaux comme celui-là à un louis la pièce.

Et d'une main Pitou montra son lapereau, tandis que

dans l'autre il faisait danser et sonner les quelques louis qui lui restaient de la munificence de Gilbert.

Pitou fit rire à son tour.

Sur quoi Boniface se fâcha tout rouge.

— Eh! mons Pitou, tu fais bien le faraud, de nous appeler ridicules!

— *Ridicule tu es*, fit majestueusement Pitou.

— Mais regarde-toi donc, dit Boniface.

— J'aurai beau me regarder, répondit Pitou, je verrai peut-être quelque chose d'aussi laid que toi, mais jamais quelque chose d'aussi bête.

Pitou avait à peine achevé, que Boniface, — on est presque Picard à Haramont, — lui avait allongé un coup de poing que Pitou para adroitement avec son œil, mais auquel il riposta par un coup de pied tout parisien.

Ce premier coup de pied fut suivi d'un second qui terrassa le sceptique.

Pitou s'inclina vers son adversaire comme pour donner à sa victoire les suites les plus fatales, et chacun se précipitait déjà au secours de Boniface, lorsque Pitou se relevant :

— Apprends, dit-il, que les vainqueurs de la Bastille ne se battent pas à coups de poing. J'ai un sabre, prends un sabre, et finissons.

Sur ce, Pitou dégaîna, oubliant ou n'oubliant pas qu'il n'y avait à Haramont que son sabre et celui du garde-champêtre, d'une coudée moins long que le sien.

Il est vrai que, pour rétablir l'équilibre, il mit son casque.

Cette grandeur d'âme électrisa l'assemblée. Il fut convenu que Boniface était un maroufle, un drôle, un crétin indigne de prendre part à la discussion des affaires publiques.

En conséquence, on l'expulsa.

— Vous voyez, dit alors Pitou, l'image des révolutions de Paris. Comme l'a dit monsieur Prudhomme ou Loustalot ; je crois que c'est le vertueux Loustalot... Oui, c'est lui, j'en suis sûr :

« Les grands ne nous paraissent grands que parce que nous sommes à genoux : levons-nous. »

Cette épigraphe n'avait pas le moindre rapport avec la situation. Mais, peut-être à cause de cela même, fit-elle un effet prodigieux.

Le sceptique Boniface, qui était à vingt pas de là, en fut frappé, et revint humblement dire à Pitou :

— Il ne faut pas nous en vouloir, Pitou, si nous ne connaissons pas la liberté aussi bien que toi.

— Ce n'est pas la liberté, dit Pitou, ce sont les droits de l'homme.

Autre coup de massue avec lequel Pitou terrassa une seconde fois l'auditoire.

— Décidément, Pitou, dit Boniface, tu es un savant, et nous te rendons hommage.

Pitou s'inclina.

— Oui, dit-il, l'éducation et l'expérience m'ont placé au-dessus de vous, et si tout à l'heure je vous ai parlé un peu durement, c'est par amitié pour vous.

Les applaudissemens éclatèrent. Pitou vit qu'il pouvait se lancer.

— Vous venez de parler de travail, dit-il ; mais savez-vous ce que c'est que le travail ? Pour vous, le travail consiste à fendre du bois, à couper la moisson, à ramasser de la faîne, à lier des gerbes, à mettre des pierres et à les consolider avec du ciment... Voilà ce que c'est que le travail pour vous. A votre compte, je ne travaille pas, moi. Eh bien ! vous vous trompez ; à moi seul je travaille plus que vous tous, car je médite votre émancipation, car je rêve à votre liberté, à votre égalité. Un seul de mes momens vaut donc cent de vos journées. Les bœufs qui labourent font tous la même chose ; mais l'homme qui pense surpasse toutes les forces de la matière. A moi seul je vous vaux tous.

Voyez monsieur de Lafayette : c'est un homme mince, blond, pas beaucoup plus grand que Claude Tellier ; il a le nez pointu, de petites jambes, et des bras comme les bâtons de cette chaise ; quant aux mains et aux pieds, ce n'est pas la peine d'en parler : autant vaut n'en pas avoir.

Eh bien ! cet homme, il a porté deux mondes sur ses épaules, un de plus qu'Atlas, et ses petites mains, elles ont brisé les fers de l'Amérique et de la France...

Or, puisque ses bras ont fait cela, des bras comme des bâtons de chaise, jugez de ce que peuvent faire les miens.

Et Pitou exhiba ses bras noueux comme des troncs de houx.

Et sur ce rapprochement il s'arrêta, certain d'avoir produit, sans rien conclure, un effet immense.

Il l'avait produit.

XXXIII.

PITOU CONSPIRATEUR.

La plupart des choses qui arrivent à l'homme, et qui sont pour lui de grands bonheurs ou de grands honneurs, lui viennent presque toujours d'avoir beaucoup voulu, ou d'avoir beaucoup dédaigné.

Si l'on veut bien faire l'application de cette maxime aux événemens et aux hommes de l'histoire, on verra qu'elle a non seulement de la profondeur, mais encore de la vérité.

Nous nous contenterons, sans recourir aux preuves, de l'appliquer à Ange Pitou, notre homme et notre histoire.

En effet, Pitou, s'il nous est permis de faire quelques pas en arrière et de revenir sur la blessure qu'il avait reçue en plein cœur ; en effet, Pitou, après sa découverte sur la lisière de la forêt, s'était senti pris d'un grand dédain pour les choses de ce monde.

Lui qui avait espéré de faire fleurir dans son cœur cette plante précieuse et rare qu'on appelle l'amour ; lui qui était revenu dans son pays avec un casque et un sabre, fier d'associer Mars à Vénus, comme disait son illustre compatriote Demoustier, dans ses *Lettres à Emilie sur la Mythologie*, il se trouva bien penaud et bien malheureux de voir qu'il y avait à Villers-Cotterets et dans ses environs des amoureux de reste.

Lui qui avait pris une part si active dans la croisade des Parisiens contre les gentilshommes, il se trouvait bien petit en face de la noblesse campagnarde, représentée par monsieur Isidor de Charny.

Hélas ! un si beau garçon, un homme capable de plaire à la première vue, un cavalier qui portait une culotte de peau et une veste de velours !

Comment lutter avec un pareil homme !

Avec un homme qui avait des bottes à l'écuyère et des éperons à ses bottes ; avec un homme dont beaucoup de gens appelaient encore le frère monseigneur !

Comment lutter avec un homme pareil ! Comment n'avoir pas à la fois la honte et l'admiration, deux sentimens qui, au cœur du jaloux, sont un double supplice, si affreux que jamais on n'a su dire si un jaloux préfère un rival au-dessus ou au-dessous de lui !

Pitou connaissait donc la jalousie, plaie incurable, fertile en douleurs ignorées jusqu'alors du cœur naïf et honnête de notre héros ; la jalousie, végétation phénoménale vénéneuse, sortie sans semence d'un terrain où jusqu'alors nul n'avait vu germer aucune mauvaise passion, pas même l'amour-propre, cette mauvaise herbe qui encombre les terrains les plus stériles.

Un cœur ainsi ravagé a besoin d'une bien profonde philosophie pour reprendre son calme habituel.

Pitou fut-il un philosophe, lui qui, le lendemain du jour où il avait éprouvé cette terrible sensation, songeait à aller faire la guerre aux lapins et aux lièvres de monsieur le duc d'Orléans, et le surlendemain à faire les magnifiques harangues que nous avons rapportées ?

Son cœur avait-il la dureté du silex, duquel tout choc tire une étincelle, — ou simplement la douce résistance de l'éponge, qui a la faculté d'absorber les larmes et de mollir sans se blesser dans le choc des mésaventures ?

C'est ce que l'avenir nous apprendra. Ne préjugeons pas, racontons.

Après sa visite reçue et ses harangues terminées, Pitou,

forcé par son appétit de descendre à des soins inférieurs, fit sa cuisine, et mangea son lapereau en regrettant que ce ne fût pas un lièvre.

En effet, si le lapereau de Pitou eût été un lièvre, Pitou ne l'eût pas mangé, mais vendu.

Ce n'eût pas été une mince affaire. Un lièvre valait, selon sa taille, de dix-huit à vingt-quatre sous, et, quoique possesseur encore des quelques louis donnés par le docteur Gilbert, Pitou qui, sans être avare comme la tante Angélique, tenait de sa mère une bonne dose d'économie, Pitou eût ajouté ces dix-huit sous à son trésor, qui ainsi se fût arrondi au lieu de s'écorner.

Car Pitou se faisait cette réflexion, qu'il n'est pas nécessaire qu'un homme se mette à faire des repas, tantôt de trois livres, tantôt de dix-huit sous. On n'est pas un Lucullus, et Pitou se disait qu'avec les dix-huit sous de son lièvre il eût vécu tout une semaine.

Or, pendant cette semaine, en supposant qu'il eût pris un lièvre le premier jour, il en eût bien pris trois pendant les sept jours, ou plutôt pendant les sept nuits suivantes. En une semaine il eût donc gagné la nourriture d'un mois.

A ce compte, quarante-huit lièvres lui suffisaient pour une année ; tout le reste était du bénéfice net.

Pitou faisait ce calcul économique tout en mangeant son lapereau, qui, au lieu de lui rapporter dix-huit sous, lui coûtait un sou de beurre et un sou de lard. Quant aux oignons, il les avait glanés sur le territoire communal.

Après le repas, le feu ou le pas, dit le proverbe. Après le repas, Pitou s'en était allé chercher dans la forêt un joli coin pour dormir.

Il va sans dire que, dès que l'infortuné ne parlait plus politique, et se retrouvait seul avec lui-même, il avait incessamment devant la pensée le spectacle de monsieur Isidor en galanterie avec mademoiselle Catherine.

Les chênes et les hêtres tremblaient de ses soupirs ; la nature, qui sourit toujours aux estomacs satisfaits, faisait une exception en faveur de Pitou, et lui semblait un vaste désert noir, dans lequel il ne restait plus que des lapins, des lièvres et des chevreuils.

Une fois caché sous les grands arbres de sa forêt natale, Pitou, s'inspirant de leur ombre et de leur fraîcheur, s'affermit dans son héroïque résolution, qui avait été de disparaître aux yeux de Catherine, de la laisser libre, de ne point s'affliger outre mesure de ses préférences, de ne pas se laisser humilier plus bas qu'il ne convenait par la comparaison.

C'était un bien douloureux effort que de ne plus voir mademoiselle Catherine, mais il fallait qu'un homme fût un homme.

La question d'ailleurs n'était point là tout à fait.

Il ne s'agissait pas précisément de ne plus voir mademoiselle Catherine, mais de n'être plus vu d'elle.

Or, qui empêcherait que, de temps en temps, l'amant importun, se cachant avec soin, n'aperçût au passage la belle farouche? Rien.

D'Haramont à Pisseleux, quelle était la distance? une lieue et demie à peine, c'est-à-dire quelques enjambées, voilà tout.

Autant il serait lâche de la part de Pitou de rechercher Catherine après ce qu'il avait vu, autant il serait adroit de continuer à savoir ses faits et gestes, grâce à un exercice dont la santé de Pitou s'accommoderait à merveille.

D'ailleurs, les cantons de la forêt situés derrière Pisseleux et s'étendant jusqu'à Boursonne abondaient en lièvres.

Pitou irait la nuit tendre ses collets, et le lendemain matin, du haut de quelque monticule, il interrogerait la plaine, et guetterait les sorties de mademoiselle Catherine. C'était son droit; c'était en quelque sorte son devoir, fondé de pouvoirs comme il l'était du père Billot.

Ainsi reconforté par lui-même contre lui-même, Pitou crut pouvoir cesser de soupirer. Il dîna d'un énorme morceau de pain qu'il avait apporté, et quand le soir vint, il tendit une douzaine de collets, et se coucha sur des bruyères encore chaudes du soleil de la journée.

Là, il dormit comme un homme au désespoir, c'est-à-dire d'un sommeil semblable à la mort.

La fraîcheur de la nuit le réveilla ; il visita ses collets, rien n'était pris encore ; mais Pitou ne comptait jamais guère que sur la passée du matin. Seulement, comme il se sentait la tête un peu alourdie, il résolut de regagner son logis, quitte à revenir le lendemain.

Mais cette journée, qui avait passé pour lui si vide d'événemens et d'intrigues, les gens du hameau l'avait passée à réfléchir et à faire des combinaisons.

On aurait pu voir, vers le milieu de cette journée que Pitou passa à rêver dans la forêt, on aurait pu voir les bûcherons s'appuyer sur leurs cognées, les batteurs rester le fléau en l'air, les menuisiers arrêter le rabot sur la planche lisse.

Tous ces momens perdus, Pitou en était la cause, Pitou avait été le souffle de discorde lancé parmi ces bruits de paille qui commençaient à flotter confusément.

Et lui, artisan de ce trouble, il ne s'en souvenait même pas.

Mais, à l'heure où il s'achemina vers son domicile, quoique dix heures fussent sonnées, et qu'à cette heure, d'habitude, pas une chandelle ne fût allumée, pas un œil ne fût ouvert dans le village, il aperçut une mise en scène inaccoutumée, à l'entour de la maison qu'il habitait. C'étaient des groupes assis, des groupes debout, des groupes marchant.

L'attitude de chacun de ces groupes avait une signification inusitée.

Pitou, sans savoir pourquoi, se figura que ces gens parlaient de lui.

Et quand il passa dans la rue, tous furent comme frappés d'une secousse électrique, et se le montrèrent l'un à l'autre.

— Qu'ont-ils donc ? se demanda Pitou ; je n'ai cependant pas mis mon casque.

Et il rentra modestement chez lui, après avoir échangé çà et là quelques saluts.

Il n'avait pas encore fermé la porte assez mal jointe de

la maison, qu'il crut entendre un coup frappé sur le bois.

Pitou n'allumait pas de chandelle avant de se coucher ; la chandelle était un trop grand luxe pour un homme qui, n'ayant qu'une couchette, ne pouvait pas se tromper de lit, et qui, n'ayant pas de livres, ne pouvait pas lire.

Mais ce qu'il y avait de certain, c'est que l'on frappait à sa porte.

Il leva le loquet.

Deux hommes, deux jeunes gens d'Haramont entrèrent familièrement chez lui.

— Tiens, tu n'as pas de chandelle, Pitou, fit l'un d'eux.

— Non, répondit Pitou. Pour quoi faire ?

— Mais pour y voir.

— Oh! j'y vois la nuit, moi : je suis nyctalope.

Et, en preuve de ce qu'il ajoutait :

— Bonsoir, Claude ; bonsoir, Désiré, dit-il.

— Eh bien ! firent ceux-ci, nous voilà, Pitou.

— C'est une bonne visite, que me voulez-vous, mes amis ?

— Viens donc au clair, dit Claude.

— Au clair de quoi ? il n'y a pas de lune.

— Au clair du ciel.

— Tu as donc à me parler ?

— Oui, nous avons à te parler, Ange.

Et Claude appuya significativement sur ces mots.

— Allons, dit Pitou.

Et tous trois sortirent.

Ils allèrent ainsi jusqu'au premier carrefour du bois, où ils s'arrêtèrent, Pitou ne sachant toujours pas ce qu'on lui voulait.

— Eh bien ? demanda Pitou voyant que ses deux compagnons faisaient halte.

— Vois-tu, Ange, dit Claude, nous voilà, moi et Désiré Maniquet, qui menons le pays à nous deux ; veux-tu être avec nous ?

— Pour quoi faire ?

— Ah ! voilà, c'est pour...

— Pour ? demanda Pitou en se redressant ; pour quoi ?

— Pour conspirer, murmura Claude à l'oreille de Pitou.

— Ah ! ah ! comme à Paris, fit Pitou ricanant.

Le fait est qu'il avait peur du mot et de l'écho de ce mot, même au milieu de la forêt.

— Voyons, explique-toi, lui dit-il enfin.

— Voici le fait : approche, toi, Désiré, qui es braconnier dans l'âme, et qui connais tous les bruits du jour et de la nuit, de la plaine et de la forêt, regarde si l'on ne nous a pas suivis ; écoute si l'on ne nous épie pas.

Désiré fit un signe de la tête, décrivit un cercle autour de Pitou et de Claude, cercle aussi silencieux que l'est celui d'un loup qui tourne autour d'une bergerie.

Puis il revint.

— Parle, dit-il, nous sommes seuls.

— Mes enfans, reprit Claude, toutes les communes de France, à ce que tu nous as dit, Pitou, veulent être en armes et sur le pied de gardes nationales.

— Ça c'est vrai, dit Pitou.

— Eh bien, pourquoi Haramont ne serait-il pas en armes comme les autres communes ?

— Mais, tu l'as dit hier, Claude, dit Pitou, — quand je faisais la motion de nous armer, — Haramont n'est pas en armes, parce que Haramont n'a pas de fusils.

— Oh ! les fusils, cela ne nous inquiète pas, puisque tu sais où il y en a.

— Je sais, je sais, dit Pitou, qui voyait venir Claude, et qui comprenait le danger.

— Eh bien ! continua Claude, nous nous sommes consultés aujourd'hui tous les jeunes gens patriotes du pays.

— Bon.

— Et nous sommes trente-trois.

— C'est le tiers de cent moins un, ajouta Pitou.

— Sais-tu l'exercice, toi ? demanda Claude.

— Pardieu ! fit Pitou, qui ne savait pas seulement porter arme.

— Bien. Et sais-tu la manœuvre ?

— J'ai vu manœuvrer dix fois le général Lafayette avec quarante mille hommes, répondit dédaigneusement Pitou.

— Très bien ! dit Désiré, qui se lassait de ne pas parler,

et qui, sans être très exigeant, demandait à placer au moins un mot à son tour.

— Alors, veux-tu nous commander? demanda Claude.

— Moi! s'écria Pitou en faisant un bond de surprise.

— Toi-même.

Et les deux conspirateurs regardèrent fixement Pitou.

— Oh! tu hésites, dit Claude.

— Mais...

— Tu n'es donc pas un bon patriote? fit Désiré.

— Oh! par exemple.

— Tu crains donc quelque chose?

— Moi, un vainqueur de la Bastille, un médaillé.

— Tu es médaillé!

— Je le serai quand les médailles seront frappées. Monsieur Billot m'a promis de retirer la mienne en mon nom.

— Il sera médaillé! nous aurons un chef médaillé! s'écria Claude avec transport.

— Voyons, acceptes-tu? demanda Désiré.

— Acceptes-tu? demanda Claude.

— Eh bien! oui, j'accepte, répondit Pitou, emporté par son enthousiasme et peut-être bien aussi par un sentiment qui s'éveillait en lui et qu'on appelle l'orgueil.

— C'est conclu! s'écria Claude, à partir de demain, tu nous commandes.

— Que vous commanderai-je?

— L'exercice donc.

— Et des fusils?

— Mais puisque tu sais où il y en a.

— Ah! oui, chez l'abbé Fortier.

— Sans doute.

— Seulement, l'abbé Fortier est dans le cas de me les refuser.

— Eh bien! tu feras comme les patriotes ont fait aux Invalides, tu les prendras.

— A moi tout seul?

— Tu auras nos signatures, et d'ailleurs, au besoin, nous t'amènerons des bras, nous soulèverons Villers-Cotterets, s'il le faut.

Pitou secoua la tête.

— L'abbé Fortier est entêté, dit-il.

— Bah ! tu étais son élève de prédilection, il ne saura rien te refuser.

— On voit bien que vous ne le connaissez guère, vous, fit Pitou avec un soupir.

— Comment, tu crois que ce vieux refuserait.

— Il refuserait à un escadron de Royal-Allemand.... C'est un entêté, *injustum et tenacem*..... C'est vrai, dit Pitou, s'interrompant, vous ne savez pas seulement le latin.

Mais les deux Haramontois ne se laissèrent éblouir, ni par la citation, ni par l'apostrophe.

— Ah ! ma foi ! dit Désiré, voilà un beau chef que nous avons choisi là, Claude ; il s'effraie de tout.

Claude secoua la tête.

Pitou s'aperçut qu'il venait de compromettre sa haute position. Il se rappela que la fortune aime les audacieux.

— Eh bien ! soit, dit-il, on verra.

— Tu te charges des fusils alors.

— Je me charge... d'essayer.

Un murmure de satisfaction remplaça le léger murmure improbatif qui s'était élevé.

— Oh ! oh ! pensa Pitou, ces gens-là me mènent déjà avant que je sois leur chef. Que sera-ce donc quand je le serai.

— Essayer, dit Claude en secouant la tête. Oh ! oh ! ce n'est pas assez.

— Si ce n'est pas assez, répondit Pitou, fais mieux, toi ; je te cède mon commandement ; va te frotter à l'abbé Fortier et à son martinet, toi.

— C'est bien la peine, fit dédaigneusement Maniquet, de revenir de Paris avec un sabre et un casque, pour avoir peur d'un martinet.

— Un sabre et un casque ne sont point une cuirasse, et quand ils seraient une cuirasse, l'abbé Fortier, avec son martinet, aurait bien vite trouvé le défaut de la cuirasse.

Claude et Désiré parurent comprendre cette observation.

— Allons, Pitou, mon fils ! dit Claude.

(Mon fils est un terme d'amitié fort usité dans le pays.)

— Eh bien ! soit, dit Pitou ; mais de l'obéissance, morbleu !

— Tu verras comme nous serons obéissans, dit Claude en clignant de l'œil à Désiré.

— Seulement, ajouta Désiré, charge-toi des fusils.

— C'est convenu, dit Pitou, fort inquiet au fond, mais à qui cependant l'ambition commençait à conseiller les grandes audaces.

— Tu le promets.

— Je le jure.

Pitou étendit la main, ses deux compagnons en firent autant ; et voilà comment, à la clarté des étoiles, dans une clairière, l'insurrection fut déclarée dans le département de l'Aisne, par les trois Haramontois, plagiaires innocens de Guillaume Tell et de ses compagnons.

Le fait est que Pitou entrevoyait au bout de ses peines le bonheur de se montrer glorieusement revêtu des insignes d'un commandant de garde nationale, et que ces insignes lui paraissaient être de nature à imprimer, sinon des remords, du moins des réflexions à mademoiselle Catherine.

Ainsi sacré par la volonté de ses électeurs, Pitou rentra chez lui rêvant aux voies et moyens de procurer des armes à ses trente-trois gardes nationaux.

XXXIV.

OU L'ON VOIT EN PRÉSENCE LE PRINCIPE MONARCHIQUE REPRÉSENTÉ PAR L'ABBÉ FORTIER, ET LE PRINCIPE RÉVOLUTIONNAIRE REPRÉSENTÉ PAR PITOU,

Cette nuit-là, Pitou fut si préoccupé du grand honneur qui lui était échu, qu'il oublia de visiter ses collets.

Le lendemain, il s'arma de son casque et de son sabre, et se mit en route pour Villers-Cotterets.

Six heures du matin sonnaient à l'horloge de la ville quand Pitou arriva sur la place du Château, et frappa discrètement à la petite porte qui donnait dans le jardin de l'abbé Fortier.

Pitou avait frappé assez fort pour tranquilliser sa conscience, assez doucement pour qu'on n'entendît point de la maison.

Il espérait se donner ainsi un quart d'heure de répit, et, pendant ce temps, orner de quelques fleurs oratoires le discours qu'il avait préparé pour l'abbé Fortier.

Son étonnement fut grand, si doucement qu'il eût frappé, de voir la porte s'ouvrir ; mais cet étonnement cessa quand, dans celui qui lui ouvrait la porte, il reconnut Sébastien Gilbert.

L'enfant se promenait dans le petit jardin, étudiant sa leçon au premier soleil, ou plutôt faisant semblant d'étudier ; car le livre ouvert pendait à sa main, et la pensée de l'enfant courait capricieuse au devant et à la suite de tout ce qu'il aimait en ce monde.

Sébastien poussa un cri de joie en apercevant Pitou.

Ils s'embrassèrent ; puis le premier mot de l'enfant fut celui-ci :

— As-tu des nouvelles de Paris ?

— Non, et toi ? demanda Pitou.

— Oh ! moi, j'en ai ; mon père m'a écrit une charmante lettre.

— Ah ! fit Pitou.

— Et dans laquelle, continua l'enfant, il y a un mot pour toi.

Et tirant la lettre de sa poitrine, il la présenta à Pitou.

« P.-S. Billot recommande à Pitou de ne pas ennuyer ou distraire les gens de la ferme. »

— Oh ! soupira Pitou, voilà, par ma foi ! une recommandation bien inutile. Je n'ai plus personne à tourmenter ou à divertir à la ferme.

Puis il ajouta tout bas, en soupirant plus fort :

— C'est à monsieur Isidor que l'on eût dû adresser ces paroles.

Mais bientôt, se remettant et rendant la lettre à Sébastien :

— Où est l'abbé ? demanda-t-il.

L'enfant prêta l'oreille, et quoique toute la largeur de la cour et une partie du jardin le séparassent de l'escalier qui craquait sous les pieds du digne prêtre :

— Tiens, dit-il, le voilà qui descend.

Pitou passa du jardin dans la cour, mais ce ne fut qu'alors qu'il entendit le pas alourdi de l'abbé.

Le digne instituteur descendait son escalier tout en lisant son journal.

Son fidèle martinet pendait à son côté comme une épée à la ceinture d'un capitaine.

Le nez sur le papier, car il savait par cœur le nombre de ses marches et chaque saillie ou chaque cavité de sa vieille maison, l'abbé arriva juste sur Ange Pitou, qui venait de se donner la contenance la plus majestueuse possible en face de son adversaire politique.

Et d'abord, sur la situation, quelques mots qui eussent fait longueur à une autre page et qui trouvent naturellement leur place sur celle-ci.

Ils expliqueront la présence chez l'abbé Fortier de ces trente ou quarante fusils qui étaient l'objet des ambitions de Pitou et de ses deux complices, Claude et Désiré.

L'abbé Fortier, ancien aumônier ou sous-aumônier du château, comme nous avons déjà eu l'occasion de le dire ailleurs, était devenu avec le temps, et surtout avec cette patiente fixité des ecclésiastiques, l'unique intendant de ce qu'en économie théâtrale on appelle les accessoires de la maison.

Outre ses vases sacrés, outre la bibliothèque, outre le garde-meuble, il avait reçu en dépôt les vieux équipages de chasse du duc d'Orléans, Louis-Philippe, père de Philippe, qui fut nommé depuis Egalité. Quelques-uns de ces équipages remontaient à Louis XIII et à Henri III. Tous ces ustensiles avaient été disposés artistiquement par lui dans une galerie du château qu'on lui avait abandonnée à cet effet. Et pour leur donner un aspect plus pittoresque, il les avait étoilés de rondaches, d'épieux. de poignards, de dagues et de mousquets à incrustation du temps de la Ligue.

La porte de cette galerie était formidablement défendue par deux petits canons de bronze argenté donnés par Louis XIV à son oncle Monsieur.

En outre, une cinquantaine de mousquetons rapportés comme trophées, par Joseph-Philippe, du combat d'Ouessant, avaient été donnés par lui à la municipalité, et la municipalité, qui, comme nous l'avons dit, logeait gratis l'abbé Fortier, avait mis ces mousquets, dont elle ne savait que faire, dans une chambre de la maison collégiale.

C'était là le trésor que gardait le dragon nommé Fortier, menacé par le Jason que l'on appelait Ange Pitou.

Le petit arsenal du château était assez célèbre dans le pays pour que l'on désirât l'acquérir sans frais.

Mais, nous l'avons dit, dragon vigilant, l'abbé ne semblait pas disposé à livrer facilement, à quelque Jason que ce fût, les pommes d'or de ses Hespérides.

Ceci posé, revenons à Pitou.

Il salua fort gracieusement l'abbé Fortier, en accompagnant son salut d'une de ces petites toux qui réclament l'attention des gens distraits ou préoccupés.

L'abbé Fortier leva le nez de dessus son journal.

— Tiens, c'est Pitou, dit-il.

— Pour vous servir si j'en étais capable, monsieur l'abbé, fit Ange avec courtoisie.

L'abbé plia son journal, ou plutôt le ferma comme il eût fait d'un portefeuille, car, à cette heureuse époque, les journaux n'étaient encore que de petits livres.

Puis, son journal fermé, il le passa dans sa ceinture, du côté opposé à son martinet.

— Ah! oui; mais voilà le malheur, répondit l'abbé en goguenardant, c'est que tu n'en es pas capable.

— Oh! monsieur l'abbé!

— Entends-tu, monsieur l'hypocrite?

— Oh! monsieur l'abbé!

— Entendez-vous, monsieur le révolutionnaire?

— Allons, bon ; voilà qu'avant que j'aie parlé, vous vous mettez en colère contre moi. C'est bien mal commencer, monsieur l'abbé.

Sébastien, qui savait ce que depuis deux jours l'abbé Fortier avait dit de Pitou à tout venant, aima mieux ne pas assister à la querelle qui ne pouvait manquer d'éclater incessamment entre son ami et son maître, et s'éclipsa.

Pitou regarda s'éloigner Sébastien avec une certaine douleur. Ce n'était pas un allié bien vigoureux, mais c'était un enfant de la même communion politique que lui.

Aussi à sa disparition hors du cadre de la porte, poussa-t-il un soupir, et, revenant à l'abbé :

— Ah ça ! voyons, monsieur l'abbé, dit-il, pourquoi m'appelez-vous révolutionnaire ? Est-ce que c'est moi par hasard qui suis cause qu'on a fait la révolution ?

— Tu as vécu avec ceux qui la font.

— Monsieur l'abbé, dit Pitou avec une dignité suprême, chacun est libre de sa pensée.

— Oui-da ?

— *Est penès hominem arbitrium et ratio.*

— Ah bah ! fit l'abbé, tu sais donc le latin, cuistre ?

— Je sais ce que vous m'en avez appris, répondit modestement Pitou.

— Oui, revu, corrigé, augmenté et embelli de barbarismes.

— Bon, monsieur l'abbé, des barbarismes ! Eh ! mon Dieu, qui n'en fait pas ?

— Drôle ! dit l'abbé, visiblement blessé de cette tendance que l'esprit de Pitou paraissait avoir à généraliser, crois-tu que j'en fasse des barbarismes, moi ?

— Vous en feriez aux yeux d'un homme qui serait plus fort latiniste que vous.

— Voyez-vous cela ! fit l'abbé pâle de colère, et cependant frappé de ce raisonnement qui ne manquait pas d'une certaine force.

Puis, avec mélancolie :

— Voilà en deux mots, continua l'abbé, le système de ces scélérats : ils détruisent et dégradent au profit de qui ? ils ne le savent pas eux-mêmes ; au profit de l'inconnu.

Voyons monsieur le cancre, parlez à cœur ouvert. Connaissez-vous quelqu'un qui soit plus fort latiniste que moi ?

— Non, mais il peut y en avoir, bien que je ne les connaisse pas, — je ne connais pas tout.

— Je le crois fichtre bien !

Pitou se signa.

— Que fais-tu, libertin ?

— Vous jurez, monsieur l'abbé, je me signe.

— Ah çà ! voyons, monsieur le drôle, êtes-vous venu chez moi pour me tympaniser ?

— Vous tympaniser ! répéta Pitou.

— Ah ! bon, voilà que tu ne comprens pas.

— Si fait, monsieur l'abbé, je comprends. Ah ! grâce à vous, on connaît les racines : tympaniser, *tympanum*, tambour, vient du grec *tympanon*, tambour, bâton ou cloche.

L'abbé resta stupéfait.

— Racine : *typos*, marque, vestige ; et, comme dit Lancelot dans son Jardin des Racines grecques : *typos, la forme qui s'imprime*, lequel mot vient évidemment de *tupto*, je *frappe*. Voilà.

— Ah ! ah ! maroufle, reprit l'abbé de plus en plus abasourdi, il paraît que tu sais encore quelque chose, même ce que tu ne savais pas.

— Peuh ! fit Pitou avec une fausse modestie.

— Comment se fait-il que du temps où tu étais chez moi tu n'eusses jamais ainsi répondu ?

— Parce que du temps que j'étais chez vous, monsieur l'abbé, vous m'abrutissiez ; parce que par votre despotisme vous refouliez dans mon intelligence et dans ma mémoire tout ce que la liberté en a fait sortir depuis. Oui, la liberté, entendez-vous, insista Pitou en se montant la tête ; la liberté !

— Ah ! coquin !

— Monsieur l'abbé, fit Pitou avec un air d'avertissement qui n'était pas tout à fait exempt de menaces ; monsieur l'abbé, ne m'injuriez pas. *Contumelia non argumentum*, dit un orateur ; l'injure n'est pas une raison.

— Je crois que le drôle, s'écria l'abbé furieux, se croit obligé de me traduire son latin.

— Ce n'est pas du latin à moi, monsieur l'abbé, c'est du latin de Cicéron, c'est-à-dire d'un homme qui eût bien certainement trouvé que vous faisiez autant de barbarismes, eu égard à lui, que j'en puis faire eu égard à vous.

— Tu ne prétends pas, j'espère, fit l'abbé Fortier, ébranlé sur sa base, tu ne prétends pas, j'espère, que je discute avec toi.

— Pourquoi pas? si de la discussion naît la lumière : *Abstrusum versis silicum*.

— Oh mais ! s'écria l'abbé Fortier ! oh mais ! le drôle a été à l'école des révolutionnaires.

— Non, puisque vous dites que les révolutionnaires sont des crétins et des ignares.

— Oui, je le dis.

— Alors vous faites un faux raisonnement, monsieur l'abbé, et votre syllogisme est mal posé.

— Mal posé ! moi, j'ai mal posé un syllogisme ?

— Sans doute, monsieur l'abbé ; Pitou raisonne et parle bien ; Pitou a été à l'école des révolutionnaires, donc les révolutionnaires raisonnent et parlent bien. C'est forcé.

— Animal ! brute ! imbécile !

— Ne me molestez point par des paroles, monsieur l'abbé. *Objurgatio imbellem animum arguit*, la faiblesse se trahit par la colère.

L'abbé haussa les épaules.

— Répondez, dit Pitou.

— Tu dis que les révolutionnaires parlent bien et raisonnent bien. Mais cite-moi donc un seul de ces malheureux, un seul qui sache lire et écrire.

— Moi, fit Pitou avec sécurité.

— Lire, je ne dis pas, et encore ! Mais écrire !

— Écrire ! répéta Pitou.

— Oui, écrire sans orthographe.

— Savoir.

— Veux-tu parier que tu n'écris pas une page sous ma dictée sans faire quatre fautes ?

— Voulez-vous parier, vous, que vous n'écrivez pas une demi-page sous la mienne sans en faire deux?

— Oh! par exemple!

— Eh bien! allons. Je vais vous chercher des participes et des verbes réfléchis. Moi, je vous assaisonnerai cela de certains *que* que je connais, et je tiens le pari.

— Si j'avais le temps, dit l'abbé.

— Vous perdriez.

— Pitou, Pitou, rappelle-toi le proverbe : *Pitoueus Angelus asinus est.*

— Bah! des proverbes, il y en a sur tout le monde. Savez-vous celui que m'ont chanté, en passant, aux oreilles, les roseaux de Wualu?

— Non, mais je serais curieux de le connaître, maître Midas.

— *Fortierus abbas fortè fortis.*

— Monsieur! exclama l'abbé.

— Traduction libre : l'abbé Fortier n'est pas fort tous les jours.

— Heureusement, dit l'abbé ; ce n'est pas le tout d'accuser, il faut prouver.

— Hélas! monsieur l'abbé, comme ce serait facile. Voyons, qu'enseignez-vous à vos élèves?

— Mais...

— Suivez mon raisonnement. Qu'enseignez vous à vos élèves?

— Ce que je sais.

— Bon! notez que vous avez répondu : ce que je sais.

— Eh! oui, ce que je sais, fit l'abbé ébranlé : car il sentait que, pendant son absence, ce singulier lutteur avait appris des coups inconnus. Oui, je l'ai dit ; après?

— Eh bien! puisque vous montrez à vos élèves ce que vous savez, voyons, que savez-vous?

— Le latin, le français, le grec, l'histoire, la géographie, l'arithmétique, l'algèbre, l'astronomie, la botanique, la numismatique.

— Y en a-t-il encore? demanda Pitou.

— Mais...

— Cherchez, cherchez.

— Le dessin.
— Allez toujours.
— L'architecture.
— Allez toujours.
— La mécanique.
— C'est une branche des mathématiques, mais n'importe, allez.
— Ah ça ! où veux-tu en venir ?
— A ceci tout simplement : vous avez fait le compte très large de ce que vous savez, faites maintenant le compte de ce que vous ne savez pas.

L'abbé frémit.

— Ah ! dit Pitou, je vois bien que pour cela il faut que je vous aide ; vous ne savez ni l'allemand, ni l'hébreu, ni l'arabe, ni le sanscrit, quatre langues mères. Je ne vous parle pas des subdivisions, qui sont innombrables. Vous ne savez pas l'histoire naturelle, la chimie, la physique.
— Monsieur Pitou...
— Ne m'interrompez pas ; vous ne savez pas la physique, la trigonométrie rectiligne ; vous ignorez la médecine, vous ignorez l'acoustique, la navigation ; vous ignorez tout ce qui a rapport aux sciences gymnastiques.
— Plaît-il ?
— J'ai dit gymnastiques, du grec *gymnaza exercœ*, lequel vient de *gymnos*, — nu, — parce que les athlètes s'exerçaient nus.
— C'est moi qui t'ai appris tout cela, pourtant ! s'écria l'abbé presque consolé de la victoire de son élève.
— C'est vrai.
— Il est heureux que tu en conviennes.
— Avec reconnaissance, monsieur l'abbé. Nous disions donc que vous ignoriez...
— Assez ! Il est certain que j'ignore plus que je ne sais.
— Donc, vous convenez que beaucoup d'hommes en savent plus que vous ?
— C'est possible.
— C'est sûr, et plus l'homme sait, plus il s'aperçoit qu'il ne sait rien. Le mot est de Cicéron.
— Conclus.

— Je conclus.

— Voyons la conclusion, elle va être droite.

— Je conclus qu'en vertu de votre ignorance relative, vous devriez avoir plus d'indulgence pour la science relative des autres hommes. Cela constitue une double vertu, *virtus duplex*, qui, à ce qu'on assure, était celle de Fénélon, qui en savait bien autant que vous, cependant : c'est la charité chrétienne et l'humilité.

L'abbé poussa un rugissement de colère.

— Serpent ! s'écria-t-il, tu es un serpent !

— Tu m'injuries et ne me réponds pas ! c'est ce que répondait un Sage de la Grèce. Je vous le dirais bien en grec, mais je vous l'ai déjà dit ou à peu près en latin.

— Bien, dit l'abbé, voilà encore un effet des doctrines révolutionnaires.

— Lequel ?

— Elles t'ont persuadé que tu étais mon égal.

— Et, m'eussent-elles persuadé cela, vous n'en auriez pas davantage le droit de faire une faute de français.

— Plaît-il ?

— Je dis que vous venez de faire une énorme faute de français, mon maître.

— Ah ! voilà qui est joli par exemple, et laquelle ?

— La voici. Vous avez dit : les doctrines révolutionnaires t'ont persuadé que tu *étais* mon égal.

— Eh bien ?

— Eh bien, étais est l'imparfait.

— Parbleu, oui.

— C'est le présent qu'il faut.

— Ah ! fit l'abbé en rougissant.

— Traduisez un peu la phrase en latin, et vous verrez quel solécisme énorme vous donnera le verbe mis à l'imparfait !

— Pitou ! Pitou ! s'écria l'abbé croyant entrevoir quelque chose de surnaturel dans une pareille érudition ; Pitou, quel est donc le démon qui t'inspire toutes ces attaques contre un vieillard et contre l'Eglise ?

— Mais, monsieur l'abbé, répliqua Pitou un peu ému de l'accent de véritable désespoir avec lequel ces paroles avaient été prononcées, ce n'est pas le démon qui m'inspire, et je ne vous attaque pas. Seulement, vous me traitez toujours comme un sot, et vous oubliez que tous les hommes sont égaux.

L'abbé s'irrita de nouveau.

— Voilà, dit-il, ce que je ne souffrirai jamais, c'est que l'on profère devant moi de pareils blasphèmes. Toi, toi, l'égal d'un homme que Dieu et le travail ont mis soixante ans à former! jamais, jamais!

— Dame! demandez à monsieur de Lafayette, qui a proclamé les droits de l'homme.

— Oui, cite comme autorité le mauvais sujet du roi, le flambeau de toutes les discordes, le traître!

— Hein! fit Pitou effarouché, monsieur de Lafayette un mauvais sujet du roi; monsieur de Lafayette un brandon de discorde; monsieur de Lafayette un traître! Mais, c'est vous qui blasphémez, monsieur l'abbé! Mais vous avez donc vécu dans une boîte depuis trois mois? Vous ignorez donc que ce mauvais sujet du roi est le seul qui serve le roi? Que ce flambeau de discorde est le gage de la paix publique? Que ce traître est le meilleur des Français?

— Oh! fit l'abbé, aurais-je jamais cru que l'autorité royale tomberait si bas, qu'un vaurien de cette espèce, — et il désignait Pitou, — invoquerait le nom de Lafayette, comme autrefois on invoquait celui d'Aristide ou de Phocion!

— Vous êtes bien heureux que le peuple ne vous entende pas, monsieur l'abbé, dit imprudemment Pitou.

— Ah! s'écria l'abbé triomphant, voilà! tu te décèles enfin! tu menaces. Le peuple! oui, le peuple; celui qui a lâchement égorgé les officiers du roi, celui qui a fouillé dans les entrailles de ses victimes! Oui, le peuple de monsieur Lafayette, le peuple de monsieur Bailly, le peuple de monsieur Pitou! Eh bien! pourquoi ne me dénonces-tu pas à l'instant aux révolutionnaires de Villers-Cotterets? Pourquoi ne me traînes-tu pas sur le Pleux? Pourquoi ne retrousses-tu pas tes manches pour m'accrocher au réverbère? Allons, Pitou, *macte animo*, Pitou! *Sursum! sursum!*

Pitou. Allons, allons, où est la corde? où est la potence? voilà le bourreau : *Macte animo, generose Pitoue.*

— *Sic itur ad astra!* continua Pitou entre ses dents, dans la simple intention d'achever le vers, et ne s'apercevant pas qu'il venait de faire un calembourg de cannibale.

Mais force lui fut de s'en apercevoir à l'exaspération de l'abbé.

— Ah! ah! vociféra ce dernier. Ah! tu le prends ainsi. Ah! c'est ainsi que j'irai aux astres. Ah! tu me destines la potence, à moi.

— Mais je ne dis pas cela, s'écria Pitou, commençant à s'épouvanter de la tournure que prenait la discussion.

— Ah! tu me promets le ciel de l'infortuné Foulon, du malheureux Berthier.

— Mais non, monsieur l'abbé.

— Ah! tu tiens déjà le nœud coulant, bourreau-carnifex; c'est toi, n'est-ce pas, qui, sur la place de l'Hôtel-de-Ville, montais sur le réverbère, et qui, avec tes bras hideux d'araignée, attirait les victimes.

Pitou poussa un rugissement de colère et d'indignation.

— Oui, c'est toi, et je te reconnais, continua l'abbé dans un transport de divination qui le faisait ressembler à Joad, je te reconnais! Catilina, c'est toi!

— Ah ça, mais! s'écria Pitou, savez-vous que vous me dites là des choses odieuses, monsieur l'abbé! Savez-vous au bout du compte que vous m'insultez!

— Je t'insulte.

— Savez-vous que si cela continue, je me plaindrai à l'Assemblée nationale! Ah mais!

L'abbé se mit à rire d'une façon sinistrement ironique.

— Dénoncez, dit-il.

— Et qu'il y a punition contre les mauvais citoyens qui insultent les bons.

— Le réverbère!

— Vous êtes un mauvais citoyen.

— La corde! la corde!

Puis tout à coup.

— Ah mais! s'écria l'abbé avec un mouvement d'illumination subite et de généreuse indignation : Ah! le casque, le casque, c'est lui.

— Eh bien! fit Pitou, qu'a-t-il, mon casque?

— L'homme qui arracha le cœur fumant de Berthier, l'anthropophage qui le porta tout sanglant sur la table des électeurs, avait un casque; l'homme au casque, c'est toi, Pitou; l'homme au casque, c'est toi, monstre; fuis, fuis, fuis!

Et à chaque fuis! prononcé d'une façon tragique, l'abbé avait avancé d'un pas, et Pitou reculé d'un pas.

A cette accusation, dont le lecteur sait que Pitou était bien innocent, le pauvre garçon jeta loin de lui ce casque dont il était si fier, et qui s'alla bosseler sur le pavé avec un son mat de carton doublant le cuivre.

— Vois-tu, malheureux! s'écrie-t-il, tu avoues!

Et il se posa comme Lekain dans Orosmane, au moment où, trouvant le billet, il accuse Zaïre.

— Voyons, voyons, dit Pitou jeté hors de lui-même par une pareille accusation, vous exagérez, monsieur l'abbé.

— J'exagère; c'est à dire que tu n'as pendu qu'un peu, c'est à dire que tu n'as éventré qu'un peu, faible enfant!

— Monsieur l'abbé, vous savez bien que ce n'est pas moi; vous savez bien que c'est Pitt.

— Quel Pitt?

— Pitt second, le fils de Pitt premier, de lord Chatam celui qui a distribué de l'argent en disant : Dépensez et ne me rendez pas de comptes. Si vous saviez l'anglais, je vous dirais cela en anglais; mais vous ne le savez pas?

— Tu le sais donc, toi?

— Monsieur Gilbert me l'a appris.

— En trois semaines? Misérable imposteur!

Pitou vit qu'il faisait fausse route.

— Ecoutez, monsieur l'abbé, dit-il, je ne vous conteste plus rien, vous avez vos idées.

— Vraiment!

— C'est trop juste.

— Tu reconnais cela. Monsieur Pitou me permet d'avoir des idées; merci, monsieur Pitou.

— Bon, voilà encore que vous vous fâchez. Vous voyez

bien que si cela continue ainsi, je ne pourrai pas vous dire ce qui m'amène chez vous.

— Malheureux ! quelque chose t'amenait donc ? Tu étais député peut-être ?

Et l'abbé se mit à rire ironiquement.

— Monsieur l'abbé, dit Pitou, placé par l'abbé lui-même sur le terrain où il désirait se trouver depuis la discussion ; monsieur l'abbé, vous savez comme j'ai toujours eu du respect pour votre caractère.

— Ah ! oui, parlons de cela.

— Et de l'admiration pour votre science, ajouta Pitou.

— Serpent ! dit l'abbé.

— Moi, fit Pitou. Oh ! par exemple.

— Voyons, qu'as-tu à me demander ? Que je te reprenne ici ? Oh ! non, non, je ne gâterai pas mes écoliers ; non, il te resterait toujours le venin nuisible. Tu infesterais mes jeunes plantes : *Infecit pabula tabo*.

— Mais, monsieur l'abbé.

— Non, ne me demande pas cela, si tu veux absolument manger, car je présume que les farouches pendeurs de Paris mangent comme d'honnêtes gens. Cela mange ! ô dieux ! Enfin, si tu exiges que je te jette ta part de viande saignante, tu l'auras. Mais à la porte, dans les sportules, comme à Rome les patrons donnaient à leurs cliens.

— Monsieur l'abbé, dit Pitou en se redressant, je ne vous demande pas ma nourriture ; j'ai ma nourriture, Dieu merci ! et je ne veux être à charge à personne.

— Ah ! fit l'abbé surpris.

— Je vis comme tous les êtres vivent, sans mendier, et de l'industrie que la nature a mise en moi. Je vis de mes travaux, et, il y a plus, je suis si loin d'être à charge à mes concitoyens, que plusieurs d'entre eux m'ont élu chef.

— Hein ! fit l'abbé avec une telle surprise, mêlée d'un tel effroi, qu'on eût dit qu'il avait marché sur un aspic.

— Oui, oui, m'ont élu chef, répéta Pitou complaisamment.

— Chef de quoi ? demanda l'abbé.

— Chef d'une troupe d'hommes libres, dit Pitou.

— Ah ! mon Dieu ! s'écria l'abbé, le malheureux est devenu fou.

— Chef de la garde nationale d'Haramont, acheva Pitou, affectant la modestie.

L'abbé se pencha vers Pitou pour mieux voir sur ses traits la confirmation de ses paroles.

— Il y a une garde nationale à Haramont ! s'écria-t-il.

— Oui, monsieur l'abbé.

— Et tu en es le chef ?

— Oui, monsieur l'abbé.

— Toi, Pitou ?

— Moi, Pitou.

L'abbé leva ses bras tordus vers le ciel, comme le grand prêtre Phinée.

— Abomination de la désolation ! murmura-t-il.

— Vous n'ignorez pas, monsieur l'abbé, dit Pitou avec douceur, que la garde nationale est une institution destinée à protéger la vie, la liberté et les propriétés des citoyens.

— Oh ! oh ! continua le vieillard abîmé dans son désespoir.

— Et que, continua Pitou, on ne saurait donner trop de force à cette institution, surtout dans les campagnes, à cause des bandes.

— Des bandes dont tu es le chef ! s'écria l'abbé ; des bandes de pillards, des bandes de brûleurs, des bandes d'assassins !

— Oh ! ne confondez pas, cher monsieur l'abbé ; vous verrez mes soldats, je l'espère, et jamais plus honnêtes citoyens...

— Tais-toi ! tais-toi !

— Figurez-vous, au contraire, monsieur l'abbé, que nous sommes vos protecteurs naturels, et la preuve, c'est que je suis venu droit à vous.

— Pour quoi faire ? demanda l'abbé.

— Ah ! voilà, dit Pitou en se grattant l'oreille et en examinant l'endroit où était tombé son casque, pour voir si en allant ramasser cette partie essentielle de son habillement militaire, il ne s'éloignerait pas trop de sa ligne de retraite.

Le casque était tombé à quelques pas seulement de la grande porte donnant sur la rue de Soissons.

— Je t'ai demandé pour quoi faire? répéta l'abbé.

— Eh bien! dit Pitou, faisant à reculons deux pas vers son casque, voici l'objet de ma mission. Monsieur l'abbé, permettez que je le développe à votre sagacité.

— Exorde, murmura l'abbé.

Pitou fit encore deux pas vers son casque.

Mais, par une manœuvre pareille, et qui ne laissait pas que d'inquiéter Pitou, — à mesure que Pitou faisait deux pas vers son casque, l'abbé, pour conserver les distances, faisait deux pas vers Pitou.

— Eh bien! dit Pitou commençant à prendre courage par le voisinage de son arme défensive, à tout soldat il faut nécessairement des fusils, et nous n'en avons pas.

— Ah! vous n'avez pas de fusils! s'écrie l'abbé trépignant de joie. Ah! ils n'ont pas de fusils! des soldats qui n'ont pas de fusils! Ah! voilà, par ma foi! de beaux soldats!

— Mais, monsieur l'abbé, dit Pitou en faisant deux pas nouveaux vers son casque, quand on n'a pas de fusils, on en cherche.

— Oui, dit l'abbé, et vous en cherchez?

Pitou était arrivé à portée de son casque, il le ramenait à lui avec son pied, de sorte qu'occupé à cette opération, il tarda de répondre à l'abbé.

— Et vous en cherchez? répéta celui-ci.

Pitou ramassa son casque.

— Oui, monsieur l'abbé, dit-il.

— Et où cela?

— Chez vous, dit Pitou, en enfonçant son casque sur sa tête.

— Des fusils chez moi! s'écria l'abbé.

— Oui; vous n'en manquez pas, vous.

— Ah! mon musée! s'écria l'abbé. Tu viens pour piller mon musée. Des cuirasses de nos anciens preux sur le dos de pareils drôles. Monsieur Pitou, je vous l'ai déjà dit tout à l'heure, vous êtes fou. Les épées des Espagnols d'Almanza, les piques des Suisses de Marignan, pour armer monsieur Pitou et consorts ! Ah ! ah ! ah !

L'abbé se mit à rire, d'un rire tellement plein de dédaigneuse menace, qu'un frisson en courut par les veines de Pitou.

— Non, monsieur l'abbé, dit-il, non pas les piques des Suisses de Marignan, non pas les épées des Espagnols d'Almanza ; non, ces armes nous seraient inutiles.

— C'est bien heureux que tu le reconnaisses.

— Non, monsieur l'abbé, pas ces armes.

— Lesquelles, alors ?

— Ces bons fusils de marine, monsieur l'abbé, ces bons fusils de marine que j'ai si souvent nettoyés à titre de pensums, alors que j'avais l'honneur d'étudier sous vos lois ; *dum me Galatea tenebat*, ajouta Pitou avec un gracieux sourire.

— Vraiment ! dit l'abbé en sentant ses rares cheveux se dresser sur sa tête au sourire de Pitou ; vraiment ! mes fusils de marine !

— C'est à dire les seules de vos armes qui n'aient aucune valeur historique, et qui soient susceptibles d'un bon service.

— Ah ! fit l'abbé, en portant la main au manche de son martinet, comme eût fait un capitaine en portant la main à la garde de son épée ; ah ! voilà le traître qui se dévoile.

— Monsieur l'abbé, dit Pitou, passant du ton de la menace à celui de la prière, accordez-nous ces trente fusils de marine.

— Arrière ! fit l'abbé en faisant un pas vers Pitou.

— Et vous aurez la gloire, dit Pitou en faisant de son côté un pas en arrière, la gloire d'avoir contribué à délivrer le pays de ses oppresseurs.

— Que je fournisse des armes contre moi et les miens! s'écria l'abbé ; que je donne les fusils avec lesquels on tirera sur moi !

Et il tira son martinet de sa ceinture.

— Jamais ! jamais !

Et il agita son martinet au-dessus de sa tête.

— Monsieur l'abbé, on mettra votre nom dans le journal de monsieur Prudhomme.

— Mon nom dans le journal de monsieur Prudhomme ! s'écria l'abbé.

— Avec mention honorable de civisme.

— Plutôt le carcan et les galères !

— Comment, vous refusez ! insista Pitou, mais mollement.

— Je refuse, et je te chasse.

Et l'abbé montra du doigt la porte à Pitou.

— Mais cela fera un mauvais effet, dit Pitou, on vous accusera d'incivisme, de trahison. Monsieur l'abbé, je vous en supplie, dit Pitou, ne vous exposez point à cela.

— Fais de moi un martyr, Néron ! c'est tout ce que je demande ! s'écria l'abbé, l'œil flamboyant, et ressemblant bien davantage à l'exécuteur qu'au patient.

Ce fut l'effet qu'il produisit sur Pitou, car Pitou reprit sa retraite.

— Monsieur l'abbé, dit-il en faisant un pas en arrière, je suis un député paisible, un ambassadeur de pacification, je venais...

— Tu venais pour piller mes armes, comme tes complices ont pillé les Invalides.

— Ce qui leur a valu une foule d'éloges là-bas, dit Pitou.

— Et ce qui te vaudra ici une volée de coups de martinet, dit l'abbé.

— Oh ! monsieur Fortier, dit Pitou, qui reconnaissait l'instrument pour une vieille connaissance, vous ne violerez pas ainsi le droit des gens.

— C'est ce que tu vas voir, misérable ! attends.

— Monsieur l'abbé, je suis protégé par mon caractère d'ambassadeur.

— Attends !

— Monsieur l'abbé ! monsieur l'abbé !! monsieur l'abbé !!!

Pitou était arrivé à la porte de la rue en faisant face à son redoutable adversaire ; mais, acculé là, il fallait accepter le combat ou fuir.

Mais pour fuir il fallait ouvrir la porte, et, pour ouvrir la porte, il fallait se retourner.

Or, en se retournant, Pitou offrait aux coups de l'abbé

cette partie désarmée de son individu que Pitou ne trouvait même pas suffisamment protégée par une cuirasse.

— Ah ! tu veux mes fusils ! dit l'abbé... Ah ! tu viens chercher mes fusils !... Ah ! tu viens me dire : Vos fusils ou la mort !...

— Monsieur l'abbé, dit Pitou, au contraire, je ne vous dis pas un mot de cela.

— Eh bien ! tu sais où ils sont, mes fusils, égorge-moi pour t'en emparer. Passe sur mon cadavre et va les prendre.

— Incapable, monsieur l'abbé, incapable.

Et Pitou, la main sur le loquet, l'œil sur le bras levé de l'abbé, calculait non plus le nombre des fusils renfermés dans l'arsenal de l'abbé, mais le nombre de coups suspendus aux lanières de son martinet.

— Ainsi donc, monsieur l'abbé, vous ne voulez pas me donner vos fusils ?

— Non, je ne veux pas te les donner.

— Vous ne voulez pas une fois ?

— Non.

— Deux fois ?

— Non.

— Trois fois ?

— Non ! non ! non !

— Eh bien ! fit Pitou, gardez-les.

Et faisant un mouvement rapide, il se retourna et s'élança par la porte entr'ouverte.

Mais ce mouvement ne fut pas si rapide que le martinet intelligent ne s'abaissât sifflant, et ne sanglât si vigoureusement le bas des reins de Pitou, que, quel que fût le courage du vainqueur de la Bastille, il ne put s'empêcher de jeter un cri de douleur.

A ce cri, plusieurs voisins sortirent, et, à leur étonnement profond, ils aperçurent Pitou fuyant de toute la vitesse de ses jambes avec son casque et son sabre, et l'abbé Fortier, debout sur le seuil de la porte et brandissant son martinet, comme l'ange exterminateur son épée de flamme.

XXXV.

PITOU DIPLOMATE.

Nous venons de voir comment Pitou était tombé du haut de ses espérances.

La chute était profonde. Satan foudroyé n'avait pas mesuré plus d'espace en roulant du ciel aux enfers. Encore, aux enfers, Satan était tombé roi, tandis que Pitou, foudroyé par l'abbé Fortier, était tout simplement redevenu Pitou.

Comment se représenter maintenant devant ses mandataires? Comment, après leur avoir témoigné tant de confiance imprudente, oser leur dire que leur chef était un vantard, un fanfaron, qui, avec un casque sur l'oreille et avec un sabre au côté, se laissait donner par un vieil abbé des coups de martinet sur le derrière?

S'être vanté de réussir près de l'abbé Fortier, et échouer, quelle faute !

Pitou, sur le revers du premier fossé qu'il trouva, prit sa tête dans ses deux mains et réfléchit.

Il avait espéré d'amadouer l'abbé Fortier en lui parlant grec et latin. Il s'était flatté, dans sa naïve bonhomie, de corrompre le Cerbère avec le miel d'un gâteau de *belles expressions*, et voilà que son gâteau s'était trouvé amer, voilà que Cerbère avait mordu la main sans avaler le gâteau. Voilà que tous ses plans étaient renversés.

L'abbé Fortier avait donc un immense amour-propre : Pitou avait compté sans cet amour-propre ; car ce qui avait exaspéré l'abbé Fortier était bien plus la faute de français que Pitou avait trouvée dans la phrase que les trente fusils qu'il avait voulu prendre dans son arsenal.

Les jeunes gens, lorsqu'ils sont bons, commettent toujours cette faute de croire à la perfection chez autrui.

L'abbé Fortier était donc un enragé royaliste, et surtout un orgueilleux philologue.

Pitou se reprochait amèrement d'avoir éveillé en lui, à propos du roi Louis XVI et du verbe *être*, la double colère dont il avait été victime. Il le connaissait, il eût dû le ménager. Là était réellement sa faute, et il la déplorait trop tard, comme toujours.

Restait à trouver ce qu'il aurait dû faire.

Il aurait dû mettre son éloquence à prouver du royalisme à l'abbé Fortier, et surtout à laisser passer inaperçues ses fautes de grammaire.

Il aurait dû lui persuader que la garde nationale d'Haramont était contre-révolutionnaire.

Il aurait dû lui promettre que cette armée serait l'armée auxiliaire du roi.

Surtout ne pas dire un mot de ce malheureux verbe *être* mis à un temps pour un autre.

Et nul doute alors que l'abbé n'eût ouvert ses trésors et ses arsenaux, pour assurer à la monarchie le secours d'une troupe si vaillante et de son chef héroïque.

Cette fausseté, c'est de la diplomatie. Pitou, après s'être bien consulté, repassa dans sa tête toutes les histoires d'autrefois.

Il songea à Philippe de Macédoine, qui fit tant de faux sermens et qu'on appelle un grand homme.

À Brutus, qui contrefit la brute pour endormir ses ennemis et qu'on appelle un grand homme.

A Thémistocle, qui passa sa vie à tromper ses concitoyens pour les servir et qu'on appelle aussi un grand homme.

Par contre, il se rappela Aristide, lequel n'admettait pas les moyens injustes, et qu'on appelle aussi un grand homme.

Cet argument l'embarrassa.

Mais il trouva, en réfléchissant, qu'Aristide était bien heureux de vivre dans un temps où les Perses étaient si stupides qu'on pût les vaincre avec de la bonne foi seulement.

Puis en réfléchissant encore, il songea qu'au bout du

compte Aristide avait été exilé, et cet exil, tout injuste qu'il fût, fit pencher la balance en faveur de Philippe de Macédoine, de Brutus et de Thémistocle.

Passant aux exemples modernes, Pitou se demanda comment monsieur Gilbert, comment monsieur Bailly, comment monsieur Lameth, comment monsieur Barnave, comment monsieur de Mirabeau eussent fait s'ils eussent été Pitou, et que Louis XVI eût été l'abbé Fortier ?

Comment eût-on fait pour faire armer par le roi de trois à cinq cent mille gardes nationaux en France ?

Précisément le contraire de ce que Pitou avait fait.

On eût persuadé à Louis XVI que les Français ne désiraient tant rien que de sauver et de conserver le père des Français; que pour le sauver efficacement, il fallait à ces Français de trois à cinq cent mille fusils.

Et assurément monsieur de Mirabeau eût réussi.

Pitou, songeant aussi à la chanson-proverbe qui dit:

> Lorsqu'on veut quelque chose du Diable,
> Il faut l'appeler monseigneur.

Il concluait de tout cela qu'il n'était, lui, Ange Pitou, qu'une quadruple brute, et que, pour retourner près de ses électeurs avec une sorte de gloire, il lui eût fallu faire précisément le contraire de ce qu'il avait fait.

Fouillant alors dans ce nouveau filon, Pitou résolut d'obtenir par la ruse ou par la force les armes qu'il s'était promis d'avoir par la persuasion.

Un moyen se présenta d'abord.

C'était la ruse.

On pouvait s'introduire dans le musée de l'abbé, et dérober ou enlever les armes de l'arsenal.

A l'aide de ses compagnons, Pitou opérerait le déménagement; seul, il opérerait le vol.

Le vol! voilà un mot qui sonnait mal aux oreilles honnêtes de Pitou.

Quand au déménagement, nul doute qu'il n'y eût en France encore assez de gens habitués aux anciennes lois pour l'appeler un brigandage ou un vol à main armée.

Toutes ces considérations firent reculer Pitou devant les deux moyens que nous venons de citer.

D'ailleurs, l'amour-propre de Pitou était engagé, et pour que cet amour-propre se tirât honorablement d'affaires, Pitou ne devait recourir à personne.

Il se remit à chercher, non sans une certaine admiration pour la nouvelle direction que prenaient les spéculations de son esprit.

Enfin, comme Archimède, il s'écria : *Euréka !* ce qui veut dire en simple français : *je l'ai trouvé.*

En effet, voici le moyen que Pitou venait de trouver dans son arsenal à lui-même :

Monsieur de Lafayette était le commandant général des gardes nationales de France.

Haramont était en France.

Haramont avait une garde nationale.

Donc monsieur de Lafayette était commandant général des gardes nationales d'Haramont.

Monsieur de Lafayette ne devait donc pas tolérer que les miliciens d'Haramont manquassent d'armes, puisque les miliciens des autres pays étaient armés ou allaient l'être.

Pour arriver à monsieur de Lafayette, — Gilbert ; pour arriver à Gilbert, — Billot.

Pitou écrivit une lettre à Billot.

Comme Billot ne savait pas lire, c'est monsieur Gilbert qui lirait, et, naturellement, le second intermédiaire se trouverait atteint.

Ceci arrêté, Pitou attendit la nuit, rentra mystérieusement à Haramont et prit la plume.

Cependant, quelque précaution qu'il eût prise pour rentrer incognito, il avait été vu par Claude Tellier et par Désiré Maniquet.

Ils se retirèrent en silence, et mystérieusement, un doigt sur la bouche, les yeux sur la lettre.

Pitou nageait en plein courant de politique pratique.

Maintenant, voici la lettre qui était enfermée dans ce carré de papier blanc qui avait produit un si grand effet sur Claude et sur Désiré.

« Cher et honoré monsieur Billot,

» La cause de la révolution gagne tous les jours dans notre pays ; les aristocrates perdent du terrain, les patriotes avancent.

» La commune d'Haramont s'enrôle dans le service actif de la garde nationale.

» Mais elle n'a pas d'armes.

» Il y a un moyen de s'en procurer. Certains particuliers retiennent des quantités d'armes de guerre qui pourraient économiser au trésor public de grandes dépenses, si elles passaient au service de la nation.

» Plaise à monsieur le général de Lafayette faire ordonner que ces dépôts illégaux d'armes de guerre soient mis à la disposition des communes, proportionnellement au nombre des hommes à armer, et je me charge, pour ma part, de faire entrer trente fusils au moins dans les arsenaux d'Haramont.

» C'est le seul moyen d'opposer une digue aux menées contre-révolutionnaires des aristocrates et des ennemis de la nation.

» Votre concitoyen et bien humble serviteur,

ANGE PITOU. »

Quand il eut écrit ce factum, Pitou s'aperçut qu'il avait oublié de parler au fermier de sa maison et de sa famille.

Il le traitait trop en Brutus ; d'un autre côté, donner des détails à Billot sur Catherine, c'était s'exposer à mentir ou à déchirer le cœur d'un père ; c'était aussi rouvrir des plaies saignantes dans l'ame de Pitou.

Pitou étouffa un soupir, et mit en *post-scriptum :*

» *P.-S.* Madame Billot et mademoiselle Catherine et toute la maison se portent bien et se rappellent au souvenir de monsieur Billot. »

De cette façon, Pitou ne compromettait ni lui ni personne.

Montrant aux initiés l'enveloppe blanche qui allait partir

pour Paris, le commandant des forces d'Haramont se contenta, comme nous l'avons raconté, de leur dire :

— Voici.

Et il alla jeter sa lettre dans la boîte.

La réponse ne se fit pas attendre.

Le surlendemain, un exprès arriva dans Haramont à cheval et demandant monsieur Ange Pitou.

Grande était la rumeur ; grandes l'attente et l'anxiété des miliciens.

Le courrier montait un cheval blanc d'écume.

Il portait l'uniforme de l'état-major de la garde nationale parisienne.

Qu'on juge de l'effet qu'il produisit, qu'on juge aussi du trouble et du battement de cœur de Pitou.

Il s'approcha tremblant, pâle, et prit le paquet que lui tendit, non sans sourire, l'officier chargé du message.

C'était une réponse de monsieur Billot, par la main de Gilbert.

Billot recommandait à Pitou la modération dans le patriotisme.

Et il envoyait l'ordre du général Lafayette, contresigné par le ministre de la guerre, pour armer la garde nationale d'Haramont.

Il profitait du départ d'un officier chargé d'armer, au nom du général Lafayette, la garde nationale de Soissons et de Laon.

Cet ordre était ainsi conçu :

« Seront tenus, ceux qui possèdent plus d'un fusil et d'un sabre, de mettre leurs autres armes à la disposition des chefs de corps de chaque commune.

» La présente mesure est exécutoire dans toute l'étendue de la province. »

Pitou, rouge de joie, remercia l'officier, qui sourit de nouveau, et repartit immédiatement pour le relai suivant.

Ainsi Pitou se voyait au comble des honneurs ; il recevait directement des messages du général Lafayette et des ministres.

Et ces messages venaient servir complaisamment les plans et les ambitions de Pitou.

Dépeindre l'effet de cette visite sur les électeurs de Pitou serait un travail impossible. Nous déclarons y renoncer.

Seulement, à voir ces visages émus, ces yeux brillans, cet empressement de la population ; à voir ce profond respect que tout le monde prit immédiatement pour Ange Pitou, le plus incrédule obervateur se put convaincre que désormais notre héros allait être un grand personnage.

Les électeurs, l'un après l'autre, demandèrent à voir et à toucher le cachet du ministère, ce que leur octroya Pitou très gracieusement.

Et quand le nombre des assistans se fut réduit aux seuls initiés :

— Citoyens, dit Pitou, mes plans ont réussi comme je l'avais prévu. J'ai écrit au général Lafayette le désir que vous avez de vous constituer en garde nationale, et le choix que vous avez fait de moi pour vous commander. Lisez la suscription de la lettre qui m'arrive du ministère.

Et il présenta la dépêche sur l'adresse de laquelle on put lire :

Au sieur Ange Pitou,
commandant de la garde nationale d'Haramont.

— Je suis donc, continua Pitou, reconnu et agréé par le général Lafayette comme commandant de la garde nationale. Vous êtes donc reconnus et agréés comme gardes nationaux, par le général Lafayette et le ministre de la guerre.

Un long cri de joie et d'admiration ébranla les murs du galetas qu'habitait Pitou.

— Quant aux armes, continua notre homme, le moyen de les avoir, je l'ai.

Vous allez promptement vous nommer un lieutenant et un sergent. Ces deux autorités m'accompagneront dans la démarche que j'ai à faire.

Les assistans se regardèrent incertains.

— Ton avis, Pitou ! dit Maniquet.

— Cela ne me regarde pas, fit Pitou avec une certaine dignité, il faut que les élections ne soient pas influencées;

réunissez-vous hors de ma présence ; nommez-vous les deux chefs que j'ai désignés, mais nommez-les solides. Voilà tout ce que j'ai à vous dire. Allez !

Sur ce mot prononcé royalement, Pitou congédia ses soldats, et demeura seul enveloppé dans sa grandeur ainsi qu'Agamemnon.

Il s'absorba dans sa gloire, tandis que les électeurs se disputaient au dehors une bribe de la puissance militaire qui devait régir Haramont.

L'élection dura une heure. Les lieutenant et sergent furent nommés : ce furent : le sergent, Claude Tellier ; et le lieutenant, Désiré Maniquet. Alors, on revint trouver Ange Pitou, qui les reconnut et les acclama.

Puis, ce travail terminé :

— Maintenant, messieurs, dit-il, pas un moment à perdre.

— Oui, oui, apprenons l'exercice ! fit un des plus enthousiastes.

— Une minute, répliqua Pitou ; avant l'exercice, ayons d'abord les fusils.

— C'est trop juste, firent les chefs.

— En attendant les fusils, ne peut-on étudier avec des bâtons ?

— Faisons les choses militairement, répondit Pitou, qui, voyant l'ardeur générale, ne se sentait pas assez fort pour donner des leçons d'un art auquel il ne comprenait encore rien ; des soldats qui apprennent l'exercice à feu avec des bâtons, c'est grotesque ; ne commençons pas par être ridicules !

— C'est juste, fut-il répondu : Les fusils !

— Venez donc avec moi, lieutenant, et sergent, dit-il à ses inférieurs ; vous autres, attendez notre retour.

Un acquiescement respectueux fut la réponse de la troupe.

— Il nous reste six heures de jour. C'est plus qu'il n'en faut pour aller à Villers-Cotterets faire notre affaire, et revenir.

— En avant, marche ! cria Pitou.

L'état-major de l'armée d'Haramont se mit en route aussitôt.

Mais quand Pitou relut la lettre de Billot, pour se bien persuader que tant d'heur n'était pas un rêve, il y trouva cette phrase de Gilbert, qui lui avait échappé :

» Pourquoi Pitou a-t-il oublié de donner à monsieur le docteur Gilbert des nouvelles de Sébastien ?

» Pourquoi Sébastien n'écrit-il pas à son père ? »

XXXVI.

PITOU TRIOMPHE.

L'abbé Fortier était loin de se douter, le brave homme! et de l'orage que lui préparait cette profonde diplomatie, et du crédit qu'avait Ange Pitou près des chefs du gouvernement.

Il était occupé à prouver à Sébastien que les mauvaises sociétés sont la perte de toute vertu et de toute innocence ; que Paris est un gouffre ; que les anges eux-mêmes s'y corrompraient si, comme ceux qui s'étaient égarés sur la route de Gomorrhe, ils ne remontaient vivement au ciel ; et prenant au tragique la visite de Pitou, ange déchu, il engageait Sébastien, avec toute l'éloquence dont il était capable, à rester un bon et vrai royaliste.

Par bon et vrai royaliste, hâtons-nous de le dire, l'abbé Fortier était bien loin d'entendre ce que le docteur Gilbert entendait par les mêmes mots.

Il oubliait, le bon abbé, que vu cette différence à entendre les mêmes mots, sa propagande était une mauvaise action, puisqu'il essayait d'armer, involontairement sans doute, l'esprit du fils contre celui du père.

Il faut avouer, au reste, qu'il n'y trouvait pas de grandes préparations.

Chose étrange ! à l'âge où les enfans sont cette molle

17.

argile dont parle le poëte, à l'âge où tout cachet qui appuie sur eux leur laisse son empreinte, Sébastien était déjà un homme par la résolution et la ténacité de l'idée.

Etait-ce là le fils de cette aristocratique nature qui avait dédaigné jusqu'à l'horreur un plébéien ?

Ou bien était-ce là réellement l'aristocratie du plébéien poussée dans Gilbert jusqu'au stoïcisme ?

L'abbé Fortier n'était point capable de sonder un pareil mystère; il savait le docteur un peu exalté patriote; il essayait, avec la naïveté réparatrice des ecclésiastiques, de lui réformer son fils pour le bien du roi et de Dieu.

Sébastien d'ailleurs, tout en paraissant fort attentif, n'écoutait pas ces conseils; il songeait alors à ces vagues visions qui, depuis quelque temps, étaient revenues l'assaillir sous les grands arbres du parc du Villers-Cotterets, lorsque l'abbé Fortier conduisait ses élèves du côté de la pierre Clouïse, du regard Saint-Hubert, ou de la tour Aumont, à ces hallucinatious qui lui composaient une seconde vie à côté de sa vie naturelle, une vie menteuse de poétiques félicités auprès du prosaïsme indolent de ses jours d'étude et de collége.

Tout à coup la porte de la rue de Soissons, heurtée avec une certaine violence, s'ouvrit d'elle-même et donna passage à plusieurs hommes.

Ces hommes étaient le maire de la ville de Villers-Cotterets, l'adjoint et le secrétaire de la mairie.

Derrière eux apparaissaient deux chapeaux de gendarmes, et derrière ces chapeaux de gendarmes cinq ou six têtes de curieux.

L'abbé, inquiet, marcha droit au maire.

— Et qu'y a-t-il donc, monsieur Longpré ? demanda-t-il.

— Monsieur l'abbé, répondit gravement celui-ci, vous avez connaissance du nouveau décret du ministre de la guerre?

— Non, monsieur le maire.

— Prenez la peine de le lire alors.

L'abbé prit la dépêche et la lut.

Tout en la lisant il pâlit.

— Eh bien ? demanda-t-il tout ému.

— Eh bien ! monsieur l'abbé, ces messieurs de la garde nationale d'Haramont sont là et attendent une livraison d'armes.

L'abbé fit un bond comme s'il allait dévorer ces messieurs de la garde nationale.

Alors Pitou, jugeant que le moment était venu de se montrer, Pitou s'approcha, suivi de son lieutenant et de son sergent.

— Les voici, dit le maire.

L'abbé était passé du blanc au rouge.

— Ces drôles ! s'écria-t-il, ces vauriens !

Le maire était bonhomme, il n'avait pas encore d'opinion politique bien arrêtée ; il ménageait la chèvre et le chou ; il ne se voulait brouiller ni avec Dieu, ni avec la garde nationale.

Les invectives de l'abbé Fortier excitèrent de sa part un gros rire, avec lequel il domina la situation.

— Vous entendez comment l'abbé traite la garde nationale d'Haramont, dit-il à Pitou et à ses deux officiers.

— C'est parce que monsieur l'abbé Fortier nous a vus enfans, et qu'il nous croit toujours des enfans, dit Pitou avec sa douceur mélancolique.

— Mais ces enfans sont devenus des hommes, dit sourdement Maniquet en étendant vers l'abbé sa main mutilée.

— Et ces hommes sont des serpens ! s'écria l'abbé irrité.

— Et des serpens qui piqueront si on les blesse, dit le sergent Claude à son tour.

Le maire, dans ces menaces, pressentit toute la future révolution.

L'abbé y devina le martyre.

— Que me veut-on, enfin ? dit-il.

— On veut une partie des armes que vous avez ici, dit le maire, en essayant de tout concilier.

— Ces armes ne sont pas à moi, répondit l'abbé.

— Mais à qui sont-elles donc ?

— Elles sont à monseigneur le duc d'Orléans.

— D'accord, monsieur l'abbé, dit Pitou ; mais rien n'empêche.

— Comment, rien n'empêche ? fit l'abbé.

— Oui ; nous venons vous demander ces armes tout de même.

— J'en écrirai à monsieur le duc, fit majestueusement l'abbé.

— Monsieur l'abbé oublie, dit le maire à demi-voix, que c'est différer pour rien. Monseigneur, si on le consulte, répondra qu'il faut donner aux patriotes, non seulement les fusils de ses ennemis les Anglais, mais encore les canons de son aïeul Louis XIV.

Cette vérité frappa douloureusement l'abbé.

Il murmura :

— *Circumdedisti me hostibus meis.*

— Oui, monsieur l'abbé, dit Pitou, c'est vrai ; mais de vos ennemis politiques seulement ; car nous ne haïssons en vous que le mauvais patriote.

— Imbécile ! s'écria l'abbé Fortier dans un moment d'exaltation qui lui donna une certaine éloquence ; absurde et dangereux imbécile ! lequel de nous deux est le bon patriote, de moi qui veux garder les armes pour la paix de la patrie, ou de toi qui les demandes pour la discorde et la guerre civile ? lequel est le bon fils, de moi qui m'en tiens à l'olivier pour fêter notre mère commune, ou de toi qui cherches du fer pour lui déchirer le sein ?

Le maire se détourna pour cacher son émotion, et tout en se détournant, il fit à l'abbé un petit signe sournois qui voulait dire :

— Très bien !

L'adjoint, nouveau Tarquin, abattit des fleurs avec sa canne.

Ange fut désarçonné.

Ce que voyant ses deux subalternes, ils froncèrent le sourcil.

Sébastien seul, l'enfant spartiate, fut impassible.

Il s'approcha de Pitou et demanda :

— De quoi s'agit-il donc, Pitou ?

Pitou le lui dit en deux mots.

— L'ordre est signé? fit l'enfant.

— Du ministre, du général Lafayette, et il est de l'écriture de ton père.

— Alors, répliqua fièrement l'enfant, pourquoi donc hésite-t-on à obéir?

Et dans son œil aux pupilles dilatées, dans ses narines frémissantes, dans la rigidité de son front, il révéla l'implacable esprit dominateur des deux races qui l'avaient créé.

L'abbé entendit ces paroles qui sortaient de la bouche de cet enfant; il frissonna, et baissa la tête.

— Trois générations d'ennemis contre nous! murmura-t-il.

— Allons, monsieur l'abbé, dit le maire, il faut s'exécuter!

L'abbé fit un pas en froissant les clefs qu'il tenait à sa ceinture par un reste d'habitude monastique.

— Non! mille fois non! s'écria-t-il; ce n'est pas ma propriété, et j'attendrai l'ordre de mon maître.

— Ah! monsieur l'abbé! fit le maire, qui ne pouvait se dispenser de désapprouver.

— C'est de la rébellion, dit Sébastien au prêtre; prenez garde! cher monsieur.

— *Tu quoque!* murmura l'abbé Fortier en se couvrant de sa soutane pour imiter le geste de César.

— Allons, allons, monsieur l'abbé, dit Pitou, soyez tranquille; ces armes seront bien placées pour le bonheur de la patrie.

— Tais-toi, Judas! répondit l'abbé : tu as bien trahi ton vieux maître, pourquoi ne trahirais-tu pas la patrie?

Pitou, écrasé par sa conscience, courba le front. Ce qu'il avait fait n'était pas d'un noble cœur, si c'était d'un habile administrateur d'hommes.

Mais en baissant la tête, il vit de côté ses deux lieutenans, qui semblaient dépités d'avoir un chef si faible.

Pitou comprit que s'il manquait son effet, son prestige était détruit.

L'orgueil tendit le ressort de ce vaillant champion de la révolution française.

Relevant donc la tête :

— Monsieur l'abbé, dit-il, si soumis que je sois à mon ancien maître, je ne laisserai point passer sans commentaires ces injurieuses paroles.

— Ah ! tu commentes maintenant ? dit l'abbé, espérant démonter Pitou par ses railleries.

— Oui, monsieur l'abbé, je commente, et vous allez voir que mes commentaires sont justes, continua Pitou. Vous m'appelez un traître parce que vous m'avez refusé bénévolement les armes que je vous demandais l'olivier à la main, et que je vous arrache aujourd'hui à l'aide d'un ordre du gouvernement. Eh bien ! monsieur l'abbé, j'aime mieux paraître avoir trahi mes devoirs que d'avoir donné la main à favoriser avec vous la contre-révolution. Vive la patrie ! Aux armes ! aux armes !

Le maire fit à Pitou le pendant du signe qu'il avait fait à l'abbé en disant :

— Ah ! très bien ! très bien !

Ce discours eut en effet un résultat foudroyant pour l'abbé, résultat électrique pour le reste de l'assistance.

Le maire s'éclipsa en faisant signe à l'adjoint de demeurer.

L'adjoint eût bien voulu s'éclipser comme le maire ; mais l'absence des deux autorités principales de la ville eût certainement été remarquée.

Il suivit donc avec son greffier les gendarmes, qui suivirent les trois gardes nationaux vers le musée, dont Pitou connaissait les détours, lui qui avait été nourri dans le sérail.

Sébastien, bondissant comme un jeune lion, courut sur les traces des patriotes.

Les autres enfans regardaient tout hébétés.

Quant à l'abbé, après avoir ouvert la porte de son musée, il tomba, demi-mort de colère et de honte, sur la première chaise qu'il rencontra.

Une fois entrés dans le musée, les deux assesseurs de Pitou voulaient tout mettre au pillage, mais l'honnête timidité du chef des gardes nationaux intervint encore.

Il fit le compte des gardes nationaux soumis à ses ordres,

et comme ils étaient trente-trois, il ordonna que trente-trois fusils fussent enlevés.

Et comme, le cas échéant, on pouvait avoir à faire le coup de fusil, et qu'en cette circonstance Pitou ne comptait pas rester en arrière, il prit pour lui un trente-quatrième fusil, véritable fusil d'officier, plus court et plus léger que les autres, et qui, quoique de calibre, pouvait tout aussi bien diriger le plomb sur un lapin ou un lièvre, que la balle contre un faux patriote ou un vrai Prussien.

En outre, il se choisit une épée droite comme celle de monsieur de Lafayette, l'épée de quelque héros de Fontenoy ou de Philipsbourg, qu'il passa à sa ceinture.

Ses deux collègues chargèrent chacun douze fusils sur leurs épaules, et, sous ce poids énorme, ils ne fléchirent pas, tant leur joie était délirante.

Pitou se chargea du reste.

On passa par le parc pour ne pas traverser Villers-Cotterets, afin d'éviter le scandale.

D'ailleurs, c'était le chemin le plus court.

Ce chemin le plus court offrait en outre l'avantage d'ôter aux trois officiers toute chance de rencontrer des partisans d'une idée contraire à la leur. Pitou ne craignait pas la lutte, et le fusil qu'il s'était choisi en cas de lutte faisait foi de son courage. Mais Pitou était devenu homme de réflexion, et, depuis qu'il réfléchissait, il avait remarqué que si un fusil est un expédient pour la défense d'un homme, des fusils ne le sont guère.

Nos trois héros, chargés de ces dépouilles opimes, traversèrent donc le parc en courant, et gagnèrent un rond-point où ils devaient s'arrêter. Épuisés, ruisselans de sueur enfin, mais d'une glorieuse fatigue, ils amenèrent chez Pitou le précieux dépôt que la patrie venait de leur confier, peut-être un peu bien aveuglément.

Il y eut assemblée de la garde nationale le même soir, et le commandant Pitou remit un fusil à chaque soldat, en leur disant, comme les mères spartiates à leurs fils, à propos du bouclier :

« Avec ou dessus. »

Ce fut alors, dans cette petite commune, ainsi transformée par le génie de Pitou, une effervescence pareille à celle de la fourmilière un jour de tremblement de terre.

La joie de posséder un fusil, chez ces peuples éminemment braconniers, à qui la longue oppression des gardes avait donné la rage de la chasse, fit que pour eux Pitou devint un dieu sur la terre.

On oublia ses longues jambes, on oublia ses longs bras, on oublia ses gros genoux et sa grosse tête, on oublia enfin ses grotesques antécédens, et il fut et demeura le génie tutélaire du pays pendant tout le temps que le blond Phœbus mit à rendre sa visite à la belle Amphitrite.

La journée du lendemain fut occupée par les enthousiastes à manier, à remanier et à fourbir leur armes en connaisseurs instinctifs : les uns, joyeux si la batterie était bonne, les autres songeant à réparer l'inégalité du sort, s'il leur était échu une arme de qualité inférieure.

Pendant ce temps Pitou, retiré dans sa chambre, comme le grand Agamemnon sous sa tente, songeait, tandis que les autres fourbissaient, se creusant, lui, le cerveau, tandis que ses hommes s'écorchaient les mains.

A quoi songeait Pitou? demandera le lecteur sypathique à ce génie naissant.

Pitou, devenu pasteur des peuples, songeait à la creuse inanité des grandeurs de ce monde.

En effet, le moment arrivait où, de tout cet édifice à grand'peine élevé, rien n'allait rester debout.

Les fusils étaient livrés depuis la veille. La journée était employée à les mettre en état. Demain il faudrait montrer l'exercice à ses soldats, et Pitou ne connaissait pas le premier commandement de la charge en douze temps.

Pitou avait toujours chargé son fusil sans compter les temps, et comme il avait pu.

Quant à la manœuvre, c'était bien pis encore.

Or, qu'était-ce qu'un commandant de la garde nationale qui ne sait pas faire la charge en douze temps, et qui ne sait pas commander la manœuvre.

Celui qui écrit ces lignes n'en a connu qu'un seul : il est vrai qu'il était compatriote de Pitou.

Donc, la tête plongée dans les mains, l'œil hébété, le corps immobile, Pitou songeait.

Jamais César, dans les broussailles de la Gaule sauvage, jamais Annibal perdu dans les Alpes neigeuses, jamais Colomb égaré sur un Océan inconnu, ne réfléchirent plus solennellement en face de l'inconnu, et ne vouèrent plus profondément leur pensée aux *Dis ignotis*, ces terribles divinités qui ont le secret de la vie et de la mort, que ne le fit Pitou pendant cette longue journée.

— Oh! disait Pitou, le temps marche, demain s'avance, et demain apparaîtra dans tout son néant ce rien que je suis.

Demain, le foudre de guerre qui a pris la Bastille sera traité de crétin par l'assemblée entière des Haramontois, comme le fut... je ne sais plus qui, par l'assemblée entière des Grecs.

Demain hué! quand aujourd'hui je suis un triomphateur!

Cela ne sera pas; cela ne peut pas être. Catherine le saurait, et je serais déshonoré.

Pitou reprit un instant haleine.

— Qui peut me tirer de là? se demanda-t-il
— L'audace?
— Non, non; l'audace dure une minute, et l'exercice à la prussienne a douze temps.

Quelle singulière idée, aussi, d'apprendre l'exercice à la prussienne à des Français!

Si je disais que je suis trop bon patriote pour apprendre à des Français l'exercice à la prussienne, et que j'invente un autre exercice plus national?

— Non, je m'embrouillerais.

— J'ai bien vu un singe à la foire de Villers-Cotterets. Ce singe faisait l'exercice; mais il le faisait probablement comme un singe, sans régularité.

— Ah! s'écria-t-il tout à coup, une idée!

Et, sur-le-champ, ouvrant le compas de ses longues jambes, il allait commencer de franchir l'espace, quand une réflexion l'arrêta.

— Ma disparition étonnerait, dit-il; prévenons mes gens.

Alors, ouvrant la porte, et ayant mandé Claude et Désiré, il leur tint ce langage.

— Indiquez après-demain pour le premier jour d'exercice.

— Mais pourquoi pas demain? demandèrent les deux officiers inférieurs.

— Parce que vous êtes fatigués, vous et le sergent, répliqua Pitou, et qu'avant d'instruire les soldats, je veux d'abord instruire les chefs. Et puis, accoutumez-vous, je vous prie, ajouta Pitou d'une voix sévère, à toujours obéir dans le service sans faire d'observations.

Les inférieurs s'inclinèrent.

— C'est bien, dit Pitou, affichez l'exercice pour après-demain, quatre heures du matin.

Les deux officiers s'inclinèrent de nouveau, sortirent, et, comme il était neuf heures du soir, ils allèrent se coucher.

Pitou les laissa partir. Puis, lorsqu'ils eurent tourné l'angle, il prit sa course dans la direction opposée, et gagna en cinq minutes la futaie la plus sombre et la plus épaisse de la forêt.

Voyons quelle était l'idée libératrice de Pitou.

XXXVII.

LE PÈRE CLOUIS ET LA PIERRE CLOUISE, OU COMMENT PITOU DEVINT TACTICIEN ET EUT L'AIR NOBLE

Pitou courut ainsi pendant une demi-heure à peu près, s'enfonçant de plus en plus dans la partie la plus sauvage et la plus profonde de la forêt.

Il y avait là, parmi ces hautes futaies trois fois séculaires, adossée à un rocher immense et au milieu de ronciers formidables, une cabane bâtie trente-cinq ou quarante ans auparavant, et qui renfermait un personnage qui avait su, dans son propre intérêt, s'entourer d'un certain mystère.

Cette cabane, moitié creusée dans la terre, moitié tressée au dehors avec des branchages et du bois grumeux, ne prenait de jour et d'air que par un trou obliquement pratiqué dans la toiture.

Cette cabane, assez semblable aux huttes des Bohémiens de l'Albaycin, se trahissait parfois aux regards par les fumées bleues qui s'échappaient de son faîte.

Autrement, nul, excepté les gardes de la forêt, les chasseurs, les braconniers et les paysans des environs, n'eût deviné que cette hutte servait de demeure à un homme.

Et cependant, là, depuis quarante ans, demeurait un vieux garde mis à la retraite, mais à qui monsieur le duc d'Orléans, père de Louis-Philippe, avait accordé la permission de demeurer dans la forêt, de garder un habit, et de faire un coup de fusil tous les jours sur lièvre ou lapin.

La plume et la grosse bête étaient exceptées.

Le bonhomme avait, à l'époque où nous sommes arrivés, soixante-neuf ans; il s'était d'abord appelé Clouïs tout simplement, puis le père Clouïs, au fur et à mesure que l'âge l'avait gagné.

De son nom, l'immense rocher auquel sa hutte était adossée avait reçu son baptême; on l'appelait la pierre Clouïse.

Il avait été blessé à Fontenoy, et, à la suite de cette blessure, il avait fallu lui couper la jambe. Voilà pourquoi, retraité de bonne heure, il avait obtenu du duc d'Orléans les priviléges dont nous venons de parler.

Le père Clouïs n'entrait jamais dans la ville, et ne venait qu'une fois par an à Villers-Cotterets; c'était pour acheter 365 charges de poudre et de plomb, 366 dans les années bissextiles.

Ce même jour-là il portait chez monsieur Cornu, chapelier, rue de Soissons, 365 ou 366 peaux, mi-partie de lapins, mi-partie de lièvres, dont le négociant en chapeaux lui donnait 75 livres tournois.

Et quand nous disons 365 peaux dans les années ordinaires, et **366** dans les années bissextiles, nous ne nous trompons pas d'une seule, car le père Clouïs ayant droit à un coup de fusil par jour, s'était arrangé de manière à tuer un lièvre ou un lapin chaque coup.

Et, comme il ne tirait jamais un coup de plus, jamais un coup de moins que les **365** coups accordés dans les années ordinaires, et les **366** accordés dans les années bissextiles, le père Clouïs tuait juste **183** lièvres et **182** lapins dans les années ordinaires, et **183** lièvres et **183** lapins dans les années bissextiles.

De la chair des animaux il vivait, soit qu'il mangeât cette chair, soit qu'il la vendît.

De la peau, comme nous l'avons dit, il s'achetait de la poudre et du plomb, et se faisait un capital

Puis, en outre, une fois par an, le père Clouïs se livrait à une petite spéculation.

La pierre à laquelle était adossée sa hutte offrait une place inclinée comme un toit.

Ce plan incliné pouvait présenter un espace de dix-huit pieds dans sa plus grande surface.

Un objet placé à l'extrémité supérieure descendait doucement jusqu'à l'extrémité inférieure.

Le père Clouïs répandit doucement dans les villages environnans, par l'intermédiaire des bonnes femmes qui venaient acheter ses lièvres ou ses lapins, que les jeunes filles qui, le jour de la Saint-Louis, se laisseraient glisser trois fois du haut en bas de sa pierre, seraient mariées dans l'année.

La première année, beaucoup de jeunes filles vinrent, mais pas une n'osa glisser.

L'année suivante, trois se hasardèrent : deux furent mariées dans l'année ; quant à la troisième, qui resta fille, le père Clouïs affirma hardiment que si un mari lui avait manqué, c'est qu'elle ne s'était pas laissé glisser avec la même foi que les autres.

L'année d'ensuite, toutes les jeunes filles des environs accoururent et glissèrent.

Le père Clouïs déclara qu'il n'y aurait jamais assez de garçons pour tant de filles ; que cependant un tiers des glisseuses, et ce seraient les plus croyantes, se marieraient.

Bon nombre en effet se maria. A partir de ce moment, la réputation matrimoniale de la pierre Clouïse fut établie, et tous les ans, la Saint-Louis eut une double fête, fête dans la ville, fête dans la forêt.

Alors le père Clouïs demanda un privilége. Comme on ne pouvait pas glisser toute la journée sans manger et sans boire, ce fut d'avoir le monopole, pendant cette journée du 25 août, de vendre à boire et à manger aux glisseurs et aux glisseuses, car les jeunes gens étaient parvenus à persuader aux jeunes filles que, pour que la vertu du rocher fût infaillible, il fallait glisser ensemble, et surtout en même temps.

Depuis trente-cinq ans, le père Clouïs vivait ainsi. Le pays le traitait comme les Arabes traitent leurs marabouts. Il était passé à l'état de légende.

Mais, surtout, ce qui préoccupait les chasseurs et faisait crever les gardes de jalousie, c'est qu'il était avéré que le père Clouïs ne tirait par an que 365 coups de fusil, et que, sur ces 365 coups, il tuait 183 lièvres et 182 lapins.

Plus d'une fois des seigneurs de Paris, invités par le duc d'Orléans à venir passer quelques jours au château, ayant entendu raconter l'histoire du père Clouïs, étaient venus, selon leur générosité, déposer un louis ou un écu dans sa grosse main, et ils avaient essayé de surprendre ce secret bizarre d'un homme qui tue 365 fois sur 365 coups.

Mais le père Clouïs n'avait pas su leur donner d'autre explication que celle-ci : c'est-à-dire qu'à l'armée il avait pris, avec ce même fusil, chargé à balle, l'habitude de tuer un homme à chaque coup. Or, ce qu'il avait fait à balle sur un homme, il avait trouvé que c'était encore plus facile à faire à plomb sur un lapin ou sur un lièvre.

Et à ceux qui souriaient en l'entendant parler ainsi, le père Clouïs demandait :

— Pourquoi tirez-vous, si vous n'êtes pas sûr de toucher?

Mot qui eût été digne de figurer parmi ceux de monsieur

de La Palisse, si ce n'eût été la singulière infaillibilité du tireur.

— Mais, lui demandait-on, pourquoi monsieur le duc d'Orléans père, qui n'était point ladre, ne vous a-t-il accordé qu'un coup de fusil à tirer par jour ?

— Parce que plus eût été trop, et qu'il me connaissait bien.

La curiosité de ce spectacle et la singularité de cette théorie rapportaient, bon an, mal an, une dizaine de louis au vieil anachorète.

Or, comme il en gagnait autant avec ses peaux de lapin et le jour de fête qu'il avait institué lui-même, et qu'il ne dépensait qu'une paire de guêtres, ou plutôt qu'une guêtre tous les cinq ans, et un habit tous les dix, le père Clouïs n'était pas du tout malheureux.

Bien au contraire, le bruit courait qu'il avait un magot caché, et que celui qui hériterait de lui ne ferait pas une mauvaise affaire.

Tel est le singulier personnage que Pitou allait trouver au milieu de la nuit lorsque lui vint cette fameuse idée qui devait le tirer de son embarras mortel.

Mais, pour rencontrer le père Clouïs, il ne fallait pas être maladroit.

Tel que le vieux pasteur des troupeaux de Neptune, Clouïs ne se laissait pas saisir du premier bond. Il distinguait à merveille l'importun improductif du flâneur opulent, et comme il était déjà passablement dédaigneux avec ces derniers, que l'on juge de la férocité avec laquelle il expulsait la première classe de fâcheux.

Clouïs était couché sur son lit de bruyère, lit merveilleux et aromatique que lui donnait la forêt au mois de septembre, et qui n'avait besoin d'être renouvelé qu'au mois de septembre suivant.

Il était onze heures du soir environ, il faisait un temps clair et frais.

Pour arriver à la cabane du père Clouïs, il fallait débusquer forcément d'une glandée tellement épaisse ou d'un roncier tellement opaque, que le bruit des déchiremens annonçait toujours le visiteur au cénobite.

Pitou fit quatre fois plus de bruit qu'un simple personnage. Le père Clouïs leva la tête et regarda, car il ne dormait point.

Le père Clouïs était ce jour-là d'une humeur farouche. Un accident terrible lui était arrivé, et le rendait inaccessible à ses plus affables concitoyens.

L'accident était terrible en effet. Son fusil, qui lui avait servi cinq ans à balles, et trente-cinq ans à plomb, avait crevé en tirant sur un lapin.

C'était le premier qu'il eût manqué depuis trente-cinq ans.

Mais le lapin sain et sauf n'était point le pire désagrément qui fût arrivé au père Clouïs. Deux doigts de sa main gauche avaient été effiloqués par l'explosion. Clouïs avait raccommodé ses doigts avec des herbes mâchées et des feuilles, mais il n'avait pu raccommoder son fusil.

Or, pour se procurer un autre fusil, il fallait que le père Clouïs fouillât à son trésor, et encore, quelque sacrifice qu'il fît pour un nouveau, y mît-il la somme exorbitante de deux louis, qui sait si ce fusil tuerait à tous les coups, comme celui qui venait d'éclater si malheureusement ?

Comme on le voit, Pitou arrivait dans un mauvais moment.

Aussi, au moment où Pitou mit la main sur le loquet de la porte, le père Clouïs fit entendre un grognement qui fit reculer le commandant des gardes civiques d'Haramont.

Etait-ce un loup, était-ce une laie en gésine qui s'était substitué au père Clouïs ?

Aussi Pitou, qui avait lu le Petit Chaperon-Rouge, hésita-t-il à entrer.

— Eh ! père Clouïs, cria-t-il.

— Quoi ! fit le misanthrope.

Pitou fut rassuré, il avait reconnu la voix du digne anachorète.

— Bon, vous y êtes, dit-il.

Puis, faisant un pas dans l'intérieur de la hutte et tirant a révérence à son propriétaire :

— Bonjour, père Clouïs, dit gracieusement Pitou.

— Qui va là ? demanda le blessé.

— Moi.

— Qui toi ?

— Moi, Pitou.

— Qui ça, Pitou ?

— Moi, Ange Pitou d'Haramont, vous savez ?

— Eh bien ! qu'est-ce que ça me fait, à moi, que vous soyez Ange Pitou d'Haramont !

— Oh ! oh ! dit-il, il n'est pas de bonne humeur, le père Clouïs ; je l'ai mal réveillé, dit Pitou en câlinant.

— Très mal réveillé, vous avez raison.

— Que faut-il donc que je fasse, alors ?

— Oh ! ce que vous avez de mieux à faire, c'est de vous en aller.

— Eh dà ! sans causer un peu ?

— Causer de quoi ?

— D'un service à me rendre, père Clouïs.

— Je ne rends pas de service pour rien.

— Et moi je paie ceux qu'on me rend.

— C'est possible ; mais moi, je n'en puis plus rendre.

— Comment cela ?

— Je ne tue plus.

— Comment, vous ne tuez plus ? vous qui tuiez à tout coup ; ça n'est pas possible, ça, père Clouïs.

— Allez-vous-en, vous dis-je.

— Mon petit père Clouïs !

— Vous m'ennuyez.

— Écoutez-moi, et vous ne vous en repentirez pas.

— Voyons alors, pas de mots... que voulez-vous ?

— Vous êtes un vieux soldat, vous ?

— Après !

— Eh bien ! père Clouïs, je veux...

— Achève donc, drôle !

— Je veux que vous m'appreniez l'exercice.

— Etes-vous braque ?

— Non, j'ai toute ma cervelle, au contraire. Apprenez-moi l'exercice, père Clouïs, et nous causerons du prix.

— Ah çà ! mais décidément cet animal-là est fou, dit rudement le vieux soldat en se soulevant sur ses bruyères sèches.

— Père Clouïs, oui ou non, apprenez-moi l'exercice comme on le fait à l'armée, en douze temps, et demandez-moi telle chose qu'il vous plaira.

Le vieux se dressa sur un genou, et fixant son œil fauve sur Pitou :

— La chose qui me plaira? demanda-t-il.

— Oui.

— Eh bien! la chose qui me plaît, c'est un fusil.

— Ah! comme cela tombe, dit Pitou, j'en ai trente-quatre fusils.

— Tu as trente-quatre fusils, toi?

— Et même le trente-quatrième, que j'avais mis pour moi, fera bien votre affaire. C'est un joli fusil de sergent avec les armes du roi en or sur la culasse.

— Et comment t'es-tu procuré ce fusil? tu ne l'as pas volé, j'espère?

Pitou lui conta son histoire, franchement, loyalement, vivement.

— Bon! fit le vieux garde. Je comprends. Je veux bien t'apprendre l'exercice, mais j'ai mal aux doigts.

Et à son tour, il raconta à Pitou l'accident qui lui était arrivé.

— Eh bien! lui dit Pitou, ne vous occupez plus de votre fusil, il est remplacé. Dame! il n'y a que vos doigts... Ce n'est pas comme des fusils, je n'en ai pas trente-quatre.

— Oh! quant aux doigts, ce n'est rien, et pourvu que tu me promettes que demain le fusil sera ici, viens.

Et il se leva aussitôt.

La lune au zénith versait des torrents de flamme blanche sur l'espèce de clairière qui s'étendait en avant de la maison.

Pitou et le père Clouïs s'avancèrent sur cette clairière.

Quiconque eût vu dans cette solitude ces deux ombres noires gesticuler sur l'aire grisâtre, n'eût pu se défendre d'une mystérieuse terreur.

Le père Clouïs prit son tronçon de fusil, qu'il montra en soupirant à Pitou. Et d'abord il lui montra la tenue et le port du militaire.

C'était, du reste, chose curieuse que le redressement subit de ce grand vieillard, toujours voûté par l'habitude de passer dans les taillis, et qui, ravivé par le souvenir du régiment et l'aiguillon de l'exercice, secouait sa tête à crinière blanche au-dessus d'épaules sèches, larges et solidement attachées.

— Regarde bien, disait-il à Pitou, regarde bien ! c'est en regardant qu'on apprend. Quand tu auras bien vu comme je fais, essaie, et je te regarderai à mon tour.

Pitou essaya.

— Rentre tes genoux, efface tes épaules, donne un jeu libre à ta tête ; fais-toi une base, morbleu ! fais-toi une base ; tes pieds sont assez larges pour cela.

Et Pitou obéissait de son mieux.

— Bien ! fit le vieillard, tu as l'air assez noble.

Pitou fut extrêmement flatté d'avoir l'air noble. Il n'avait pas espéré tant.

Avoir l'air noble, en effet, après une heure seulement d'exercice ! que serait-ce donc au bout d'un mois ? Il aurait l'air majestueux.

Aussi voulut-il continuer.

Mais c'était assez pour une leçon,

D'ailleurs, le père Clouïs ne voulait pas trop s'avancer avant de tenir son fusil.

— Non pas, dit-il, c'est assez pour une fois. Tu n'as que cela à leur montrer pour la première leçon, encore ne la sauront-ils pas avant quatre jours ; toi, pendant ce temps-là, tu seras venu ici deux fois.

— Quatre fois, s'écria Pitou !

— Ah ! ah ! répondit froidement le père Clouïs, tu as du zèle et des jambes, à ce qu'il paraît. Quatre fois, soit ; viens quatre fois. Mais je t'avertis que nous sommes à la fin du dernier quartier de la lune, et que demain il n'y fera plus clair.

— Nous ferons l'exercice dans la grotte, dit Pitou.

— Alors, tu apporteras de la chandelle.

— Une livre, deux s'il le faut.

— Bon. Et mon fusil ?

— Vous l'aurez demain.

— J'y compte. Voyons si tu as retenu ce que je t'ai dit ?

Pitou recommença de façon à s'attirer des complimens. Dans sa joie, il eût promis un canon au père Clouis.

Cette seconde séance achevée, comme il était une heure du matin à peu près, il prit congé de son instructeur et regagna plus lentement, c'est vrai, mais d'un pas encore très tendu, le village d'Haramont, où tout le monde, gardes nationaux et simples bergers, dormaient du sommeil le plus profond.

Pitou rêva qu'il commandait en chef une armée de plusieurs millions d'hommes, et qu'il faisait faire à l'univers tout entier, rangé sur une seule file, le mouvement du pas emboîté et un *portez armes!* qui aboutirait à l'extrémité de la vallée de Josaphat.

Dès le lendemain, il donna ou plutôt rendit sa leçon à ses soldats, avec une insolence de poses et une sûreté de démonstration qui poussèrent jusqu'à l'impossible la faveur dont il jouissait.

O popularité, souffle insaisissable!

Pitou devint populaire, et fut admiré des hommes, des enfans et des vieillards.

Les femmes même restèrent sérieuses, lorsqu'en leur présence il criait d'une voix de Stentor à ses trente soldats rangés sur une seule ligne :

« Cordieu ! soyons donc nobles ! Regardez-moi. »

Et il était noble !

XXXVIII.

OU CATHERINE FAIT, A SON TOUR, DE LA DIPLOMATIE.

Le père Clouis eut son fusil. Pitou était un garçon d'honneur ; pour lui, la chose promise était une chose due.

Dix visites pareilles à la première firent de Pitou un parfait grenadier.

Malheureusement, le père Clouis n'était pas si fort sur la

manœuvre que sur l'exercice : lorsqu'il eut expliqué le tour, le demi-tour et les conversions, il se trouva au bout de sa science.

Pitou eut alors recours au *Praticien français* et au *Manuel du Garde national*, qui venaient de paraître, et auxquels il consacra la somme d'un écu.

Grâce au généreux sacrifice de son commandant, le bataillon d'Haramont apprit à se mouvoir assez agréablement sur un terrain de manœuvres.

Puis, lorsque Pitou sentit que les mouvemens se compliquaient, il fit un voyage à Soissons, ville de garnison militaire, il vit alors manœuvrer de vrais bataillons, conduits par de vrais officiers, et il en apprit là en un jour plus qu'il n'eût fait en deux mois avec les théories.

Deux mois avaient passé ainsi ; deux mois de travail, de fatigue et de fièvre.

Pitou ambitieux, Pitou amoureux, Pitou malheureux en amour ; et cependant, faible compensation ! saturé de gloire, Pitou avait rudement secoué ce que certains physiologistes appellent spirituellement *la bête*.

La bête, chez Pitou, avait été impitoyablement sacrifiée à l'âme. Cet homme avait tant couru, il avait tant remué ses membres, tant aiguisé sa pensée, que l'on s'étonnait qu'il eût songé encore à satisfaire ou à consoler son cœur.

Il en était ainsi cependant.

Combien de fois, après l'exercice, et l'exercice presque toujours venait lui-même à la suite du travail nocturne, combien de fois Pitou ne s'était-il pas laissé aller à traverser les plaines de Largny et de Noue dans toute leur longueur, puis la forêt dans toute son épaisseur, pour aller sur la lisière des terres de Boursonne guetter Catherine toujours fidèle à ses rendez-vous.

Catherine qui, dérobant une ou deux heures par jour aux travaux de la maison, allait joindre à un petit pavillon situé au milieu d'une garenne dépendant du château de Boursonne, le bien-aimé Isidor, cet heureux mortel, toujours plus fier, toujours plus beau, quand tout souffrait et s'abaissait autour de lui.

Que d'angoisses il dévora, le pauvre Pitou, quelles tristes réflexions il fut réduit à faire sur l'inégalité des hommes en matière de félicité!

Lui que recherchaient les filles d'Haramont, de Taillefontaine et de Vivières, lui qui eût aussi trouvé ses rendez-vous dans la forêt, et qui, au lieu de se pavaner, comme un amant heureux, aimait mieux venir pleurer comme un enfant battu, devant cette porte fermée du pavillon de monsieur Isidor.

C'est que Pitou aimait Catherine, qu'il l'aimait passionnément, qu'il l'aimait d'autant plus qu'il la trouvait supérieure à ui.

Il ne réfléchissait même plus à cela qu'elle en aimait un autre. Non, pour lui, Isidor avait cessé d'être un objet de jalousie. Isidor était un seigneur, Isidor était beau, Isidor était digne d'être aimé ; mais Catherine, une fille du peuple, aurait dû peut-être ne pas déshonorer sa famille, ou tout au moins elle eût dû ne pas désespérer Pitou.

C'est que lorsqu'il réfléchissait, la réflexion avait des pointes bien aiguës, des lancinations bien cruelles.

—Eh quoi! se disait Pitou, elle a manqué de cœur au point de me laisser partir. Et depuis que je suis parti, elle n'a pas même daigné s'informer si j'étais mort de faim. Que dirait le père Billot, s'il savait qu'on abandonne ainsi ses amis, qu'on néglige ainsi ses affaires? Que dirait-il s'il savait qu'au lieu d'aller veiller au travail des ouvriers, l'intendante de la maison s'en va faire l'amour avec monsieur de Charny, un aristocrate! Le père Billot ne dirait rien. Il tuerait Catherine.

— C'est pourtant bien quelque chose, songeait en lui-même Pitou, que d'avoir entre les mains la facilité d'une pareille vengeance.

Oui, mais c'était beau de ne pas s'en servir.

Toutefois, Pitou l'avait éprouvé déjà, les belles actions méconnues ne bénéficient pas à ceux qui les ont faites.

Ne serait-il donc pas possible de faire savoir à Catherine que l'on faisait de si belles actions ?

Eh! mon Dieu! rien n'était plus aisé : il ne s'agissait que d'aborder Catherine un jour de dimanche, à la danse, et de lui dire comme par hasard un de ces mots terribles qui révèlent aux coupables qu'un tiers a pénétré leur secret.

Ne fût-ce que pour voir souffrir un peu cette orgueilleuse, la chose n'était-elle pas à faire ?

Mais pour aller à la danse, il fallait encore se montrer en parallèle avec ce beau seigneur, et ce n'est pas une position acceptable pour un rival que ce parallèle avec un homme si bien mis.

Pitou, inventif comme tous ceux qui savent concentrer leurs chagrins, trouva mieux que la conversation à la danse.

Le pavillon dans lequel avait lieu le rendez-vous de Catherine avec le vicomte de Charny, était entouré d'un épais taillis attenant à la forêt de Villers-Cotterets.

Un simple fossé indiquait la limite existant entre la propriété du comte et la propriété du simple particulier.

Catherine, qui était appelée à chaque instant pour les affaires de la ferme dans les villages environnans, Catherine, qui, pour arriver à ces villages, devait nécessairement traverser la forêt, Catherine, à laquelle on n'avait rien à dire tant qu'elle était dans cette forêt, n'avait donc qu'à franchir le fossé pour être dans les bois de son amant.

Ce point était certainement choisi comme le plus avantageux aux dénégations.

Le pavillon dominait si bien le taillis, que par les percées obliques garnies de verres de couleur, on pouvait distinguer chaque chose à l'entour, et la sortie de ce pavillon était si bien cachée par le taillis, qu'une personne qui en sortait à cheval pouvait en trois élans de son cheval se trouver dans la forêt, c'est-à-dire sur un terrain neutre.

Mais Pitou était venu si souvent de jour et de nuit, Pitou avait si bien étudié le terrain, qu'il savait l'endroit par où débouchait Catherine, comme le braconnier sait la passée par où bondit la biche qu'il veut tuer à l'affût.

Jamais Catherine ne rentrait dans la forêt suivie d'Isidor. Isidor demeurait quelque temps après elle dans le pavillon, pour veiller à ce qu'il ne lui arrivât rien en sortant, puis il s'en allait du côté opposé, et tout était dit.

Le jour que Pitou choisit pour sa démonstration, il alla

s'embusquer à la passée de Catherine. Il monta sur un hêtre énorme qui dominait de ses trois cents ans le pavillon et le taillis.

Une heure ne se passa point sans qu'il vît passer Catherine. Elle attacha son cheval dans un ravin de la forêt, et d'un bond, comme une biche effarouchée, traversa le fossé et s'enfonça dans le taillis qui menait au pavillon.

C'était juste au-dessous du hêtre où était branché Pitou que Catherine avait passé.

Pitou n'eut qu'à descendre de sa branche et à s'adosser au tronc de l'arbre. Arrivé là, il tira un livre de sa poche, le *Parfait Garde national*, qu'il fit semblant de lire.

Une heure après, le bruit d'une porte qu'on referme, parvint à l'oreille de Pitou. Le froissement d'une robe dans le feuillage se fit entendre. La tête de Catherine apparut hors des ramées, regardant d'un air effrayé autour d'elle si personne ne pouvait la voir.

Elle était à dix pas de Pitou.

Pitou restait immobile et tenait son livre sur ses genoux.

Seulement il ne faisait plus semblant de lire, et il regardait Catherine avec l'intention que Catherine vît bien qu'il la regardait.

Catherine poussa un petit cri étouffé, reconnut Pitou, devint pâle comme si la mort eût passé près d'elle et l'eût touchée, et, après une courte indécision qui se trahit dans le tremblement de ses mains et le demi-élan de ses épaules, elle se jeta à corps perdu dans la forêt, et retrouva dans la forêt son cheval, sur lequel elle s'enfuit.

Le piége de Pitou avait bien joué, et Catherine s'y était prise.

Pitou revint à Haramont à moitié heureux, à moitié effrayé.

Car à peine se fut-il rendu compte par le fait de ce qu'il venait d'accomplir, qu'il aperçut dans cette simple démarche une quantité d'effrayans détails auxquels d'abord il n'avait pas songé.

Le dimanche suivant était désigné à Haramont pour une solennité militaire.

Suffisamment instruits, ou s'étant déclarés tels, les gardes nationaux du village avaient prié leur commandant de les assembler et de leur faire faire un exercice public.

Quelques villages voisins, émus de rivalité, et qui avaient aussi fait des études militaires, devaient venir à Haramont pour établir une sorte de lutte avec leurs aînés dans la carrière des armes.

Une députation de chacun de ces villages s'était entendue avec l'état-major de Pitou ; un laboureur, ancien sergent, les commandait.

L'annonce d'un si beau spectacle fit accourir une quantité de curieux endimanchés, et le Champ-de-Mars d'Haramont fut envahi dès le matin par une foule de jeunes filles et d'enfans, auxquels se joignirent plus lentement, mais avec non moins d'intérêt, les pères et les mères des champions.

Ce furent d'abord des collations sur l'herbe, frugales débauches de fruits et de galettes arrosés par l'eau de la source.

Bientôt après quatre tambours retentirent dans quatre directions différentes, venant de Largny, de Vez, de Taillefontaine et de Viviers.

Haramont était devenu un centre ; il avait ses quatre points cardinaux.

Le cinquième battait bravement, conduisant hors d'Haramont ses trente-trois gardes nationaux.

On remarquait parmi les spectateurs une partie de l'aristocratie nobiliaire et bourgeoise de Villers-Cotterets, qui était venue là pour rire.

En outre, un grand nombre de fermiers des environs qui étaient venus là pour voir.

Bientôt arrivèrent sur deux chevaux, côte à côte, Catherine et la mère Billot.

C'était le moment où la garde nationale d'Haramont débouchait du village, avec un fifre, un tambour et son commandant Pitou, monté sur un grand cheval blanc qu'avait prêté à Pitou Maniquet, son lieutenant, afin que l'imitation de Paris fût plus complète, et que monsieur le marquis de Lafayette fût représenté *ad vivum* à Haramont.

Pitou, étincelant d'orgueil et d'aplomb, chevauchait l'épée à la main sur ce large cheval aux crins dorés; et, sans ironie, il représentait sinon quelque chose d'élégant et d'aristocratique, du moins quelque chose de robuste et de vaillant qui faisait plaisir à voir.

Cette entrée triomphale de Pitou et de ses hommes, c'est-à-dire de ceux qui avaient donné le branle à la province, fut saluée par de joyeuses acclamations.

La garde nationale, à Haramont, avait des chapeaux pareils, tous ornés de la cocarde nationale, des fusils reluisans, et marchait sur deux files avec un ensemble des plus satisfaisans.

Aussi, lorsqu'elle arriva sur le champ de manœuvre, elle avait déjà conquis tous les suffrages de l'assemblée.

Pitou, du coin de l'œil, aperçut Catherine.

Il rougit, elle pâlit.

La revue, dès ce moment, eut pour lui plus d'intérêt que pour tout le monde.

Il fit faire à ses hommes le simple exercice du fusil d'abord, et chacun des mouvemens qu'il ordonna fut si précisément exécuté que l'air éclata de bravos.

Mais il n'en fut pas de même des autres villages; ils se montrèrent mous et irréguliers. Les uns à moitié armés, à moitié instruits, se sentaient déjà démoralisés par la comparaison; les autres exagéraient avec orgueil ce qu'ils savaient si bien la veille.

Tous ne donnèrent que des résultats imparfaits.

Mais de l'exercice on allait passer à la manœuvre. C'était là que le sergent attendait son émule Pitou.

Le sergent avait, vu l'ancienneté, reçu le commandement général, et il s'agissait tout simplement pour lui de faire marcher et manœuvrer les cent soixante-dix hommes de l'armée générale.

Il n'en put venir à bout.

Pitou, son épée sous le bras et son fidèle casque sur la tête, regardait faire avec le sourire de l'homme supérieur.

Quand le sergent eut vu ses têtes de colonnes aller se perdre dans les arbres de la forêt, tandis que les queues reprenaient le chemin d'Haramont; quand il eut vu ses carrés se disperser à des distances erronées ; quand il eut vu se mêler disgracieusement les escouades et s'égarer les chefs de file, il perdit la tête, et fut salué d'un murmure désapprobateur par ses vingt soldats.

Un cri retentit alors du côté d'Haramont.

— Pitou ! Pitou ! à Pitou !

— Oui, oui, à Pitou ! crièrent les hommes des autres villages, furieux d'une infériorité qu'ils attribuaient charitablement à leurs instructeurs.

Pitou remonta sur son cheval blanc, et, se replaçant à tête de ses hommes, auxquels il fit prendre la tête de l'armée, il fit entendre un commandement d'une telle énergie et d'un creux si superbe, que les chênes en frisonnèrent.

A l'instant même, et comme par miracle, les files ébranlées se rétablirent ; les mouvemens ordonnés s'exécutèrent avec un ensemble dont l'enthousiasme ne troublait pas la régularité, et Pitou appliqua si heureusement à la pratique les leçons du père Clouis et la théorie du *Parfait Garde national*, qu'il obtint un succès immense.

L'armée, réunie dans un seul cœur et éclatant par une seule voix, le nomma *imperator* sur le champ de bataille.

Pitou descendit de son cheval, baigné de sueur et ivre d'orgueil, et, ayant touché le sol, il reçut les félicitations des peuples.

Mais, en même temps, il cherchait au milieu de la foule à rencontrer les regards de Catherine.

Tout à coup la voix de la jeune fille retentit à son oreille.

Pitou n'avait pas eu besoin d'aller à Catherine, Catherine était venue à lui !

Le triomphe était grand.

— Eh quoi ! dit-elle d'un air riant que démentait son pâle visage, quoi ! monsieur Ange, vous ne nous dites rien, à nous ? Vous êtes devenu fier, parce que vous êtes un grand général...

— Oh ! non, s'écria Pitou, oh ! bonjour mademoiselle ! Puis à madame Billot :

— J'ai l'honneur de vous saluer, madame Billot.

Et revenant à Catherine :

— Mademoiselle, vous vous trompez, je ne suis pas un grand général, je ne suis qu'un pauvre garçon animé du désir de servir ma patrie.

Ce mot fut porté sur les ondes de la foule, et, au milieu d'une tempête d'acclamations, déclaré un mot sublime.

— Ange, dit tout bas Catherine, il faut que je vous parle.

— Ah! ah! pensa Pitou, nous y voilà.

Puis tout haut :

— A vos ordres, mademoiselle Catherine.

— Revenez tantôt avec nous à la ferme.

— Bien.

XXXIX.

LE MIEL ET L'ABSINTHE.

Catherine s'était arrangée de façon à être seule avec Pitou, malgré la présence de sa mère.

La bonne madame Billot avait trouvé quelques complaisantes compagnes qui suivirent son cheval en soutenant la conversation, et Catherine, qui avait abandonné sa monture à l'une d'entre elles, revint à pied par les bois avec Pitou, qui s'était dérobé à ses triomphes.

Ces sortes d'arrangemens n'étonnent personne à la campagne, où tous les secrets perdent de leur importance à cause de l'indulgence qu'on s'accorde mutuellement.

On trouva naturel que Pitou eût à causer avec madame et mademoiselle Billot ; peut-être même ne s'en aperçut-on pas.

Ce jour-là chacun avait son intérêt au silence et à l'épaisseur des ombres. Tout ce qui est gloire ou bonheur s'abrite sous les chênes séculaires dans les pays de forêts.

— Me voici, mademoiselle Catherine, dit Pitou, quand ils furent isolés.

— Pourquoi avez-vous si longtemps disparu de la ferme? dit Catherine ; c'est mal, monsieur Pitou.

— Mais, mademoiselle, répliqua Pitou étonné, vous savez bien...

— Je ne sais rien... C'est mal.

Pitou pinça ses lèvres, il lui répugnait de voir mentir Catherine.

Elle s'en aperçut. D'ailleurs, le regard de Pitou était d'ordinaire droit et loyal ; il biaisait.

— Tenez, dit-elle, monsieur Pitou, j'ai autre chose à vous dire.

— Ah ! fit-il.

— L'autre jour, dans la chaumière où vous m'avez vue...

— Où vous ai-je vue ?

— Ah ! vous savez bien.

— Je sais.

Elle rougit.

— Que faisiez-vous là ? demanda-t-elle.

— Vous m'avez donc reconnu ? fit-il avec un doux et mélancolique reproche.

— D'abord non, mais ensuite oui.

— Comment cela, ensuite ?

— Quelquefois on est distraite ; on va sans savoir, et puis on réfléchit.

— Assurément.

Elle retomba dans le silence, lui aussi ; l'un et l'autre avaient trop de choses à penser pour parler si net.

— Enfin, reprit Catherine, c'était vous ?

— Oui, mademoiselle.

— Que faisiez-vous donc là ? N'étiez-vous pas caché ?

— Caché ? non. Pourquoi eussé-je été caché ?

— Oh ! la curiosité...

— Mademoiselle, je ne suis pas curieux.

Elle frappa impatiemment la terre de son petit pied.

— Toujours est-il que vous étiez là, et que ce n'est pas un endroit ordinaire pour vous.

— Mademoiselle, vous avez vu que je lisais.

— Ah ! je ne sais.

— Puisque vous m'avez vu, vous devez savoir.

— Je vous ai vu, c'est vrai, mais vaguement. Et... vous lisiez ?

— Le *Parfait Garde national*.

— Qu'est-ce que cela ?

— Un livre avec lequel j'apprends la tactique, pour la montrer ensuite à mes hommes ; et pour bien étudier, vous savez, mademoiselle, qu'il faut se mettre à l'écart.

— Au fait, c'est vrai ; et là, sur la lisière de la forêt, rien ne vous trouble.

— Rien.

Autre silence. La mère Billot et les commères allaient toujours.

— Quand vous étudiez ainsi, reprit Catherine, étudiez-vous longtemps ?

— Quelquefois des journées entières, mademoiselle.

— Alors, s'écria-t-elle vivement, il y avait longtemps que vous étiez là ?

— Très longtemps.

— C'est étonnant que je ne vous aie pas vu quand je suis arrivée, dit-elle.

Ici elle mentait, et si audacieusement, que Pitou eut la velléité de l'en convaincre ; mais il était honteux pour elle ; il était amoureux, timide par conséquent. Tous ces défauts lui valurent une qualité, la circonspection.

— J'aurai dormi, dit-il ; cela arrive parfois, quand on a trop travaillé de tête.

— Voilà, et pendant ce sommeil que vous avez eu, moi, j'ai passé dans le bois pour avoir de l'ombre. J'allais... j'allais jusqu'aux vieux murs du pavillon.

— Ah ! fit Pitou, du pavillon... quel pavillon ?

Catherine rougit encore. C'était trop affecté cette fois pour qu'elle y crût.

— Le pavillon de Charny, dit-elle en affectant aussi la tranquillité. C'est là que pousse la meilleure joubarbe du pays.

— Oui dà !

— Je m'étais brûlée à la lessive, et j'avais besoin de feuilles.

Ange, comme s'il eût cherché à croire, le malheureux ! jeta un regard sur les mains de Catherine.

— Pas aux mains, au pied, dit-elle vivement.

— Et vous en avez trouvé ?

— D'excellente ; je ne boite pas, regardez.

— Elle boitait encore bien moins, pensa Pitou, quand je l'ai vue s'enfuyant plus vite qu'un chevreuil sur les bruyères.

Catherine se figura qu'elle avait réussi ; elle se figura que Pitou n'avait rien su, rien vu.

Cédant à un mouvement de joie, mauvais mouvement pour une si belle âme :

— Ainsi, dit-elle, monsieur Pitou nous boudait; monsieur Pitou est fier de sa nouvelle position ; monsieur Pitou dédaignait les pauvres paysans, depuis qu'il est officier.

Pitou se sentit blessé. Un si grand sacrifice, même dissimulé, exige presque toujours d'être récompensé, et comme au contraire Catherine semblait mystifier Pitou, comme elle le raillait, par comparaison sans doute avec Isidor de Charny, toutes les bonnes dispositions de Pitou s'évanouirent : l'amour-propre est une vipère endormie, sur laquelle il n'est jamais prudent de marcher, à moins qu'on ne l'écrase du coup.

— Mademoiselle, répliqua-t-il, il me semble que c'était bien plutôt vous qui me boudiez.

— Comment cela ?

— D'abord vous m'avez chassé de la ferme en me refusant de l'ouvrage. Oh ! je n'en ai rien dit à monsieur Billot. Dieu merci ! j'ai des bras et du cœur au service de mes besoins.

— Je vous assure, monsieur Pitou...

— Il suffit, mademoiselle ; vous êtes la maîtresse chez vous. Donc, vous m'avez chassé ; donc, puisque vous alliez au pavillon de Charny et que j'étais là, et que vous m'avez vu, c'était à vous à me parler, au lieu de vous enfuir comme un voleur de pommes.

La vipère avait mordu ; Catherine retomba du haut de sa tranquillité.

— M'enfuir, dit-elle ; moi, je m'enfuyais ?

— Comme si le feu était à la ferme, mademoiselle ; je n'ai pas eu le temps de fermer mon livre, que déjà vous aviez sauté sur ce pauvre Cadet caché dans les feuilles, et qui a dévoré toute l'écorce d'un frêne, un arbre perdu.

— Un arbre perdu? mais qu'est-ce que vous me dites-là, monsieur Pitou? balbutia Catherine, qui commençait à sentir toute son assurance l'abandonner.

— C'est bien naturel, continua Pitou ; tandis que vous cueilliez la joubarbe, Cadet broutait, et en une heure un cheval broute diablement de choses.

Catherine s'écria :

— En une heure !

— Il est impossible, mademoiselle, qu'un cheval dépouille un arbre comme celui-là, à moins d'une heure de coups dent. Vous avez dû cueillir de la joubarbe pour autant de blessures qu'il s'en est fait à la place de la Bastille ; c'est une fameuse plante en cataplasmes.

Catherine, toute pâle et désarçonnée, ne trouva plus un mot.

Pitou se tut à son tour : il en avait assez dit.

La mère Billot, arrêtée à un carrefour, allait prendre congé de ses compagnes.

Pitou, au supplice, car il venait de faire une blessure dont il sentait la douleur, se balançait alternativement sur l'une et l'autre jambe, comme un oiseau qui va s'envoler.

— Eh bien ! que dit l'officier? cria la fermière.

— Il dit qu'il va vous souhaiter le bonsoir, madame Billot.

— Pas encore ; restez, dit Catherine, avec un accent presque désespéré.

— Eh bien, bonsoir ! dit la fermière. Viens-tu, Catherine?

— Oh ! dites-moi donc la vérité ! murmura la jeune fille.

— Laquelle, mademoiselle?

— Vous n'êtes donc pas mon ami?

— Hélas ! fit le malheureux, qui, sans expérience encore, débutait dans l'amour par ce terrible emploi des confidens, rôle dont les habiles seuls savent tirer des bénéfices au détriment de leur amour-propre.

Pitou sentit que son secret lui venait aux lèvres ; il sentit que le premier mot de Catherine allait le mettre à sa merci.

Mais il sentit en même temps que c'était fait de lui s'il parlait ; il sentit qu'il mourrait de douleur le jour où Catherine lui annoncerait ce qu'il ne faisait que soupçonner.

Cette appréhension le rendit muet comme un Romain.

Il salua mademoiselle Catherine avec un recpect qui perça le cœur de la jeune fille ; il salua madame Billot avec un gracieux sourire, et disparut dans l'épaisseur du bois.

Catherine, malgré elle, fit un bond comme pour le suivre.

La mère Billot dit à sa fille :

— Ce garçon a du bon ; il est savant et il a du cœur.

Demeuré seul, Pitou commença un long monologue sur ce thème.

— Est-ce cela qu'on appelle l'amour ? C'est bien doux à de certains momens, et bien amer dans d'autres.

Le pauvre garçon était si naïf et si bon qu'il ne réfléchissait pas qu'en amour il y a le miel et l'absinthe, et que monsieur Isidor avait pris pour lui le miel.

Catherine, à partir de ce moment où elle avait horriblement souffert, prit pour Pitou une sorte de crainte respectueuse qu'elle était bien loin d'avoir, quelques jours auparavant, pour cet inoffensif et grotesque personnage.

Quand on n'inspire pas d'amour, il n'est pas désobligeant d'inspirer un peu de crainte, et Pitou, qui avait de grands appétits de dignité personnelle, n'eût pas été médiocrement flatté en découvrant ce genre de sentiment chez Catherine.

Mais comme il n'était point assez fort physiologiste pour deviner les idées d'une femme à une lieue et demie de distance, il se contenta de pleurer beaucoup et de se rabâcher à lui-même une foule de chansons villageoises lugubres sur les airs les plus mélancoliques.

Son armée eût été bien désappointée, en voyant son général livré à des jérémiades aussi élégiaques.

Quand Pitou eut beaucoup chanté, beaucoup pleuré, beaucoup marché, il rentra dans sa chambre, devant laquelle il trouva que les Haramontois idolâtres avaient placé une sentinelle, l'arme au bras, pour lui faire honneur.

La sentinelle n'avait plus l'arme au bras, tant elle était ivre; elle dormait sur le banc de pierre, son fusil entre les jambes.

Pitou, étonné, la réveilla.

Il apprit alors que les trente bons hommes avaient commandé un festin chez le père Tellier, le Vatel d'Haramont; que douze des plus délurées commères y couronnaient les vainqueurs, et qu'on avait gardé la place d'honneur pour le Turenne qui avait battu le Condé du canton voisin.

Le cœur avait trop fatigué chez Pitou pour que l'estomac n'en eût pas souffert. « On s'est étonné, dit Chateaubriand, de la quantité de larmes que contient l'œil d'un roi, mais on n'a jamais pu mesurer le vide que les larmes font dans un estomac d'adulte. »

Pitou, traîné par son factionnaire à la salle du festin, fut reçu avec des acclamations à secouer les murailles.

Il salua en silence, s'assit de même, et, avec ce calme qu'on lui connaît, il attaqua les tranches de veau et la salade.

Cela dura tout le temps que mit son cœur à se dégonfler et son estomac à s'emplir.

XL.

DÉNOUEMENT IMPRÉVU.

Un festin par-dessus une douleur, c'est une douleur plus vive ou une consolation absolue.

Pitou s'aperçut, au bout de deux heures, que ce n'était pas un surcroît de douleur.

Il se leva, quand tous ses compagnons ne pouvaient plus se lever.

Il leur fit un discours sur la sobriété des Spartiates, quand tous étaient ivres morts.

Et il se dit qu'il serait bon d'aller promener alors que tous étaient ronflans sous la table.

Quant aux jeunes filles d'Haramont, nous devons à leur honneur de déclarer qu'avant le dessert elles s'étaient éclipsées, sans que leur tête, leurs jambes et leur cœur eussent parlé significativement.

Pitou, le brave des braves, ne put s'empêcher de faire quelques réflexions.

De tous ces amours, de toutes ces beautés, de toutes ces richesses, rien ne lui restait dans l'âme et dans la mémoire, que les derniers regards et les dernières paroles de Catherine.

Il se rappelait, dans la demi-teinte qui couvrait sa mémoire, que plusieurs fois la main de Catherine avait touché la sienne, que l'épaule de Catherine avait familièrement frôlé son épaule, que même, dans les heures de la discussion, certaines privautés de la jeune fille lui avaient révélé tous ses avantages et toutes ses suavités.

Alors, ivre à son tour de ce qu'il avait négligé dans le sang-froid, il cherchait autour de lui comme fait un homme qui se réveille.

Il demandait aux ombres pourquoi tant de sévérité envers une jeune femme toute confite en amour, en douceur, en grâces; envers une femme qui, au début de la vie, pouvait bien avoir eu une chimère. Hélas! qui donc n'avait pas la sienne?

Pitou se demandait aussi pourquoi lui, un ours, un laid, un pauvre, il aurait réussi tout d'abord à inspirer des sentimens amoureux à la plus jolie fille du pays, quand là, près d'elle, un beau seigneur, le paon de ce pays, se donnait la peine de faire la roue.

Pitou ensuite se flattait d'avoir son mérite ; il se comparait à la violette, qui exhale sournoisement et invisiblement ses parfums.

Invisiblement quant aux parfums, c'était un peu trop vrai ; mais la vérité est dans le vin, fût-ce dans le vin d'Haramont.

Pitou, ainsi reconforté contre les mauvais penchans par la philosophie, s'avoua qu'il avait tenu envers cette jeune fille une conduite déplacée, sinon condamnable.

Il se dit que c'était le moyen de se faire exécrer, que le calcul était des plus mauvais ; que, éblouie par monsieur de Charny, Catherine prendrait le prétexte de ne pas reconnaître les brillantes et solides qualités de Pitou, si Pitou annonçait mauvais caractère.

Il fallait donc faire preuve d'un bon caractère envers Catherine.

Et comment ?

Un lovelace eût dit : Cette fille me trompe et me joue, je la jouerai et me moquerai d'elle.

Un lovelace eût dit : Je la mépriserai, je lui ferai honte de ses amours comme d'autant de turpitudes.

Je la rendrai peureuse, je la déshonorerai, je lui ferai trouver épineux les sentiers du rendez-vous.

Pitou, cette bonne âme, cette belle âme, chauffée à blanc par le vin et le bonheur, se dit qu'il rendrait Catherine tellement honteuse de ne pas aimer un garçon tel que lui, qu'un jour il se confesserait d'avoir eu d'autres idées.

Et puis, faut-il le dire, les chastes idées de Pitou ne pouvaient admettre que la belle, la chaste, la fière Catherine fut autre chose pour monsieur Isidor qu'une jolie coquette, souriant aux jabots de dentelle et aux culottes de peau dans les bottes à éperons.

Or, quelle peine cela pouvait-il faire à Pitou ivre, que Catherine se fût éprise d'un jabot et d'un éperon ?

Quelque jour monsieur Isidor irait à la ville, épouserait une comtesse, ne regarderait plus Catherine, et le roman finirait.

Toutes ces réflexions dignes d'un vieillard, le vin, qui rajeunit les vieux, les inspirait à notre brave chef des gardes nationaux d'Haramont.

Or, pour bien prouver à Catherine qu'il était homme de bon caractère, il résolut de rattraper une à une toutes les mauvaises paroles de la soirée.

Pour cela faire, il fallait d'abord rattraper Catherine.

Les heures n'existent pas pour un homme ivre qui n'a pas de montre.

Pitou n'avait pas de montre, et il n'eut pas fait dix pas hors de la maison qu'il fut ivre comme Bacchus ou son fils bien-aimé Thespis.

Il ne se souvint plus qu'il avait, depuis plus de trois heures, quitté Catherine, et que Catherine n'avait besoin, pour rentrer à Pisseleux, que d'une petite heure au plus.

Il s'élança par la forêt, coupant hardiment au travers des arbres, de façon à gagner Pisseleux en évitant les angles des chemins frayés.

Laissons-le par les arbres, par les buissons, par les roncières, endommager à grands coups de pieds et de bâton la forêt du duc d'Orléans, laquelle lui rendait les coups avec usure.

Revenons à Catherine, qui, de son côté, pensive et désolée, retournait chez elle derrière sa mère.

A quelques pas de la ferme est un marais ; arrivé là, le chemin s'amincit, et deux chevaux venus de front sont obligés de passer l'un après l'autre

La mère Billot passa la première.

Catherine allait passer à son tour, quand elle entendit un petit sifflement d'appel.

Elle se retourna et aperçut dans l'ombre le galon d'une casquette qui était celle du laquais d'Isidor.

Elle laissa sa mère continuer son chemin, ce que la mère fit sans inquiétude, on était à cent pas de la ferme.

Le laquais vint à elle.

— Mademoiselle, lui dit-il, monsieur Isidor a besoin de vous voir ce soir même ; il vous prie de l'attendre à onze heures quelque part, où vous voudrez.

— Mon Dieu ! dit Catherine, lui serait-il arrivé quelque malheur ?

— Je ne sais, mademoiselle ; mais il a reçu ce soir de Paris une lettre cachetée de noir ; il y a déjà une heure que je suis ici.

Dix heures sonnaient à l'église de Villers-Cotterets, et les unes après les autres les heures passaient dans l'air portées frémissantes sur leurs ailes de bronze.

Catherine regarda autour d'elle.

— Eh bien ! l'endroit est sombre et retiré, dit-elle, j'attendrai votre maître ici.

Le laquais remonta à cheval et partit au galop.

Catherine, toute tremblante, rentra à la ferme derrière sa mère.

Que pouvait avoir à lui annoncer Isidor, à une heure pareille, sinon un malheur ?

Un rendez-vous d'amour emprunte des formes plus riantes.

Mais la question n'était pas là. Isidor demandait un rendez-vous la nuit, peu importait l'heure, peu importait le lieu : elle eût été l'attendre dans le cimetière de Villers-Cotterets, à minuit.

Elle ne voulut donc pas même réfléchir, elle embrassa sa mère et se retira dans sa chambre comme pour se coucher.

Sa mère, sans défiance, se déshabilla et se coucha elle-même.

D'ailleurs, se fût-elle défié, la pauvre femme ! Catherine n'était-elle pas maîtresse par ordre supérieur ?

Catherine, entrée dans sa chambre, ne se déshabilla ni ne se coucha.

Elle attendit.

Elle écouta sonner dix heures et demie, puis onze heures moins un quart.

A onze heures moins un quart, elle éteignit sa lampe et descendit dans la salle à manger.

Les fenêtres de la salle à manger donnaient sur le chemin ; elle ouvrit une fenêtre et sauta lestement à terre.

Elle laissa la fenêtre ouverte pour pouvoir rentrer, et se contenta de rapprocher l'un des contrevens.

Puis elle courut, dans la nuit, à l'endroit indiqué, et là, le cœur bondissant, les jambes tremblantes, une main sur sa tête brûlante, l'autre sur sa poitrine près d'éclater, elle attendit.

Elle n'eut pas longtemps à attendre. Un bruit de chevaux courant lui arriva.

Elle fit un pas en avant.

Isidor était près d'elle.

Le laquais se tint en arrière.

Sans descendre de cheval, Isidor lui tendit le bras, l'enleva sur son étrier, l'embrassa et lui dit :

— Catherine, ils ont tué hier, à Versailles, mon frère Georges ; Catherine, mon frère Olivier m'appelle ; Catherine, je pars.

Une exclamation douloureuse retentit, Catherine serra furieusement Charny entre ses bras.

— Oh ! s'écria-t-elle, s'ils ont tué votre frère Georges, ils vont vous tuer aussi.

— Catherine, quoi qu'il arrive, mon frère aîné m'attend ; Catherine, vous savez si je vous aime.

— Ah ! restez restez, cria Catherine, qui, à ce que lui disait Isidor, ne comprit qu'une seule chose : c'est qu'il partait.

— Mais l'honneur, Catherine ! mais mon frère Georges ! mais la vengeance !

— Oh ! malheureuse que je suis ! cria Catherine.

Et elle se renversa, raide et palpitante, dans les bras du cavalier.

Une larme roula des yeux d'Isidor et tomba sur le cou de la jeune fille.

— Oh ! vous pleurez, dit-elle ; merci, vous m'aimez !

— Ah ! oui, oui, Catherine, mon frère, l'aîné, ce frère m'écrit : Viens ; il faut que j'obéisse.

— Allez donc, dit Catherine, je ne vous retiens plus.

— Un dernier baiser, Catherine.

— Adieu !

Et la jeune fille résignée, car elle avait compris qu'à cet ordre de son frère rien n'empêcherait Isidor d'obéir, la jeune fille glissa des bras de son amant jusqu'à terre.

Isidor détourna les yeux, soupira, hésita un instant ; mais, entraîné par cet ordre irrésistible qu'il avait reçu, il mit son cheval au galop, en jetant à Catherine un dernier adieu.

Le laquais le suivit à travers champs.

Catherine resta sur le sol, à l'endroit où elle était tombée, barrant de son corps la route étroite.

Presque aussitôt un homme apparut sur le monticule, venant du côté de Villers-Cotterets ; il marchait à grands pas dans la direction de la ferme, et dans sa course rapide il vint heurter le corps inanimé qui gisait sur le pavé de la route.

Il perdit l'équilibre, trébucha, roula et ne se reconnut qu'en touchant de ses mains ce corps inerte.

— Catherine ! s'écria-t-il, Catherine morte !

Et il poussa un cri terrible, un cri qui fit hurler les chiens de la ferme.

— Oh ! continua-t-il, qui donc a tué Catherine ?

Et il s'assit tremblant, pâle, glacé, avec ce corps inanimé en travers sur ses genoux.

FIN D'ANGE PITOU.

TABLE DES CHAPITRES.

I. — Ce à quoi la reine songeait dans la nuit du 14 au 15 juillet 1789.	1
II. — Le médecin du roi	9
III. — Le conseil	16
IV. — Décision.	25
V. — Le plastron.	36
VI. — Le départ.	49
VII. — Le voyage.	58
VIII. — Ce qui se passait à Versailles tandis que le roi écoutait les discours de la municipalité	67
IX. — Le retour.	76
X. — Foulon	83
XI. — Le beau-père	93
XII. — Le gendre	100
XIII. — Billot commence à s'apercevoir que tout n'est pas roses dans les révolutions.	109
XIV. — Les Pitt	118
XV. — Médée.	128
XVI. — Ce que voulait la reine.	133
XVII. — Le régiment de Flandre	139
XVIII. — Le banquet des gardes.	146
XIX. — Les femmes s'en mêlent.	152
XX. — Maillard général.	160
XXI. — Versailles	167
XXII. — La journée du 5 octobre.	172
XXIII. — La soirée du 5 au 6 octobre.	177
XXIV. — La nuit du 5 au 6 octobre.	183
XXV. — Le matin.	190

XXVI.	— Mort de Georges de Charny.	198
XXVII.	— Départ, voyage et arrivée de Pitou et de Sébastien Gilbert.	205
XXVIII.	— Comment Pitou, qui avait été maudit et chassé par sa tante à propos d'un barbarisme et de trois solécismes, fut remaudit et rechassé par elle à propos d'une volaille au riz.	213
XXIX.	— Pitou révolutionnaire	223
XXX.	— Madame Billot abdique.	232
XXXI.	— Ce qui décide Pitou à quitter la ferme et à retourner à Haramont, sa seule et véritable patrie.	241
XXXII.	— Pitou orateur.	249
XXXIII.	— Pitou conspirateur.	268
XXXIV.	— Où l'on voit en présence le principe monarchique représenté par l'abbé Fortier, et le principe révolutionnaire représenté par Pitou.	270
XXXV.	— Pitou diplomate.	280
XXXVI.	— Pitou triomphe.	297
XXXVII.	— Le père Clouïs et la pierre Clouïse, ou comment Pitou devint tacticien et eut l'air noble.	306
XXXVIII.	— Où Catherine fait, à son tour, de la diplomatie.	315
XXXIX.	— Le miel et l'absinthe.	323
XL.	— Dénouement imprévu.	329

Paris. — Imp. Simon Raçon et Comp., rue d'Erfurth, 1.

www.ingramcontent.com/pod-product-compliance
Lightning Source LLC
Chambersburg PA
CBHW060500170426
43199CB00011B/1277